Gabriele Kopp

Siegfried Büttner

Josef Alberti

Planet 3

Deutsch für Jugendliche

Kursbuch

Hueber Verlag

Symbole in Planet 3

 Texte hören, lesen und sprechen

 Texte hören und verstehen

Tracklisten für CDs im Anhang

 Lesen

 Schreiben

 Miteinander sprechen
– *neue Situationen*
– *eigene Erfahrungen*

Wir danken unserer lieben Freundin Marion Lang
für ihre tatkräftige Unterstützung.

4.   3.   2.   Die letzten Ziffern
2012   11   10   09   08   bezeichnen Zahl und Jahr des Druckes.
Alle Drucke dieser Auflage können, da unverändert,
nebeneinander benutzt werden.
1. Auflage
© 2007 Hueber Verlag, 85737 Ismaning, Deutschland
Umschlaggestaltung: Alois Sigl, Hueber Verlag, Ismaning
Zeichnungen: LYONN, Köln
Visuelles Konzept und Layout: Barbara Slowik, München
Druck: Firmengruppe APPL, aprinta druck, Wemding
Bindung: Ludwig Auer GmbH, Donauwörth
Printed in Germany
ISBN 978–3–19–001680–8

Inhalt

Zukunftsträume

			Kommunikation	Wortschatz	Grammatik
33	Was möchtest du werden?	S. 6	Wunschträume ausdrücken Berufswünsche nennen und begründen Personen beschreiben	Berufe Familienmitglieder	*werden* als Vollverb Hauptsatz mit *darum/deshalb* Zeitangaben mit *letzt-* + Akkusativ Zeitangaben mit *vor/an/in* + Dativ Feminin-Form von Berufs- und Personenbezeichnungen
34	Musik ist mein Leben	S. 12	Informationen erfragen über das Befinden sprechen eine Meinung äußern und begründen Hoffnung und Befürchtung aussprechen	Musikinstrumente Freizeitangebote in der Stadt	Gegenwart mit Zukunftsaspekt: Präsens + Zeitangabe Futur I zum Ausdruck von Vermutung, Hoffnung, Befürchtung Zeitangaben mit *vor/an/in* + Dativ
	Das kann ich schon	S. 17			
35	Mein Hobby – mein Beruf?	S. 18	eine Meinung äußern und begründen Geschehnisse erzählen Informationen über sich selbst geben	Computersprache rund um den Sport	Nebensatz mit *obwohl* Präteritum der regelmäßigen und unregelmäßigen Verben und Modalverben
36	Auf dem Weg zum Superstar?	S. 24	Gefühle äußern Informationen entnehmen ein Vorhaben begründen	rund um Mode und Schauspielerei in der Modewelt	Futur I im zeitlichen Gebrauch Nomen im Genitiv
	Das kann ich schon	S. 28			
	Zum Schluss	S. 29			

Das macht Spaß in der Schule

37	Das mache ich gern	S. 34	sich verabreden jemanden auffordern Informationen entnehmen	rund um die Umwelt das politische System in Deutschland	indirekte Frage mit Fragewort indirekte Satzfrage mit *ob* Stellung von Zeit- und Ortsangaben
38	Wandertag	S. 40	in zeitlicher Reihenfolge erzählen eine Meinung äußern etwas begründen	rund um die Umwelt Stadtleben – Landleben	Nebensatz vor Hauptsatz Plusquamperfekt
	Das kann ich schon	S. 45			
39	Man lernt nicht nur in der Schule	S. 46	Erwartungen ausdrücken von Erfahrungen berichten sich bewerben	rund um die Berufswelt	Infinitiv mit *zu*
40	Projekt „Tierschutz"	S. 50	Tiere beschreiben eine Meinung äußern Informationen entnehmen	Tiere Tierschutz	Passiv Zeitangabe *seit* + Dativ
	Das kann ich schon	S. 56			
	Zum Schluss	S. 57			

Mode und Moden

41	trendy – in – modern	S. 62	etwas ablehnen diskutieren Gefühle äußern	Modeartikel Werbung rund ums Handy	Satzteile mit *zwar - aber* verbinden Modalverb *brauchen* + Infinitiv + *zu* Relativpronomen
42	Mode	S. 68	Personen beschreiben einkaufen eine Geschichte schreiben	Kleidung Mode und Outfit	Verben mit Präpositionalobjekt Pronomen *woraus/worüber - daraus/darüber*
	Das kann ich schon	S. 73			

Inhalt

Mode und Moden

			Kommunikation	Wortschatz	Grammatik
43	Körperkult	S. 74	Personen beschreiben eine Meinung äußern Stellung nehmen Kritik äußern sich rechtfertigen und verteidigen	Modetrends rund um Fitness	Possessivartikel im Genitiv unbestimmte Zahlwörter

44	Essen ist
	gesund?
		S. 78	Gefühle äußern
			eine Meinung äußern
			einkaufen
				rund um
				  die Ernährung
				Nahrungsmittel
				Maße und Gewichte
					Konjunktiv
					Satzteile mit *entweder - oder*
					  verbinden

	Das kann ich schon	S. 84			
	Zum Schluss	S. 85			

Moderne Welt

			Kommunikation	Wortschatz	Grammatik
45	Verkehr gestern – heute – morgen	S. 90	vergleichen eine Meinung äußern	rund um den Verkehr	Nebensatz mit *damit* Verben + Infinitiv

46	Miteinander
	sprechen
		S. 96	sich verabreden
			eine Meinung äußern
			Nachrichten schreiben
			Vorgänge zeitlich einordnen
				rund um
				  das Telefonieren
				auf der Post
					Verben mit *damit* oder *um zu* +
					  Infinitiv
					Nebensatz mit *als, wenn* (temporal)

	Das kann ich schon	S. 101			
47	Massenmedien	S. 102	etwas berichten Informationen entnehmen	rund um Presse und Rundfunk rund um die Politik	Präposition *wegen/trotz* + Genitiv Stellung mehrerer Angaben im Satz (te-ka-mo-lo)

48	Computer & Co	S. 106	eine Meinung äußern
			  und begründen
			vergleichen
			Informationen entnehmen
			eine Vermutung äußern
				rund um
				  den Computer
					Verben mit Präpositionalobjekt im
					  Dativ
					Satzteile verbinden mit
					  sowohl - als auch;
					  weder - noch

	Das kann ich schon	S. 112			
	Zum Schluss	S. 113			

Begegnungen und Beziehungen

			Kommunikation	Wortschatz	Grammatik

49	Freundschaft	S. 118	Ratschläge geben
			jemanden/etwas
			  beschreiben
				Familienmitglieder
				rund um die
				  Freundschaft
				Dinge des Alltags
					Indefinitpronomen *jemand, niemand,*
					  einer, keiner, alle
					Nebensatz mit *seit* (temporal)

50	Schüler- begegnungen	S. 122	jemanden einladen argumentieren etwas begründen	Nationalitäten	Nebensatz mit *da/weil* (kausal) Präposition *während* + Genitiv Deklination *ein Deutscher / der Deutsche*
	Das kann ich schon	S. 127			

51	Flirten	S. 128	sich verabreden
			Absichten und Pläne
			  ausdrücken
			sich beschweren
			eine Meinung äußern
			jemanden beschreiben
				Freundschaft
				  und Beziehungen
					Nebensatz mit
					  während/bis (temporal)
					generalisierende Relativpronomen
					reflexive Verben mit Pronomen
					  im Dativ

52	Schön war's
	bei euch!
		S. 132	eine Absicht ausdrücken
			etwas ablehnen
				rund um
				  das Wetter
					Präposition *statt/innerhalb/*
					  außerhalb + Genitiv
					Nebensatz mit *je/desto/umso* (modal)
					Nebensatz mit *sodass* (konsekutiv)
					Nebensatz mit *sobald/solange* (temporal)

	Das kann ich schon	S. 136			
	Zum Schluss	S. 137			
	Wortliste	S. 141			

Zukunftsträume

glauben
meinen
wünschen
wollen
werden
hoffen
. . .

interessant
erfolgreich
berühmt

bekannt
zufrieden
glücklich
. . .

Das lernst du:

- Wunschträume ausdrücken
- Berufswünsche nennen und begründen
- Personen beschreiben
- Informationen erfragen
- Geschehnisse erzählen

- eine Meinung äußern und begründen
- Gefühle äußern
- Berufe
- Musikinstrumente
- Computersprache
- rund um den Sport

Was möchtest du werden?

1 Vorbilder

Albert Einstein war der größte Physiker des 20. Jahrhunderts. Er wurde 1879 in Ulm geboren und starb 1955 in den USA. 1921 bekam er den Nobelpreis für Physik. Vor allem seine Relativitätstheorie machte ihn berühmt.

Jil Sander wurde am 27. 11. 1943 als Heidemarie Jiline Sander geboren. Sie studierte Textilkunde und arbeitete als Moderedakteurin. 1973 zeigte sie ihre erste eigene Mode-Kollektion. Mit ihrem eleganten Stil wurde sie als Modedesignerin in der ganzen Welt bekannt.

Reinhold Messner, geboren am 17. 9. 1944 in Südtirol/Italien, begann schon früh mit dem Bergsteigen in den Alpen. Von 1970 an bestieg er in zahlreichen Himalaya-Expeditionen die höchsten Berge der Welt. 1992 durchquerte er in 92 Tagen die Arktis zu Fuß.

Albert Schweitzer lebte von 1875 bis 1965. 1913 ging er als Arzt nach Afrika und gründete später ein Krankenhaus in Lambarene in Gabun. Er hielt sich viele Jahre in Afrika auf. 1952 bekam er den Friedensnobelpreis.

Nina Hagen, 1955 in Ost-Berlin geboren, war schon mit 17 Jahren ein Star in der damaligen DDR. Sie wurde nicht nur durch ihre Punk-Rockmusik, sondern auch durch ihr besonderes Aussehen bekannt.

Carl Friedrich Benz war Ingenieur für Maschinenbau. Er wurde 1844 in Karlsruhe geboren. Nach dem Studium konstruierte er Motoren und entwickelte das Automobil. 1886 stellte er sein erstes Auto der Öffentlichkeit vor. Er starb 1929.

Strategie

Wenn du im Text eine unbekannte Verbform findest, überlege, ob du eine Form dieses Verbs schon kennst.
Beispiel: bekam → bekommen
begann → beginnen

a) **Wie passen die Bilder zu den Personen? Die Lösungssumme ist immer 13.**

b) **Lies die Texte unter den Bildern 1-6 und die Aussagen. Was passt zusammen?**

R   Ich will mal so sein wie er. Ich mag die Berge und das Abenteuer.

U   So wie er möchte ich Menschen helfen. Er ist mein großes Vorbild.

F   So verrückt möchte ich ja nicht aussehen. Aber ich will Sängerin werden wie sie.

E   Modedesignerin ist mein Traumberuf. Aber so gut wie sie, das schaffe ich nicht.

E   Autos bauen, das muss interessant sein. Das möchte ich auch mal machen.

B   Er war ein Genie! Ich möchte auch mal Physiker werden wie er.

Lösung:

1	2	3	4	5	6
?	?	?	?	?	?

c) **Beantworte die Fragen.**

1   Wer war der berühmteste Physiker des letzten Jahrhunderts?
2   Wann und wo ist Messner geboren?
3   Wer hat viele Jahre in Afrika gelebt?

4   Was war Carl Friedrich Benz von Beruf?
5   Wie alt war Nina Hagen am Anfang ihrer Karriere?
6   Wie heißt die Modedesignerin wirklich?

d) **Hast du auch ein Vorbild? Wer ist das? Und warum? Macht eine Umfrage in der Klasse.**

2   Du wirst ja ganz rot!

▲   Was möchtest du eigentlich mal werden?
✳   Sängerin, vielleicht.
▲   Aha. Und wie kommst du darauf? Einfach so?
✳   Na ja, ich habe ein Vorbild.
▲   Du wirst ja ganz rot! Du musst doch deshalb nicht rot werden.
✳   Ich weiß, aber ... Ich möchte mal werden wie Nina Hagen.
▲   Warum denn nicht! Das ist doch prima!

L33/1

Mach weitere Dialoge mit den Personen von Übung 1 oder anderen Vorbildern.

ich	werde	wir	werden	werden	+ Nomen (Sängerin werden)
du	wirst	ihr	werdet		+ Adjektiv (rot werden)
er/es/sie	wird	sie/Sie	werden		+ wie ... (wie Nina Hagen werden)

3 Ergänze die Aussagen.

A Wir sind eine tolle Band.
Wir ... bestimmt ...

B Jens studiert Medizin.
Er ...

C Hast du Angst?
Du ... ja ...

D Ist euch so kalt?
Hoffentlich ... nicht ...

E Ich habe bald
Geburtstag. Ich ...

F Viele Jugendliche
möchten ...

wie ihre Vorbilder
Arzt
14 Jahre alt   werden
berühmt
ganz blass
krank

L33/2

Hör die Sätze zur Kontrolle.

4 Papa, was wolltest du mal werden?

L33/3

Polizist/
Polizistin

Verkäufer/
Verkäuferin

Bauer/Bäuerin

Pilot/
Pilotin

a) Hör zu. Worum geht es in dem Gespräch?

**b) Hör noch einmal zu und schau die Bilder an.
Welche von diesen Berufen kommen vor?**

c) Beantworte die Fragen.

1 Was sind die Eltern von Beruf?
2 Welche Berufe wollte der Vater erlernen?
3 Wie viele Berufswünsche hatte die Mutter?
4 Warum wollte der Vater einmal Bauer
   werden?
5 Wie ist der Vater zu seinem Beruf
   gekommen?
6 Welchen Beruf wollte die Mutter zuerst
   haben?
7 Wie alt war die Mutter, als sie Bäuerin
   werden wollte?
8 Wie viele Freundinnen sind Tierärztinnen
   geworden?
9 Wo hat die Mutter ein Praktikum
   gemacht?

Er ist Ingenieur.	Sie ist Ingenieur-**in**.
Er ist Lehrer.	Sie ist Lehrer-**in**.
Er ist Arzt.	Sie ist Ärzt-**in**.
Er ist Bauer.	Sie ist Bäuer-**in**.
Sie sind Ingenieure.	Sie sind Ingenieur-**innen**.
Sie sind Lehrer.	Sie sind Lehrer-**innen**.
Sie sind Ärzte.	Sie sind Ärzt-**innen**.
Sie sind Bauern.	Sie sind Bäuer-**innen**.

L33/4

5 Mein Vorbild

▲ Also, Albert Schweitzer ist mein großes Vorbild.
Ich werde mal ein berühmter Arzt.
Ich weiß, ich schaffe das.
✳ Interessant.
▲ Und du? Hast du auch ein Vorbild?
✳ Ja klar, Erwin Wagner.
▲ Erwin Wagner? Wer ist das denn?
✳ Was? Du kennst Erwin Wagner nicht?
▲ Tut mir leid. Jetzt weiß ich im Augenblick nicht, wer ...
✳ Schade. Er ist nämlich mein Onkel. Er ist Automechaniker.
Autos reparieren macht mir Spaß. Darum möchte ich Automechanikerin werden wie er.

Mach weitere Dialoge mit anderen Berufen.
Koch/Köchin – Kochen, Journalist/... – Schreiben, Tierarzt/... – ...
Setz auch andere Personen ein: Tante, Oma, Cousin, ...

Kochen macht mir Spaß.	Ich möchte	Koch werden.
Kochen macht mir Spaß.	Darum/Deshalb möchte ich	Koch werden.

6 Interview-Spiel

a) **Macht eine Umfrage in der Klasse „Was möchtest du werden?".
Sammelt Berufe an der Tafel und schreibt Nummern davor.**

> ### Was möchtest du werden?
>
> 1 Bauer/Bäuerin   7 Tierarzt/Tierärztin
> 2 Sänger/Sängerin   8 Koch/Köchin
> 3 Lehrer/Lehrerin   9 Pilot/Pilotin

b) **Alle gehen mit Zettel und Bleistift durch die Klasse und fragen sechs Mitschüler: „Was möchtest du werden?"; Namen und Nummern notieren.**

Elsa 7

c) **Zum Schluss vorlesen und begründen.**

> Elsa möchte Tierärztin werden.

> Richtig. Ich mag Tiere. Darum möchte ich ...

Ich arbeite gern mit ...

... macht mir Spaß.

... ist mein Vorbild.

Mein Vater / Meine Tante ist ...

Ich finde ... interessant.

d) **Macht eine Klassenstatistik. Jeder Schüler / jede Schülerin sagt: „Ich möchte ... werden."
Schreibt den Beruf an die Tafel und macht neben die Berufe Striche: blau für Jungen und rot für Mädchen. Sprecht über eure Statistik: ... Jungen/Mädchen möchten ...**

7 Wir über uns

Sag mal:

Philipp (15)

Christoph (14)

Katharina (13)

Nabila (15)

Wer bist du?

2 A
Schwer zu sagen, wer ich bin. Aber was mir besonders wichtig ist, weiß ich: Gerechtigkeit. Dafür will ich mich auch beruflich einsetzen – vielleicht als Polizistin.

3 C
Jemand, der anderen Menschen helfen will. Ich will dafür kämpfen, dass es keinen Hunger und keine Armut mehr gibt. Vor allem will ich mich für den Frieden einsetzen, denn meine Familie musste vor dem Krieg fliehen.

1 D
Ein praktischer Mensch. Was mit Technik zu tun hat, interessiert mich am meisten. Wichtig ist das Gefühl, etwas auf logischem Weg lösen zu können. Mein Ziel: Ingenieur werden.

4 B
Ein eher zurückgezogener Mensch. Ich zeichne und male viel, zum Beispiel Porträts von Menschen, die ich irgendwo kennengelernt oder gesehen habe. Mein Traum ist, Designer zu werden, im künstlerischen Bereich zu arbeiten.

a) **Lies die Texte und schau die Bilder an. Wer sagt was? Was glaubst du?**
Ist deine Vermutung richtig? Dreh das Buch um, dann siehst du die Lösung.

D	A	C	B
1	2	3	4

b) **Lies noch einmal die Texte. Was ist richtig? Was ist falsch?**

1 Philipp malt gern. Darum möchte er Designer werden.
2 Katharina möchte einmal Pilotin werden.
3 Für Christoph ist Technik nicht wichtig.

4 Nabilas Familie konnte nicht in ihrem Land bleiben.
5 Keiner möchte Ingenieur werden.

8 Ratespiel: Wer bin ich?

Jeder Mitspieler schreibt oben auf einen Zettel seinen Namen und beschreibt sich dann selbst: Wie bin ich? Was sind meine Interessen? Was möchte ich einmal werden? ...

Beispiel: Ich bin ein praktischer/ruhiger/ ... Typ. – Ich bin manchmal/oft/nie traurig/lustig/ ... – Ich lache/träume/ ... oft/viel/... – ... interessiert mich sehr / ist mir wichtig. – Mein größter Traum ist ... – Ich möchte einmal ... werden.

Ein Spielleiter sammelt die Zettel ein und liest vor: „Wer bin ich?" (Den Namen natürlich nicht nennen!) Die Klasse muss raten. Ihr könnt auch in Gruppen gegeneinander spielen.

9 Mein Traumberuf

L33/5

▲ Hallo, Bastian.

✳ Hallo, Elsa. Du, ich weiß jetzt,
was ich einmal werden möchte.

▲ Aha?

✳ Ich möchte Arzt werden.

▲ Wie kommst du denn darauf?

✳ Ich habe ein Buch über Albert Schweitzer
gelesen. Das war so interessant.
Ich will unbedingt Arzt werden.

▲ Aha! Letzte Woche hast du etwas über
Bill Gates im Internet gelesen.
Da wolltest du Informatiker werden.

✳ Ja, ich weiß.

▲ Und vor zwei Monaten hast du einen Film
über Picasso im Fernsehen gesehen.
Da wolltest du Maler werden.

✳ Das war alles falsch. Aber jetzt bin ich mir ganz sicher!

▲ Tatsächlich?

**Mach weitere Dialoge mit anderen Personen
und anderen Zeitangaben.**

> Einstein – Physiker, ...
> letzten Monat – vor einer Woche – ...
> letztes Jahr – vor einem Jahr

letzten Monat/Sonntag	vor einem Monat vor zwei Jahren
letztes Jahr	vor einem Jahr
letzte Woche	Vor einer Woche/Stunde
Zeitangaben mit letzt- im Akkusativ	**Zeitangaben mit vor immer mit Dativ**

10 E-Mail an Heidi

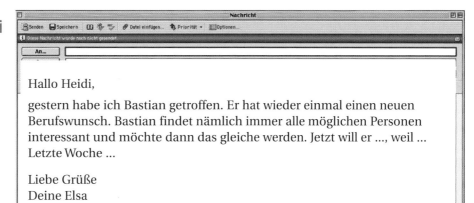

Hallo Heidi,

gestern habe ich Bastian getroffen. Er hat wieder einmal einen neuen
Berufswunsch. Bastian findet nämlich immer alle möglichen Personen
interessant und möchte dann das gleiche werden. Jetzt will er ..., weil ...
Letzte Woche ...

Liebe Grüße
Deine Elsa

a) **Schreib Elsas
E-Mail fertig.**

b) **Heidi antwortet Elsa. Sie findet es total witzig, dass Bastian so oft seine Berufswünsche
wechselt. Sie hat nämlich eine Kusine. Paula heißt sie. Die ist so ähnlich wie Bastian.
Schreib Heidis E-Mail.**

Musik ist mein Leben

L34/1

1 Unsere Band

a) **Hör zu. Wen interviewt der Reporter?**

b) **Hör noch einmal zu. Was ist richtig? Was ist falsch?**

1 Der Lehrer kommt erst am Samstag wieder.
2 Gregor, der Chef der Gruppe, hat in vier Wochen Geburtstag.
3 Henning spielt die Bass-Gitarre.
4 Die Keyboarderin Uli wird nächste Woche erst 14.
5 Enzo, der Schlagzeuger, ist direkt aus Italien nach Erfurt gekommen.
6 Nora, die Älteste, spielt Lead-Gitarre.
7 Romy, die Sängerin, schreibt morgen eine Klassenarbeit in Latein.
8 Morgen Vormittag macht Romy sicher wieder mit.

L34/1

c) **Diese Fragen hat sich der Reporter vorher notiert. Hör noch einmal zu.
Was antwortet Gregor? Schreib Stichpunkte auf.**

1 Wie oft probt ihr?
2 Wie lange dauert so eine Probe?
3 Wo tretet ihr in nächster Zeit auf?
4 Welche Konzerte habt ihr noch?

5 Was sagen eure Eltern zu euren
musikalischen Auftritten?
6 Wer von euch möchte einmal die Musik
zu seinem oder ihrem Beruf machen?

Romy schreibt **morgen** eine Klassenarbeit.	Ereignisse, die in der Zukunft sicher
Der Lehrer kommt **am Samstag** wieder.	stattfinden:
Uli wird **nächste Woche** 14 Jahre alt.	Präsens + eine Zeitangabe

2   Schülerzeitung „Planet"

Schreib einen Artikel für die Schülerzeitung. Stell die Gruppe „Hunger" und ihre Pläne für
die Zukunft vor. Nimm dazu die Angaben aus Übung 1 b) und deine Stichpunkte zur Hand.
Zu schwer? Dann hör noch einmal das ganze Interview.

3   Stadtanzeiger Erfurt

a) Finde zu jedem Abschnitt
eine Überschrift.

b) Welche Informationen
kannst du aus dem
Artikel entnehmen?
Stell deinem Partner die
bekannten Reporter-
Fragen: Wer? Wo? Wann?
Was passiert? Warum?

Ein TURBO-Abend in Thüringen

Der letzte Samstag war sicherlich für die Jugend Thüringens das große Highlight des Jahres! Die in ganz Deutschland bekannte Gruppe TURBO machte auf ihrer Deutschlandtournee Station in der Stadthalle in Erfurt.

Obwohl das Konzert erst um 20.30 Uhr begann, warteten schon ab dem frühen Nachmittag zahlreiche Jugendliche vor den Kassen, um die letzten Karten zu erwischen. Das Konzert wurde dann auch ein Riesenerfolg.

Zu diesem Erfolg haben aber sicher auch die sechs Thüringer Schüler beigetragen, die im Vorprogramm auftraten. Die Gruppe „Hunger" machte eine tolle Musik: ein bisschen Pop, ein bisschen Swing, auf jeden Fall eine Mischung, die Hunger macht auf mehr. **Bravo!**

4   Lied: Musik ist mein Leben

1. Musik ist mein Hobby, Musik ist mein Leben.
Ich könnte dafür einfach alles geben.
Ich weiß, ich soll noch die Aufgaben machen.
Doch tut es mir wirklich schrecklich leid.
Für andere Interessen und andere Sachen
habe ich leider keine Zeit.
Ich übe drei Stunden jeden Tag,
weil ich mein Saxophon so gerne mag.
Und sagt einer: „Was? Das ist nicht normal!"
Dann sag ich: „Das ist mir doch egal."

a) Hör zu, lies und sing mit.

b) Hör zu und sing die zweite Strophe mit:
den Müll rausbringen
mein Schlagzeug.

c) Mach weitere Strophen mit anderen
Tätigkeiten und anderen Instrumenten.
Trompete   Akkordeon   Keyboard

5   Ein besonderes Geburtstagsgeschenk

a) Hör zu. Wer spricht? Worum geht es in dem Text?

Strategie
Konzentriere dich beim
ersten Hören auf die
Sprecher und das
Thema des Textes.

b) Beantworte die Fragen.

1 Wann hat Linda Geburtstag? Am Freitag oder am Samstag?
2 Wann gehen sie ins Reisebüro? Morgen oder übermorgen?
3 Wann macht Linda eine Party? Am nächsten Wochenende oder in einer Woche?
4 Wann findet der Fischmarkt statt? Am Samstagmorgen oder am Sonntagmorgen?
5 Wann fährt die Familie nach Hamburg? In zwei Wochen oder in einem Monat?

am nächsten Freitag
am nächsten Wochenende **Zeitangaben** mit **an/in**
in einer Woche **immer mit Dativ**
in zwei Monaten

6 Spiel „Der lange Satz"

Spieler 1: „In" –   **Spieler 3:** „In einer Woche" –
Spieler 2: „In einer" –   **Spieler 4:** „In einer Woche fahre – " **usw.**
Verlängert den Satz auch mit einem Nebensatz: ... weil/wenn/...

7 Musicals und mehr in Hamburg

Lies das Programm. Nun hör noch einmal den Text von Übung 5.
Was möchte die Familie auf jeden Fall machen?

MUSICAL-WOCHENENDE: **ERLEBNIS HAMBURG**
                                        (ANREISE, HOTEL UND TICKET)

Wählen Sie ihr liebstes Musical

Das Erfolgsmusical mit den Songs von ABBA

Das Musical basiert auf dem bekannten Film von Roman Polanski

Das zauberhafte Musical mit der Musik von Elton John

Verbinden Sie Ihren Musical-Besuch doch mit einer Erkundung der Elbmetropole.

Gehen Sie auf Entdecker-Tour! Stadtrundfahrt, kombiniert mit Alster- und Hafenrundfahrt.

Sind Sie Frühaufsteher? Dann erleben Sie den Hamburger Fischmarkt! Jeden Sonntag 5.00 - 9.30 Uhr.

Und am Nachmittag? Besuchen Sie doch Hagenbecks Tierpark oder ein Fußballspiel des HSV in der AOL-Arena. Informieren Sie sich über die zahlreichen Übernachtungs- und Anreisemöglichkeiten.

Weitere Informationen über www.hamburg-tourismus.de

8 Umfrage: Welche Musik gefällt dir?

Pop	Musical	klassische Musik
﷼	//	/

Macht eine Umfrage in der Klasse:
„Welche Musik gefällt dir?"

Begründe deinen Musikgeschmack.

9 Musikerin mit Zukunft

a) Lies den Text. Finde für jeden Abschnitt eine Überschrift.

b) HannaH gibt in einem Interview weitere Informationen. Welche kommen auch im Text oben vor?

Ich will Profimusikerin werden!

HannaH ist ziemlich viel unterwegs. Zwei- oder dreimal die Woche packt sie ihre Geige ein, steigt in den Zug und fährt zum Studieren nach Düsseldorf. Oder für Fingerübungen nach Köln. Oder sie trifft sich in Bonn mit Kilian, und die beiden proben für ihre gemeinsamen Konzerte.

Dabei ist HannaH erst 15. „Ist doch ganz normal", sagt sie. „Wenn man später mal Profimusiker werden will, muss man eben früh anfangen." „HannaH" – das ist natürlich ihr Künstlername. In Wirklichkeit heißt sie Hannah Walter. Aber sie findet es super, dass man HannaH mit einem großen H am Ende vorwärts und rückwärts lesen kann.

HannaH lebt in einem kleinen Ort am Niederrhein, hat drei Geschwister und geht in die 10. Klasse. Vor sechs Jahren hat HannaH beschlossen, Geigerin zu werden. Als HannaH neun war, sah sie bei einem Konzert einen elfjährigen Jungen auf der Bühne, der mit seinem Geigenspiel alle begeisterte. „Das will ich auch!", dachte sie und fragte ihren Geigenlehrer gleich bei der nächsten Unterrichtsstunde: „Kann ich das auch?" „Vielleicht", hat der ihr geantwortet. „Aber nur wenn du viel, viel übst." Seitdem übt HannaH vier Stunden lang - jeden Tag.

Und die viele Arbeit hat sich schon gelohnt. Fünfmal schon hat sie den 1. Preis bei „Jugend musiziert" gewonnen. Außerdem ist sie eine der Jüngsten im Bundesjugendorchester, in dem die besten Nachwuchsmusiker Deutschlands spielen. Und die Musikhochschule in Düsseldorf hat HannaH als Jungstudentin aufgenommen – jetzt lernt sie an einer richtigen Universität. „Es ist ein Wahnsinnsgefühl, auf der Bühne zu stehen", sagt HannaH. „Wenn ich in einem Konzertsaal stehe und den Hall der Töne höre, die ich gerade spiele – dann ist das die ganze Mühe wert."

1 Früher war ich schon nervös, bei meinem ersten Wettbewerb „Jugend musiziert" zum Beispiel. Da habe ich mir vorher immer gesagt: „Du wirst schon keinen Fehler machen!" Ich habe dann doch ein paar kleine Fehler gemacht. Aber ich habe trotzdem gewonnen.

2 In meiner Freizeit gehe ich zu unseren zwei kleinen Pferden.

3 Wahrscheinlich wird das Bundesjugendorchester nach Japan fahren. Da fahre ich mit. Ich freue mich schon!

5 Meine Brüder sind auch musikalisch. Samuel und Siard spielen Trompete und Elias Cello. Aber wir werden wohl nie eine Band gründen.

4 Ich möchte einmal eine berühmte Geigerin werden. Und ich werde das schaffen, hoffe ich.

6 Ich spiele seit zehn Jahren Geige.

c) Lies HannaHs Aussagen noch einmal.
Welche Fragen hat der Reporter gestellt? Schreib die Fragen auf.

d) Die Aussagen von Aufgabe b sind nur ein Teil des Interviews. Schreib zusammen mit deinem Partner das ganze Interview. Nehmt auch Informationen aus dem Text oben. Nehmt das Interview auf. Ein Partner ist Reporter, der andere HannaH.

e) Wenn sich HannaH im Internet vorstellen möchte, wie soll dann deiner Meinung nach ihre Homepage aussehen? Entwirf eine Seite für HannaH. Und wie sieht ihre Homepage wirklich aus? Schau im Internet nach: www.hannahwalter.de

Ich werde das schaffen!
Du wirst schon keinen Fehler machen.
Das Orchester wird wahrscheinlich nach Japan fahren.
Wir werden wohl keine Band gründen.

Futur:
werden + Infinitiv
Das Futur drückt Hoffnung,
Vermutung oder Befürchtung aus.

10 Ach Oma!

▲ Hallo, Oma!
✳ Kind, du spielst ja so schön! **A**
▲ Danke, Oma. **B**
✳ Und du übst so fleißig.
Hast du bald wieder ein Konzert? **C**
▲ Ja, am Samstag in Köln.
✳ Wie aufregend.
▲ Findest du? **D**
✳ Mach dir keine Sorgen. **E**
Es wird sicher alles gut gehen.
▲ Ja, Oma, es geht sicher alles gut.
✳ Du wirst doch wohl ✳ ✳ ✳!
▲ Nein, Oma, ich fahre nicht allein.
✳ Deine Eltern ✳ doch wohl ✳.
▲ Ja, Oma, sie fahren mit.

✳ Und du ✳ doch sicher ✳ ✳ ✳ ✳ ✳. **F**
▲ Ja, Oma, ich ziehe das schöne, blaue
Kleid an.
✳ Die Leute ✳ dich sicher ✳.
▲ Ich hoffe, dass mich die Leute mögen, **G**
Oma.
✳ Du spielst doch mit Kilian.
Der ✳ doch hoffentlich ✳ ✳ ✳.
▲ Nein, Oma, Kilian macht keine Fehler.
✳ Na gut. Du wirst sehen, alles ✳ ✳!
▲ Sicher klappt alles, Oma.
✳ Und du musst nicht nervös sein.
▲ Ich bin überhaupt nicht nervös.
Kann es sein, dass du nervös bist, Oma? **H**

a) **Ergänze Omas Aussagen.**
Der nachfolgende Satz hilft dir.

L34/5 b) **Hör den Dialog zur Kontrolle.**

11 Satzmelodie

L34/6

Lies die in Übung 10 gekennzeichneten Sätze (**A** , **B** , ...) laut.
Nun hör die Satzmelodien. Welche Sätze sind das?

12 Musikinstrumente in aller Welt

Bouzouki
Didgeridoo
Alphorn
Panflöte
Dudelsack

L34/7

a) **Hör zu und schau die Bilder an.**
Welche Instrumente sind das?

	1	2	3	4	5
Lösung:	?	?	?	?	?

b) **Aus welchen Ländern kommen die Instrumente? Kennst du weitere Instrumente**
aus anderen Ländern? Welche Instrumente gibt es bei euch?

Das kann ich schon:

Sätze und Wörter:

- Wunschträume
  aussprechen

  Was möchtest du einmal werden? – Ich möchte ... werden. –
  Ich möchte/will so sein wie ... – Mein Traum ist ...

- Berufswünsche nennen
  und begründen

  Ich möchte/will ... werden. – ... macht mir Spaß / finde ich interessant.
  Ich arbeite gern mit ... – Ich mag ...
  Darum/Deshalb möchte ich ... – Vor allem will ich ...

- Personen beschreiben

  Ich bin ein praktischer/ruhiger/... Typ/Mensch. –
  Ich lache/träume/... viel/oft/gern. – Ich bin manchmal/oft/... traurig/
  lustig/... – ... interessiert mich / ist mir wichtig.

- Informationen erfragen

  Wie oft? Wie lange? Wie viele? Welchen Beruf / Welche Konzerte?

- Berufe

  Physiker/Physikerin, Modedesigner/in, Ingenieur/in, Polizist/in,
  Verkäufer/in, Bauer/Bäuerin, Pilot/in, Automechaniker/in, Musiker/in

- Musikinstrumente

  Saxophon, Keyboard, Akkordeon, Geige, Trompete

GRAMMATIK

1. Verb

a) *werden* als Vollverb

ich	werde	wir	werden	Ich werde krank.
du	wirst	ihr	werdet	Er wird Arzt.
er/es/sie	wird	sie/Sie	werden	Sie wird zwölf Jahre alt.

b) **Futur**

Ich werde das schon schaffen.
Wir werden wohl nach Japan fahren.
Du wirst doch hoffentlich nicht krank werden!

> **werden + Infinitiv**
> = Hoffnung, Vermutung oder Befürchtung

c) **Gegenwart mit Zukunftsaspekt**

Wir schreiben morgen eine Mathearbeit.
Im Sommer fahren meine Eltern nach Italien.

> **Präsens + Zeitangabe**
> = nahe Zukunft

2. Nomen: Berufe, Personen

Maskulinum	Maskulinum Plural	Femininum	Femininum Plural
Pilot	Piloten	Pilotin	Pilot**innen**
Koch	Köche	Köchin	Köch**innen**
Freund	Freunde	Freundin	Freund**innen**

3. Zeitangaben

vor/in einem Monat	am nächsten Sonntag	letzten Sonntag
vor/in einem Jahr	am nächsten Wochenende	letztes Wochenende
vor/in einer Woche	Zeitangaben mit **vor/in/an**	letzte Woche
vor/in zwei Tagen	immer mit **Dativ**	Zeitangaben mit **letzt-** mit **Akkusativ**

4. Hauptsatz mit *Darum / Deshalb*

Ich singe gern.　　　　　　　　Ich ‿ möchte　Sängerin werden.

Ich singe gern.　　　Darum/Deshalb　möchte ich Sängerin werden.

Mein Hobby – mein Beruf?

1 Auf dem Weg zur Formel 1

Schumis Kinder

Er ist gerade 16 Jahre alt geworden, trägt eine Zahnspange und ist eines der größten Motorsporttalente Deutschlands. Sebastian Vettel fährt in der Formel ADAC Meisterschaft, der besten Serie für Formel-Nachwuchspiloten in Deutschland, und liegt dort auf Platz 2. Drei Rennen hat der ehemalige Gokart-Europameister bereits gewonnen. Sein Auto: ein 130 PS starker und 230 km/h schneller Wagen. Der jugendliche Fahrer aus Heppenheim hat zwei prominente Helfer an seiner Seite: Michael und Ralf Schumacher kümmern sich um ihn.

Natürlich träumt Sebastian davon, dass er irgendwann einmal in der Formel 1 fahren darf. „Bis dahin ist es ein harter, steiniger Weg", meint er. Er weiß, dass zu einer erfolgreichen Rennfahrer-Karriere ziemlich viel Glück und jede Menge Arbeit gehören. Deshalb macht Sebastian jeden Nachmittag ein langes Fitness-Training. „Bei gutem Wetter laufe ich mindestens eineinhalb Stunden", erzählt er.

Sebastian geht in seinem Geburtsort Heppenheim in die 10. Klasse des Gymnasiums. Obwohl er durch den Rennsport manchmal fehlt, ist er ein guter Schüler. „Mir macht die Schule einfach Spaß", sagt er. Wenn er mittags nach Hause kommt, isst er zusammen mit seinen drei Geschwistern. Nach dem Mittagessen setzt sich Sebastian in sein Zimmer. Zwischen Hochbett und Schreibtisch stehen viele Pokale, fast jedes Rennwochenende werden es mehr. An den Wänden hängen Fotos aus seiner Kartzeit. Auf einem Foto ist er sieben Jahre alt und steht neben seinem Vorbild Michael Schumacher.

Michael Schumacher, geboren 1969 in Kerpen, begann schon früh mit dem Automobilsport. Er fuhr bereits mit vier Jahren Gokart. Später wurde er deutscher Kartmeister und Zweiter der Kartweltmeisterschaft. Dann kam er über die Formel 3 zur Formel 1. Sein erstes Formel-1-Rennen fuhr er 1991 in Belgien. Inzwischen ist er mit mehreren Weltmeistertiteln und verschiedenen Rekorden der erfolgreichste Formel-1-Pilot aller Zeiten.

a) Beantworte die Fragen.

1   Welchen Sport hat Sebastian früher gemacht?

2   Warum fehlt er manchmal in der Schule?

3   Wann hat er Michael Schumacher kennengelernt?

b) Stell deinem Partner weitere Fragen mit „Wie alt? Wie viele? Woher? Wo? Was? Wie lange? …".

c) Was ist richtig? – Was ist falsch?

a   Sebastian fährt schon Autorennen,

3   weil er 16 Jahre alt geworden ist.
5   obwohl er erst 16 Jahre alt ist.

b   Er will einmal Formel 1 fahren,

3   weil es bis dahin ein harter Weg ist.
5   obwohl es bis dahin ein harter Weg ist.

c   Er ist ein guter Schüler,

3   weil er manchmal in der Schule fehlt.
5   obwohl er manchmal in der Schule fehlt.

d   Bei gutem Wetter läuft er jeden Tag eineinhalb Stunden,

3   weil er fit sein muss.
5   obwohl er fit sein muss.

e   Er hat schon viele Pokale,

3   weil er oft Rennen gewinnt.
5   obwohl er oft Rennen gewinnt.

Lösung:

a	+	b	+	c	−	d	+	e
?	+	?	+	?	−	?	+	?	= 15

d) Vergleiche die Motorsport-Karriere von Sebastian mit der von Michael Schumacher. Sprecht in der Klasse darüber.

Sebastian fährt schon Autorennen.   Er ist aber erst 16 Jahre alt.

Sebastian fährt schon Autorennen,   **obwohl** er erst 16 Jahre alt ist.

Er ist ein guter Schüler.   Er fehlt aber manchmal in der Schule.

Er ist ein guter Schüler,   **obwohl** er manchmal in der Schule fehlt.

2   Spiel: Sätze finden

Jeder schreibt einen *obwohl*-Satz:
den Hauptsatz auf eine weiße Karte und
den *obwohl*-Nebensatz auf eine rote Karte.

Karten mischen und verteilen. Jeder Spieler
bekommt eine weiße und eine rote Karte. Spieler 1 liest seinen
Hauptsatz vor und benennt einen Mitspieler. Der liest seinen Nebensatz vor.
Wenn der Nebensatz von Spieler 2 nicht passt, muss er seine beiden Karten Spieler 1 geben.
Jetzt hat Spieler 1 zwei Hauptsatzkarten und zwei Nebensatzkarten. Spieler 1 legt das nicht
passende Kartenpaar ab, liest den restlichen Hauptsatz vor und benennt einen neuen
Mitspieler.

Wenn der Nebensatz passt, muss Spieler 1 seine beiden Karten dem Spieler 2 geben.
Der spielt wie oben angegeben weiter.

Ich bin traurig,

Ich gehe heute spazieren,

 obwohl wir Ferien haben.

obwohl das Wetter schlecht ist.

3 Arbeitsplatz Computer

Report

Chef mit 16 Jahren

Die ersten Schritte in den Beruf hat Sven Thiede im Kinderzimmer gemacht. Auf seinem Schreibtisch steht sein Computer: Svens Arbeitsplatz.

Der 16-jährige Gymnasiast hat sein Hobby zum Job gemacht. Sven arbeitet als Software-Experte für Firmen in der Umgebung. Er entwirft Abrechnungsprogramme und Homepages oder hilft bei Computer-Problemen.

„Die Jugend kennt sich nun mal besser damit aus", meinte im letzten Jahr der Chef eines kleinen Handwerksbetriebes aus dem Nachbarort. Und so bekam Sven seinen ersten Auftrag. Sven sollte die Homepage erstellen. „Ich konnte die Seiten ganz nach meinen eigenen Ideen gestalten", sagt er. Für 200 Euro schuf der Schüler die technischen Voraussetzungen, entwarf die Seiten, knüpfte Links, richtete E-Mail-Adressen für den Kundendienst ein, kurz, er gestaltete die gesamte Internet-Präsentation der Firma.

Das war vor einem Jahr. Inzwischen ist Sven ein gefragter junger Mann. Er hat schon viele Aufträge erhalten und seine eigene Firma gegründet. Den ersten Computer musste sich Sven aus Ersatzteilen aus dem Büro seines Vaters zusammenbauen. Er sammelte sich aus Zeitschriften und Büchern sein Wissen zusammen, befragte seinen Onkel oder sprach mit Freunden.

Svens Berufswunsch ist klar: Informatiker oder Mediendesigner will er werden. Aber bis dahin muss er – wie seine Mitschüler – jeden Morgen im Klassenzimmer sitzen und nachmittags Mathe üben und Altgriechisch-Vokabeln lernen.

a) **Was ist richtig? Was ist falsch?**

1 Svens Computer ist sein Arbeitsplatz.
2 Sven geht aufs Gymnasium.
3 Sven erhielt vor einem Monat seinen ersten Computer-Job.
4 Er konnte die Homepage ganz selbstständig erstellen.
5 Er machte alles für das Internet fertig.
6 Er bekam für seine erste Arbeit 300 Euro.

7 Später gründete Sven seine eigene Zeitschrift.
8 Seinen ersten Computer baute er aus alten Teilen zusammen.
9 Er las viele Zeitschriften und Bücher und sprach oft mit seinem Vater; so sammelte er sein Computer-Wissen.
10 Sven möchte einmal Mathematiker werden.

L35/1

b) **Mach die Sätze von Aufgabe a richtig. Hör die Sätze dann zur Kontrolle.**

c) **In dem Text kommen viele Wörter aus der Computer-Fachsprache vor. Schreib sie auf.**

Tipp!

Lern von jetzt an die Verben immer mit der Präteritum-form.

Präteritum (Vergangenheitsform vor allem in geschriebenen Texten)						
	regelmäßig	Modalverb	unregelmäßig			
	machen	können	bekommen	sprechen	erhalten	lesen
ich	mach-te	konn-te	bekam	sprach	erhielt	las
du	mach-test	konn-test	bekam-st	sprach-st	erhielt-est	las-t
er/es/sie	mach-te	konn-te	bekam	sprach	erhielt	las
wir	mach-ten	konn-ten	bekam-en	sprach-en	erhielt-en	las-en
ihr	mach-tet	konn-tet	bekam-t	sprach-t	erhielt-et	las-t
sie/Sie	mach-ten	konn-ten	bekam-en	sprach-en	erhielt-en	las-en

4 Bewerbung

Sven fand diese Anzeige in der Zeitung.
Er bot in einer E-Mail seine Hilfe an.
Er erklärte, was er alles machen kann.
Schreib die Mail. Schreib so: Mein Name ist ...
Zu schwer? Dann lies noch einmal den Text von Übung 3.
Beispiel: Im Text steht: Er schuf die technischen Voraussetzungen ...
Du schreibst: Ich kann die technischen Voraussetzungen schaffen ...

Autowerkstatt in Altdorf sucht Hilfe bei der Erstellung einer eigenen Homepage. auto-pfiffig@onlinc.de

5 Info-Sendung „Aha!" – Heute zu Gast: Isabel

a) Hör zu. Wen stellt der Moderator vor und warum?

L35/2

b) Hör noch einmal zu. Welche Antwort ist richtig?

1 Was ist Isabels Lieblingshobby?
 B Träumen
 J Programmieren
 D Spielen

2 Was hat Isabel schon programmiert?
 O ihren Dateimanager, einen elektronischen Stunden-plan und die Webseite für ein Schulprojekt
 A ein Blatt Papier, ein Tagebuch und Toilettenpapier
 E einen Scanner, die Oma und Informatikunterricht

3 Was macht Isabels Oma am Computer?
 B Sie scannt Fotos ein.
 T Sie lässt Personen verschwinden.
 R Sie hat technische Probleme.

1	2	3
?	?	?

Lösung:

6 Jugendzeitschrift „Hallo!"

Schreib einen Artikel zu der Sendung „Heute zu Gast: Isabel" aus der Info-Reihe „Aha!".
Hör noch einmal das Interview (Übung 5) und schreib eine Zusammenfassung.
Zu schwer? Dann bring die Sätze unten in die richtige Reihenfolge.

U Sie macht ihre eigenen Programme.
C Isabels Lieblingshobby ist Programmieren.
M Sie träumte, dass ihr Rechner abstürzte und alle Programme weg waren.
F Isabels Mutter ist Informatik-lehrerin und unterstützt sie.
N Isabel möchte später beruflich etwas mit Computer machen.
R Einmal benutzte sie sogar Klopapier zum Schreiben.

T Sie machte sogar einmal ein eigenes Tetris-Spiel.
O Noch vor vier Jahren hatte sie Angst vor dem Computer.
P Heute kann sie ohne Computer nicht mehr leben.
A In Isabels Familie sind alle Computer-fans; auch ihre Oma hat einen Computer.
E Das Programm für das Spiel schrieb sie in ihr Tagebuch, weil sie kein anderes Papier hatte.

Lösung: | C | ? | ? | ? | ? | ? | ? | ? | ? | ? | ? |

7 Ziel:
Olympia

die „kleine" Katharina ...

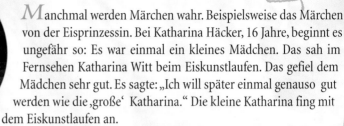

Die Eisprinzessin

Manchmal werden Märchen wahr. Beispielsweise das Märchen   1
von der Eisprinzessin. Bei Katharina Häcker, 16 Jahre, beginnt es
ungefähr so: Es war einmal ein kleines Mädchen. Das sah im
Fernsehen Katharina Witt beim Eiskunstlaufen. Das gefiel dem
Mädchen sehr gut. Es sagte: „Ich will später einmal genauso gut   5
werden wie die ‚große' Katharina." Die kleine Katharina fing mit
dem Eiskunstlaufen an.

Seitdem sind viele, viele Trainingsstunden vergangen. Katharina ist
inzwischen fast erwachsen und sehr erfolgreich geworden. Mit 14 Jahren gewann sie die   10
deutsche Meisterschaft und zwei Jahre später die Jugendolympiade.
Ihr nächstes Ziel? Die Olympischen Spiele.
Nach der Schule trainiert sie fast täglich mehrere Stunden. Nur
am Sonntag ist trainingsfrei. Dann lernt Katharina Englisch
und Mathematik. Sie will auf alle Fälle ihr Abitur machen,   15
damit sie später einen anderen Beruf erlernen kann. „Es ist
nämlich sehr schwer, wenn man als Sportprofi sein Geld verdienen möchte", erklärt sie.

... und die „große" Katharina

Katharina Witt, geboren 1965,
begann mit fünf Jahren mit dem Eiskunstlaufen. Zwischen
1983 und 1988 wurde sie sechsmal Europameisterin, viermal
Weltmeisterin und gewann zwei Goldmedaillen bei
Olympischen Spielen. Später wurde sie Profistar bei
„Holiday on Ice".

a) **Wo steht das im Text? Gib die Zeilen an.**

Zeile 5-6   Katharina Witt war Katharina Häckers großes Vorbild.
Zeile ?   Sie möchte einmal eine bekannte Eiskunstläuferin werden.
Zeile ?   Sie wurde deutsche Meisterin im Eiskunstlauf.
Zeile ?   Sie gewann mit 16 die Jugendolympiade.
Zeile ?   Sie will an den Olympischen Spielen teilnehmen.
Zeile ?   Sie muss von Montag bis Samstag trainieren.
Zeile ?   Sie will unbedingt das Gymnasium zu Ende bringen.
Zeile ?   Es ist nicht einfach, wenn man Eiskunstlaufen zum Beruf machen möchte.

b) **Im Text wird das „Märchen von der Eisprinzessin" erzählt.**
Kennst du ein echtes Märchen?

8   Das Märchen von der Sport-, Pop-, Filmkarriere

Wer ist dein Lieblingssportler, -sänger, ... / deine Lieblingssportlerin, -sängerin, ...?
Wie ist er/sie bekannt geworden? Hat er/sie schon als Kind angefangen?
Informiere dich und schreib ein modernes Märchen.
Das Märchen vom Basketballspieler / von der Popsängerin / von ...

Fang so an: Es war einmal ein kleiner Junge / ein kleines Mädchen. Der/Das ...
Diese Verben kannst du verwenden: wollte, konnte, fing an, sagte, machte, sah, ...
spielte, lief, sprang, trainierte, sang, gewann, ...

9 Wenn das Hobby zum Stress wird

Die Eltern machen Druck

Jakob ist im Fußballverein. Er spielt gern und auch ganz gut. Er muss zweimal pro Woche zum Training.

In der Spielsaison ist dann fast jedes Wochenende ein Spiel. Fast noch wichtiger als das Spiel und die Siege seiner Mannschaft sind ihm eigentlich die Kontakte zu den anderen. Alles super, aber da ist sein Vater! Jakobs Vater ist ehrgeizig und davon überzeugt, dass Jakob ein Star-Fußballer werden kann, wenn er nur will. Schon als Jakob noch ziemlich klein war, stand der Vater am Spielfeldrand und schrie Anweisungen für seinen Sohn: „Lauf doch vor, sei nicht so faul!" und

Ähnliches. War Jakob nicht gut in Form, analysierte sein Vater abends endlos die Fehler. Jakob fühlte sich total unter Druck. Er war bei jedem Spiel und auch beim Training nervös. Dauernd spürte er den kritischen Blick des Vaters im Rücken.

Je älter Jakob wurde, desto schlimmer fand er das Verhalten seines Vaters. Schließlich sagte er ganz klar, dass er nicht mehr Fußball spielen will, wenn ihn sein Vater nicht in Ruhe lässt. Sein Vater war total überrascht. Aber Jakob ist sicher, dass Fußball nur sein Hobby bleiben soll und er keine Sportkarriere machen will. Und er hatte den Mut, mit seinem Vater zu reden.

a) **Stell deinem Partner Fragen mit** Wie? Wie oft? Wann? Wo? Was? Wem?
   Beispiel: Wie ist Jakobs Vater? – Er ist ehrgeizig.

b) **Wie findest du Jakobs Verhalten? Wie findest du Jakobs Vater?**
   Wie findest du überhaupt sehr ehrgeizige Eltern? Sprecht in der Klasse darüber.
   Erfinde zusammen mit deinem Partner das Gespräch zwischen Jakob und seinem Vater. Nehmt das Gespräch auf.

c) **Lies noch einmal die Texte „Die Eisprinzessin" und „Die Eltern machen Druck".**
   Vergleiche Katharina und Jakob.   Wie viel müssen sie trainieren?
   Warum machen sie ihren Sport?
   Was möchten sie einmal beruflich machen?

10 Pro und contra „Leistungssport"

a) **Sammelt an der Tafel Argumente. Weitere Argumente findet ihr in den Texten.**

für Leistungssport	gegen Leistungssport
Interesse am Sport	schadet der Gesundheit
berufliche Karriere	kostet viel Geld
man wird bekannt	Druck durch Eltern
...	und Trainer
	...

b) **Diskutiert in der Klasse.**

Ich finde, dass ..., weil, ...
Außerdem ...
Meiner Meinung nach ...
Da gebe ich dir Recht, aber/trotzdem ...
Darum bin ich für ...

Ich finde ... auch, aber ...
Ja schon, aber ...
Ja, wenn man ... Trotzdem ...
Zu viel ... schadet ...
Darum bin ich gegen ...

Lektion 36 Auf dem Weg zum Superstar?

1 Ein Traum?

a) Hör zu und schau die Bilder an. Was für Szenen sind das?

b) Hör noch einmal zu. Ordne die Bilder in der richtigen Reihenfolge.

	1	2	3	4	5
Lösung:	?	?	?	?	?

c) Wie sieht Lenas Zukunft im Traum aus?
Lies die Aussagen. Was ist richtig? Was ist falsch?

   1   Lena wird Karriere als Model machen.
   2   Sie wird einen Preis als beste englische Schauspielerin bekommen.
   3   Sie wird an Filmfestivals teilnehmen.
   4   Die Fans werden von ihr begeistert sein.
   5   Sie wird auch großen Erfolg als Popsängerin haben.
   6   Weil sie so gut Gitarre spielt, wird sie auch Konzerte geben.

> **Tipp!**
> *Wenn du eine Geschichte schrei-ben willst, überlege, was du schon auf Deutsch sagen kannst. Schreib Stichpunkte auf.*

d) Hör noch einmal die Szenen. Nur in Szene 2 sagt Lena etwas.
Was sagt sie wohl in den anderen Szenen? Schreib auf.

e) Schreib eine kleine Geschichte zu einer Szene von oben.

f) Hast du schon einmal von einer tollen Karriere geträumt?
Erzähle.

Lena wird Karriere als Model machen.	Futur = ferne, unbestimmte Zukunft
Die Fans werden begeistert sein.	Futur: *werden* + Infinitiv

2 Wo kann ich mich bewerben?

A

Soap-Casting

Am besten bist du über 18, hast in der Schule oder in der Freizeit schon Schauspielerfahrung sammeln können. Auch Models haben eine Chance.

Wichtig sind gute, dialektfreie Aussprache, gutes Aussehen und gute Ausstrahlung.

Ideal ist es, dem Lebenslauf ein Video beizulegen. Es reicht aber zunächst auch ein Porträtfoto.

B

Trendgesicht des Jahres: Jetzt bewerben!

Wer hat das Zeug zur internationalen Karriere?
Die Anforderungen: Wir suchen unkonventionelle, spontane und sympathische Typen.
Die Chance: Wir schicken die beiden weiblichen und die beiden männlichen Gewinner nach New York und bringen sie dort mit internationalen Top-Fotografen und -Agenturen in Kontakt. Außerdem laden wir die interessantesten Trendgesichter zu einem professionellen Mode-Shooting in eine europäische Trendmetropole ein.
Die Bewerbung per Post: Schreib uns drei, vier Sätze über dich, verrate uns außerdem deine Körper- und Kleidergröße und leg zwei Fotos bei.

C

Star Search bei SAT 1

Die Show ist in vier verschiedene Kategorien aufgeteilt:

Model ab 16 Jahre
In der Show präsentieren sich die Kandidatinnen und Kandidaten sowohl auf dem Laufsteg als auch im Gespräch. Die Gewinnerin / Der Gewinner erhält ein professionelles Foto-Shooting mit einem bekannten Fotografen.

Music Act 10 - 15 Jahre
Die Gewinnerin / Der Gewinner erhält eine Ausbildungsfinanzierung.

Comedian ab 16 Jahre
Mit dem Sieger / der Siegerin produziert Sat.1 eine Comedy-Pilot-Sendung.

Music Act ab 16 Jahre
Egal welche Musikrichtung, das einzig Wichtige sind Talent und Ausstrahlung. Die Siegerin / Der Sieger erhält einen Vertrag mit einem Tonstudio.

a) In welchem Text geht es um Schauspielerei, Modeln oder Musik?

b) In welchem Text kommen diese Informationen vor?

1 Der Sieger nimmt CDs auf.
2 Der Gewinner fährt nach Amerika.
3 Man muss gut und sicher sprechen können.
4 Der Sender macht eine lustige Sendung mit dem Sieger.
5 Es gibt zwei Kategorien für Sänger.
6 Mit 15 Jahren kann man noch nicht am Modelwettbewerb teilnehmen.

	1	2	3	4	5	6
Lösung:	?	?	?	?	?	?

3 Ich habe mich beworben!

▲ Ich habe mich bei Antenne 3 für ein Casting beworben.

✳ Und warum?

▲ Weil ich Schauspielerin werden möchte. Du wirst sehen, ich bekomme die Rolle.

✳ Aha!

▲ Lach du nur! Irgendwann werde ich in einem tollen Film ✳. Ich ✳ viele Preise ✳.
Ich ✳ an Festivals ✳. Ich ✳ ganz berühmt ✳. Und dann ✳ ein bekannter Regisseur ✳
und mich nach Hollywood ✳.

✳ Wenn du meinst!

a) **Lies noch einmal die Texte von Übung 2. Wo hat sich Lena beworben?**

b) **Ergänze diese Verben:** gewinnen – holen – teilnehmen – mitspielen – sein – kommen

c) **Hör den Dialog zur Kontrolle.**

4 Beim Casting

a) **Hör zu. Wo spielt die Szene? Wie sprechen die Teilnehmer?**

b) **Hör noch einmal zu. Ordne die Stichpunkte.**
sich aufregen – cool bleiben – nervös sein – bis 100 zählen – rauskommen –
sich konzentrieren – sich beruhigen – von den Ferien erzählen – sich bewerben –
nervös werden – sich vorstellen – nichts sagen können – dran sein – sich verabschieden

c) **Schreib die Geschichte. Verwende die Stichpunkte.**

5 Vom Casting zum Beruf?

1 Nadine Dehmel spielt bei GZSZ die Rolle des Mädchens Nataly. Nadine erinnert sich noch genau an ihr Casting: „Bei dem Vorgespräch sollte ich einfach irgendeine aufregende oder witzige Begebenheit aus meinem Leben erzählen." Zehn Darstellerinnen kamen in die engere Auswahl. „Beim zweiten Casting in Babelsberg sollte ich eine Szene mit einem anderen Darsteller spielen. Henriette, die die Schauspieler bei GZSZ coacht, ging mit uns allen den Text durch. Ich war furchtbar aufgeregt und hatte Angst, mich zu versprechen. Aber dann ging alles ziemlich schnell vorbei, und es gab auch keine Panne. Ich rechnete mir trotzdem keine Chance aus. Doch zwei Tage später hatte ich die Zusage der Produktion."

2 Unter dem Titel „Deutschland sucht den Superstar" liefen über mehrere Wochen 15 Sendungen im Fernsehen, bei denen die Zuschauer die Gesangs- und Tanzkünste der Kandidaten beurteilten. Ursprünglich waren 10 000 Bewerber beim Casting angetreten. 30 Jungen und Mädchen blieben übrig. Der Sieger heißt Alexander Klaws. Er wurde zum talentiertesten Künstler gewählt. Alex hat einen Plattenvertrag bekommen. Auch die Zweit- und Drittplatzierten werden CDs aufnehmen. Bald wird man wieder neue Superstars im deutschen Fernsehen suchen. Ob sich das Publikum dann noch für die „alten" Superstars interessiert, wird die Zukunft zeigen.

3 Wenn sich bei uns Jugendliche vorstellen und wir davon überzeugt sind, dass sie eine reale Chance haben, organisieren wir erst einmal ein Test-shooting. So stellen wir fest, ob sie fotogen sind. Die Kosten dafür übernehmen wir. Eine seriöse Agentur verlangt kein Geld, sondern bezahlt zunächst die anfallenden Kosten selbst. Wenn das Testshooting der Nachwuchsmodels erfolgreich war, folgen kleinere Aufträge. So lange, bis das New Face 18 Jahre alt ist, fährt immer ein Elternteil oder jemand von der Agentur mit.

4 Es ist drei Jahre her. Naomi, damals 17, passierte das, wovon viele Mädchen träumen. „Hast du Lust, bei einem Model-Wettbewerb mitzumachen?", fragten Mitarbeiter einer Agentur die Schülerin. Inzwischen arbeitet Naomi als Model. Reisen gehört heute zu ihrem Beruf. Und sie lernt viele interessante Leute kennen. „Modeln", sagt sie heute, „ist ein sehr schöner Beruf. Aber es ist nicht mein Traumjob. Man sieht oft nur den Glanz und den Ruhm, aber nicht die harte Arbeit, die dahinter steckt." Naomi will im nächsten Semester anfangen, Betriebswirtschaft zu studieren. Denn nur wenige schaffen es und werden so berühmt wie Claudia Schiffer.

5 Das erzählt Tom: Meine Stimme ist toll! Und ich war so sicher, dass ich gewinne. Immerhin war ich unter den letzten fünf des Wettbewerbs. Und diese sollten alle Live-Auftritte bekommen. Am Ende wurde ich Vierter. Ich bekam auch drei Live-Auftritte, aber nicht auf der Bühne eines Konzertsaals, sondern in der Hifi-Abteilung eines Kaufhauses, im Lesesaal einer Bücherei und einmal sogar neben dem Gemüsestand eines Supermarkts. Und das war's! So hatte ich mir den Anfang meiner Karriere nicht vorgestellt.

a) **Welcher Titel passt?**

A Bei einer Modelagentur
B Wie wird man Superstar?
C Beim Casting
D So lieber nicht!
E Traumberuf: Model?

	1	2	3	4	5
Lösung:	?	?	?	?	?

b) **Beantworte die Fragen.**

1 Welche Rolle spielt Nadine in der Soap GZSZ?
2 Wann hatte Nadine die Zusage der Produktion?
3 Was beurteilten die Fernsehzuschauer bei der Sendung „Deutschland sucht den Superstar"?
4 Wie ist der Beruf des Models?
5 Was passiert, wenn die ersten Fotoaufnahmen der jungen Models gut sind?
6 Wo finden die Live-Auftritte des Jungen statt?

Genitiv

Maskulinum	Neutrum	Femininum	Plural
des Wettbewerbs	**des** Mädchens	**der** Produktion	der Models
ein**es** Supermarkt**s**	ein**es** Kaufhaus**es**	einer Bücherei	— (von Models)
aber: **des** Junge**n**/Herr**n**			

6 **Schreibspiel**

Jeder Mitspieler hat ein Blatt. Satzteil schreiben, falten, weitergeben, schreiben, falten, ...

Zeit — Am Morgen | Verb — esse | Nomen — ich | Objekt — die Jacke | Besitzer — des Großvaters.

Das kann ich schon:

Sätze und Wörter:

- **eine Meinung äußern und begründen**
  Ich finde, dass ..., weil ... – Ich finde ... auch, aber ... – Außerdem ... –
  Ja schon, aber ... – Meiner Meinung nach ... – Trotzdem ... –
  Da gebe ich dir recht, aber/trotzdem ... – Darum bin ich für/gegen ...

- **Gefühle äußern**
  nervös sein/werden – sich aufregen – sich beruhigen – cool bleiben

- **Computersprache**
  Rechner, Software, Internet, Homepage, Webseite, Link, Scanner
  programmieren, abstürzen, einscannen, elektronisch

- **rund um den Sport**
  Titel, Rekord, Profi, Verein, Leistungssport, Preis, Europameister,
  Weltmeisterin, Meisterschaft, Mannschaft, Ziel, Olympische Spiele

GRAMMATIK

1. Nebensatz mit *obwohl*

Ich gehe heute spazieren.   Das Wetter ist schlecht.

Ich gehe heute spazieren,   obwohl das Wetter schlecht ist.

2. Verb

a) Präteritum

	regelmäßig	Modalverb	unregelmäßig			
Infinitiv	spielen	müssen	gewinnen	sehen	laufen	lesen
ich	spiel-**te**	muss-te	gewann	sah	lief	las
du	spiel-**test**	muss-test	gewann-st	sah-st	lief-st	las-t
er/es/sie	spiel-**te**	muss-te	gewann	sah	lief	las
wir	spiel-**ten**	muss-ten	gewann-en	sah-en	lief-en	las-en
ihr	spiel-**tet**	muss-tet	gewann-t	sah-t	lief-t	las-t
sie/Sie	spiel-**ten**	muss-ten	gewann-en	sah-en	lief-en	las-en

b) Futur = ferne, unbestimmte Zukunft   Futur: *werden* + Infinitiv

Ich werde irgendwann einmal berühmt sein.
Vielleicht wird Lena einmal in einem tollen Film mitspielen.

3. Nomen, Genitiv

Hier ist der Plan	des/eines Supermarkts	der/einer Bücherei
	des/eines Kaufhauses	der Geschäfte / (von Geschäften)

	Nominativ	Genitiv	Dativ	Akkusativ
Maskulinum	**der**/ein Mann	**des**/eines Mannes	**dem**/einem Mann	**den**/einen Mann
Neutrum	**das**/ein Kind	**des**/eines Kindes	**dem**/einem Kind	**das**/ein Kind
Femininum	**die**/eine Frau	**der**/einer Frau	**der**/einer Frau	**die**/eine Frau
Plural	die/— Leute	der Leute / (von Leuten)	den/— Leuten	die/— Leute

1 Lesen

Einmal Studio und zurück – Komparsenalltag

1 Die große Film- und Fernsehkarriere ist für viele ein Traum. Ein Star sein, im Rampenlicht stehen, viel Geld verdienen – wer will das nicht? Doch nur wenige schaffen den Sprung vom Nobody zum gefragten Fernseh- und Kinohelden. Dennoch: Dabei sein kann (fast) jeder. Zumindest wenn es sich um Komparsenrollen handelt. Die zu bekommen ist nämlich gar nicht so schwer!

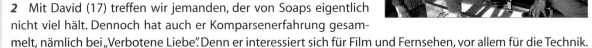

2 Mit David (17) treffen wir jemanden, der von Soaps eigentlich nicht viel hält. Dennoch hat auch er Komparsenerfahrung gesammelt, nämlich bei „Verbotene Liebe". Denn er interessiert sich für Film und Fernsehen, vor allem für die Technik.

3 David erzählt: „Wir sollten mehrere Outfits mitbringen. Zuerst musste ich in der Kneipe am Tisch sitzen und mit jemandem Karten spielen. Ein andermal stand ich am Flipper. Und mein Freund sollte mit einer Sporttasche durchs Bild rennen. Weil die Szenen für verschiedene Folgen waren, mussten wir uns ständig umziehen. Denn dadurch fällt später auf dem Bildschirm nicht so auf, dass jeden Tag dieselben Leute in der Kneipe herumsitzen."

4 David fand seinen Tag als Komparse ziemlich spannend: „Alles lief total profimäßig ab. Es war interessant mitzukriegen, wie oft die zum Beispiel eine Einstellung wiederholen müssen. In einer Szene mussten sich zwei umarmen. Die haben das nicht auf die Reihe gekriegt, dass es echt aussah. Deshalb mussten wir dieselbe Szene fünfmal wiederholen, immer wieder trinken, unsere Gläser wurden ständig nachgefüllt, und dauernd musste ich Karten spielen. Mein Freund hatte schon einen total langen Arm, weil er die ganze Zeit die Sporttasche tragen musste. Allmählich wurde die Stimmung im Studio immer schlechter, weil man die vorgesehene Zeit überschritt. Einige schrien sich dann auch an, nach dem Motto: ‚Jetzt konzentriere dich endlich' oder: ‚Verdammt, wir müssen das abdrehen, sonst kriege ich meinen Flieger nicht.' Aber zu uns Komparsen waren alle freundlich."

a) **Ordne die Überschriften den Abschnitten zu.**

A Warum David Komparse wurde
B Komparse werden ist nicht schwer!
C Es klappt nicht immer beim ersten Mal!
D Davids erste Szenen

Lösung:

1	2	3	4
?	?	?	?

b) **Was ist richtig?**

1 Komparsen
   F sind die Hauptdarsteller.
   S stehen oder sitzen da und sprechen nichts.
   D haben eine Nebenrolle.

2 David interessiert sich
   E für Soaps.
   U für die Liebe.
   O für die Fernsehtechnik.

3 David musste viel Kleidung mitbringen,
   Z weil die Aufnahmen so lang dauerten.
   A weil er sich oft umziehen musste.
   K weil sein Freund seine Sachen vergessen hatte.

4 Ein Freund musste
   P mit einer Sporttasche herumlaufen.
   L fünfmal eine Frau umarmen.
   N mit David Karten spielen.

5 Die Zeit reichte nicht,
   T weil alles klappte.
   S weil man Szenen wiederholen musste.
   R weil sie zum Flughafen mussten.

Lösung:

1	2	3	4	5
?	?	?	?	?

2 Landeskunde

2.1 Wettbewerbe für Jugendliche

Der 14-jährige Trompeter Pierre hat sich schon im Kindergarten für Musik interessiert. Seit damals bekommt er regelmäßigen Unterricht. Mittlerweile tritt er mit einem Orchester, bei Schulveranstaltungen und mit der Jazzband seines Vaters vor Publikum auf.

Christian aus Uslar hatte früher oft Probleme mit dem Vokabeln lernen. Darum entwickelte er einen Vokabeltrainer für die Tasche. Jetzt fragt ihn der Computer ab. Christian hat 6000 Wörter in zwei Sprachen gespeichert. Der Clou: Gibt man eine falsche Antwort ein, wiederholt der Computer diese Vokabel häufiger als bei einer richtigen Lösung.

a) **Lies die Internetseiten. Wo können sich die beiden bewerben?**

Wettbewerb „Jugend forscht"

„Jugend forscht" - das ist der bekannteste deutsche Wettbewerb in Naturwissenschaften, Mathematik und Technik für alle Jugendlichen bis 21 Jahre. Schülerinnen und Schüler unter 16 Jahren nehmen in der Juniorensparte „Schüler experimentieren" teil. Am Wettbewerb teilnehmen kann, wer in Deutschland wohnt, hier zur Schule geht bzw. eine Ausbildung macht oder eine Deutsche Schule im Ausland besucht. Forschen kann man allein oder in Zweier- bzw. Dreiergruppen.

Ganz wichtig: Das Forschungsthema muss zu einem der sieben „Jugend forscht" - Fachgebiete passen: Arbeitswelt, Biologie, Chemie, Geo- und Raumwissenschaften, Mathematik/Informatik, Physik oder Technik.

Natürlich gibt es bei „Jugend forscht" Preise zu gewinnen: Geldpreise, Forschungsaufenthalte und Studienreisen.

Weitere Informationen: www.jugend-forscht.de

Bundeswettbewerb „Jugend musiziert"

„Jugend musiziert" ist der bedeutendste Nachwuchswettbewerb für Musik in Deutschland. Er wird seit 1963 ausgetragen und steht unter der Schirmherrschaft des Bundespräsidenten.

Über 15 000 musikbegeisterte Kinder und Jugendliche nehmen jährlich an „Jugend musiziert" teil. Die Altersgrenze ist 20 Jahre für Instrumentalfächer und 25 Jahre für Gesang. In etwa 160 Regionalwettbewerben können sich musikalische junge Menschen für die Landeswettbewerbe bis hin zum Bundeswettbewerb qualifizieren.

Der Wettbewerb „Jugend musiziert" möchte zum einen Kinder und Jugendliche zu eigenem Musizieren motivieren. Zum anderen möchte er auf diese Weise Talente finden und fördern.

Weitere Informationen:
www.deutscher-musikrat.de

b) **Gibt es in deinem Land ähnliche Wettbewerbe für Kinder und Jugendliche? Informier dich im Internet.**
Kennst du jemanden, der schon einmal an so einem Wettbewerb teilgenommen und vielleicht sogar gewonnen hat?

2.2 Jugendliche und Computer

a) **Schau die Grafik an und mach Sätze:**

89 Prozent der Jungen machen am Computer Spiele.
45 Prozent der Mädchen verwenden den Computer als Lexikon.

Verwende diese Verben: machen, verwenden/ benutzen den Computer für/als/zum ..., arbeiten mit ..., surfen, ...

b) **Vergleiche die Aktivitäten von Jungen und Mädchen.**

c) **Wie ist das bei euch? Macht eine Umfrage.**

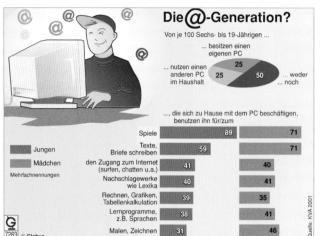

3 Gemeinschaftsarbeit – Klassen-Pinnwand

Immer zwei Schüler gestalten gemeinsam eine Seite zum Thema „Zukunftsträume".
Sammelt Fotos und Texte aus Zeitschriften, aus Katalogen, im Internet, usw.: Traumberufe, Vorbilder, Stars, Musiker, Sportler, ...
Klebt Collagen, macht Comics, beschriftet die Bilder, schreibt selbst Texte dazu.
Sammelt alle Blätter und hängt sie an eine große Pinnwand.

Kati Witt
Ich finde Katharina Witt toll! Sie ist sehr schön, sehr fleißig, sehr erfolgreich und sehr sympathisch. So möchte ich auch mal sein!

4 Lernen – Hören und Lesen

Hören und Lesen haben etwas gemeinsam: Du musst selbst nicht sprechen.
Eine Information wird dir über das Auge oder das Ohr vermittelt.
Beim Hören und Lesen kann man zum Teil dieselben Strategien anwenden.
1. Achte auf das, was du verstehst, und nicht auf das, was du nicht verstehst.
2. Du musst nicht jedes Wort verstehen. Versuche möglichst viel aus dem Kontext zu erschließen. (Unbekannte Wörter kannst du oft aus dem Zusammenhang verstehen.)
   Beim Hören helfen dir oft die Geräusche, beim Lesen helfen dir oft die Bilder.
3. Wenn du das Thema des Textes kennst,
   – überlege, was du zu dem Thema schon weißt,
   – überlege, was du zu dem Thema schon auf Deutsch kennst.
4. Stell dir selbst Fragen zum Text, am besten die berühmten Reporterfragen:
   Wer? Was passiert? Wo? Wann? Warum?
5. Wenn es Aufgaben zum Text gibt,
   – lies oder hör den Text einmal,
   – lies dann die Aufgaben,
   – lies oder hör den Text dann noch einmal und löse die Aufgaben.

5 Wiederholung

5.1 Tagebuch

Gestern war mein großer Tag: Ich war zum Casting eingeladen! Doch der Tag fing schlecht an. Mein Wecker klingelte nicht, und ich wachte zu spät auf. Ich sprang aus meinem Bett, lief ins Bad und machte mich ein bisschen frisch. Schnell zog ich meine schwarze Hose und mein blaues Hemd an. Aber ich fand meine dunklen Socken nicht. Und meine neuen Schuhe waren auch weg! Vielleicht hatte mein Bruder meine Sachen? Ich sah in seinem Schrank nach. Nichts! Also zog ich Socken meines Bruders und Schuhe meines Vaters an. Ich war so sauer!

Ich steckte meine Papiere in eine Tasche, rannte aus der Wohnung und ... fiel die Treppe hinunter. Meine Tasche ging auf, und alle Blätter flogen heraus. Schnell packte ich alles wieder ein und lief weiter.

Zum Glück war mein Weg zum Studio nicht so weit. Ich war spät dran. Ich rannte ins Studio. Gerade rief jemand meinen Namen. Ein letzter Blick in den Spiegel: Meine Haare waren total unordentlich!

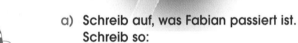

a) **Schreib auf, was Fabian passiert ist. Schreib so:**
Gestern war Fabians großer Tag.
Er war ... Sein Wecker ...

b) **Auch Anne war zum Casting eingeladen und hatte Pech:**
beim Frühstück Marmelade auf die neue Bluse – weiße Schuhe nicht sauber – konnte ... nicht finden – Schwester – ...
Schreib auf, was ihr passiert ist.

5.2 Radio Alpha unterwegs!

Hallo, (1) Freunde! Hier ist wieder euer Ferdi. Ich melde mich heute vom Casting für die neue Soap beim Fernsehsender Antenne 3.

Alle Kandidaten sind schon hier. Na, wen haben wir denn da? Einige sehen ja ganz besonders (2) aus. Julia zum Beispiel. Sie trägt einen (3) Minirock. Und ihre (4) Ohrringe passen (5) zu ihrem Gesicht.

Und wer ist das da? Ach ja, Sebastian. Ein (6) Typ. Er hat ein besonders (7) Outfit, (8) Hose, (9) Hemd und (10) Jacke. Na ja!

Und wer ist der (11) Junge da hinten, der mit den (12) Haaren und dem (13) Ohrring? Tobias, glaube ich. Ein ganz (14) Typ übrigens. Gestern hatte er einen (15) Auftritt.

Sabine und Claudia stehen am Fenster und reden wohl über die anderen Kandidaten: vielleicht über Antons (16) Haare oder über Leons (17) Stiefel, über die (18) Ringe an Lisas Fingern oder über Tims (19), (20) Mantel. Aber Tim sieht wirklich (21) aus! Und dann noch die (22) Haare. Wenn er heute auch noch (23) singt, hat er (24) Chancen.

Ah, da geht auch schon die Tür auf. Es geht wohl los. Wir wünschen allen Teilnehmern viel Glück.

Schreib den Text. Setz die Adjektive mit der richtigen Endung ein.

1 lieb	5 toll	9 gelb	13 weiß	17 bunt	21 fantastisch
2 schick	6 sympathisch	10 rot	14 cool	18 groß	22 blond
3 blau	7 interessant	11 nervös	15 toll	19 eng	23 gut
4 lang	8 grün	12 kurz	16 rot	20 schwarz	24 gut

wollen

können

Volleyballgruppe
Wir treffen uns
vor der Turnhalle.
Sportkleidung und
Turnschuhe nicht
vergessen!
W. Rösch

Gruppe „Kochen"
Bitte pünktlich in der
Schulküche, im Keller,
erste Treppe rechts
M. Roth

Schulchor
Die Teilnehmer kommen
bitte mit Notenheft und
Bleistift ins Musikzimmer.
Eva Engel

sollen

Gruppe „Werken"
Der Unterricht findet im
Werkraum im Keller statt.
Material wird gestellt.
U. Arndt

Das macht Spaß in der Schule

dürfen

müssen

mögen

Das lernst du:

- sich verabreden
- jemanden auffordern
- etwas begründen
- Geschehnisse in zeitlicher
  Reihenfolge erzählen
- Informationen entnehmen
- eine Meinung äußern

- Erwartungen ausdrücken
- Tiere beschreiben
- das politische System in Deutschland
- rund um die Umwelt
- rund um die Berufswelt
- Tiere
- rund um den Tierschutz

Lektion 37

Das mache ich gern

1 Neigungsfächer
und Arbeits-
gemeinschaften

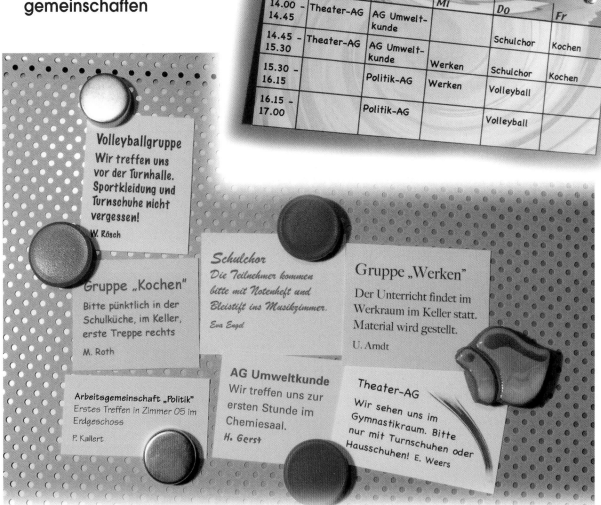

	Mo	Di	Mi	Do	Fr
Stundenplan					
14.00 – 14.45	Theater-AG	AG Umwelt-kunde			
14.45 – 15.30	Theater-AG	AG Umwelt-kunde		Schulchor	Kochen
15.30 – 16.15		Politik-AG	Werken	Schulchor	Kochen
16.15 – 17.00		Politik-AG	Werken	Volleyball	
				Volleyball	

Volleyballgruppe
Wir treffen uns
vor der Turnhalle.
Sportkleidung und
Turnschuhe nicht
vergessen!
W. Rösch

Gruppe „Kochen"
Bitte pünktlich in der
Schulküche, im Keller,
erste Treppe rechts
M. Roth

Schulchor
Die Teilnehmer kommen
bitte mit Notenheft und
Bleistift ins Musikzimmer.
Eva Engel

Gruppe „Werken"
Der Unterricht findet im
Werkraum im Keller statt.
Material wird gestellt.
U. Arndt

Arbeitsgemeinschaft „Politik"
Erstes Treffen in Zimmer 05 im
Erdgeschoss
P. Kallert

AG Umweltkunde
Wir treffen uns zur
ersten Stunde im
Chemiesaal.
H. Gerst

Theater-AG
Wir sehen uns im
Gymnastikraum. Bitte
nur mit Turnschuhen oder
Hausschuhen! E. Weers

Lies den Stundenplan und die Zettel am Schwarzen Brett.
Wann und wo findet der Unterricht statt?

Sprich so: Die Arbeitsgemeinschaft Umweltkunde findet am ... um ... im ... statt.
oder: Kochen ist am ... von ... bis ... im ....

	Zeit	Ort
Die Theater-AG findet	am Montag	im Gymnastikraum statt.
Die Theater-AG findet	um 14.00 Uhr	im Gymnastikraum statt.
Die Theater-AG findet immer	am Montag um 14.00 Uhr	im Gymnastikraum statt.

Im Satz steht die Zeitangabe vor der Ortsangabe.

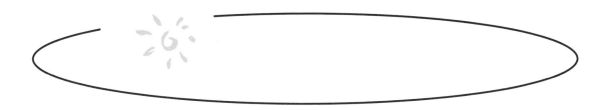

2 Was tun?

L37/1

a) Hör den Text. Worum geht es?

b) Hör noch einmal zu. Nun lies die Satzteile. Wie gehören sie zusammen?

1 Alex ist	E am Dienstag um halb fünf	I bei seiner Oma	
2 Die Schwestern müssen	N in die Stadt	V am Montagnachmittag	
3 Moritz geht	H am Mittwoch	E in den Sportverein	
4 Die Freunde gehen	R zu Hause sein	Z am Freitag	

	1	2	3	4
Lösung:				

c) Lies die Sätze. Was ist richtig? Was ist falsch?

1 Teresa geht zum ersten Mal in die Theater-AG.
2 Alex kocht sehr gern. Deshalb geht er in die Kochgruppe.
3 Robin findet Umweltkunde interessant. Er geht in die Umwelt-AG.
4 Jana möchte zusammen mit ihrer Schwester in einer Gruppe sein.
5 Jana möchte eigentlich in den Schulchor gehen. Aber ihre Schwester hat keine Lust.
6 Sophie geht in die Politik-AG, und Jana kommt mit.
7 Moritz geht mit seinem Freund David zum Volleyball.
8 Er kennt David aus seinem Sportverein.
9 Alle sechs haben am Donnerstagnachmittag frei.
   Sophie geht dann mit ihren Freunden in die Schule.

Strategie
Mach dir bei längeren Hörtexten Notizen zu den wichtigsten Informationen.

3 E-Mail

Sophie schreibt ihrer Kusine Nadja eine E-Mail. Sie erzählt, welche Arbeitsgemeinschaften es an ihrer Schule gibt und wer von ihren Freunden welche Arbeitsgemeinschaft gewählt hat und warum.
Sie fragt, welche AGs es in Nadjas Schule gibt und was ihre Kusine interessiert.
Schreib Sophies E-Mail. Der Hörtext von Übung 2a und die Sätze von Übung 2c helfen dir.

4 Fünfer-Memory

Ihr braucht kleine Karten in fünf verschiedenen Farben; von jeder Farbe mindestens acht Karten. Schreibt die Satzteile so auf die Karten:

1. Farbe: Subjekt	2. Farbe: Verb	3. Farbe: Zeit	4. Farbe mit ...	5. Farbe: Ort
Marco	trainiert	jeden Montag	mit seinem Verein	auf dem Sportplatz.
Wir	gehen	um drei Uhr	mit unseren Freunden	auf den Sportplatz.

Spielt in Gruppen.
Die Karten mit der gleichen Farbe mischen und in Reihen verdeckt auflegen. Spieler 1 deckt je eine Karte von jeder Farbe auf und liest den Satz vor. Die Gruppe kontrolliert, ob der Satz grammatikalisch richtig ist und Sinn macht. Wenn der Satz richtig ist, darf Spieler 1 die fünf Karten nehmen, und Spieler 2 ist dran.
Wenn der Satz nicht stimmt, muss Spieler 1 die Karten wieder verdeckt an ihren Platz legen. Spieler 2 macht weiter.

5 Und was macht Paula?

a) Hör den Text. In welche Arbeitsgemeinschaft geht Paula?

b) Hör den Text noch einmal. Lies die Fragen. Welche Fragen kommen nicht im Text vor?

1 In welchem Alter darf man wählen?
2 Wie viele Bundesländer gibt es in Deutschland?
3 Wie heißen die Bundesländer?
4 Wer hat das höchste Amt in Deutschland?
5 Was macht der Bundeskanzler / die Bundeskanzlerin?

6 Wer bildet die Bundesregierung?
7 Wie heißt das deutsche Parlament?
8 Wo hat der Bundestag seinen Sitz?
9 Warum sitzt der Bundestag in Berlin?
10 Was ist ein Landtag?
11 Wie viele Parteien sind im Bundestag vertreten?

c) **Was fragt Paula?**
Sprich so: Paula fragt, wie viele Bundesländer es in Deutschland gibt.
Sie fragt auch, wie die Bundesländer heißen usw.
Hör die Sätze zur Kontrolle.

> Wer hat das höchste Amt in Deutschland?
>
> Paula fragt, wer das höchste Amt in Deutschland hat.
>
> Wie heißt das deutsche Parlament?
>
> Paula fragt, wie das deutsche Parlament heißt.

d) **Mach mit deinem Partner ein kleines Politik-Quiz.**

Frag so: Weißt du, in welchem ...?
Kannst du mir sagen, wie viele ...?

Hier sind die Antworten:
Bundespräsident – Chef der Regierung – sechzehn – Berlin – Parlament eines Bundeslandes – aus Ministern – Hauptstadt – Bundestag – achtzehn

e) Zwei Antworten fehlen im Text. Informiere dich (Landkarte, Internet ...) und antworte.

6 Satzmelodie

a) **Lies die Fragen von Aufgabe 5b laut. Nun schau dir die Satzmelodien an. Welche Fragen sind das?**

 a.

 b.

c.

 d.

e.

b) **Hör die Fragen zur Kontrolle.**

Lösung:

a	b	c	d	e
?	?	?	?	?

c) Sieh dir die Satzmelodien genau an. Was fällt dir auf?
Bei den W-Fragen geht die Melodie am Ende nach ✳✳ .

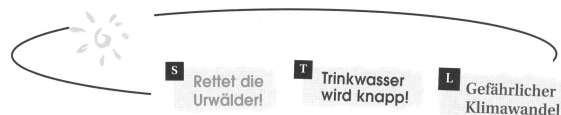
S Rettet die Urwälder!

T Trinkwasser wird knapp!

L Gefährlicher Klimawandel

7 Unsere Umwelt **E** Dicke Luft – Wer sind die größten Luftverschmutzer?

U Wieder Tankerunglück im Mittelmeer

M Hochwasserkatastrophe in den Alpen!

W Sonne, Wind und Meer: Was können alternative Energien leisten?

R Wir produzieren viel zu viel Abfall!

4

Luft ist unser wichtigstes „Lebensmittel". Manchmal riecht die Luft schlecht, oder sie ist so schmutzig, dass man vor lauter Smog kaum mehr atmen kann. Straßenverkehr, Kraftwerke, Industrie, aber auch Privathaushalte verursachen verschiedene Schadstoffe. Aber es kommt noch schlimmer: Die Luft kann sogar giftige Stoffe enthalten.

5

Hurrikan „Wilma" brauste durch die Karibik und zerstörte viele Hotels und andere Gebäude in Meeresnähe. Um die Bevölkerung und die Touristen vor der Gefahr zu schützen, wurden die Menschen ins Innere des Landes gebracht. Ein einmaliges Ereignis? Im Gegenteil: Wissenschaftler sehen einen Zusammenhang zwischen Stärke und Dauer der Stürme und der Klimaerwärmung. Wegen des Klimawandels werden Hurrikane immer heftiger – die von den Stürmen ausgelösten Wellen erreichen Rekordhöhen. Die Wärme des Oberflächenwassers im tropischen Atlantik gilt als die Mutter aller Hurrikane.

6

1,2 Milliarden Menschen leben weltweit ohne sauberes Trinkwasser. Bevölkerungsexplosion und Umweltverschmutzung sind die Hauptgründe dafür, dass Trinkwasser in manchen Regionen der Erde knapp wird.

Ordne die Schlagzeilen den Bildern und Texten zu.

1	2	3	4	5	6
Lösung: ?	?	?	?	?	?

8 Umfrage zum Umweltschutz

a) Hör die Interviews. Um welche vier Themen geht es? Schreib auf.

L37/5

b) Hör die Interviews noch einmal. Ordne die folgenden Begriffe den Interviews zu:
Abgase – atmen – schmutzig – Abfall – alternative Energie – giftig – Katastrophe – Dosen – Unglück – zerstören – Wärme – Alu – Strom – sparsam – Plastik – Recycling – wegwerfen – brennen – umweltfreundlich

c) Ordne die Wörter nach „Umweltschutz" und „Umweltverschmutzung".
Schreib sie in zwei Spalten auf. Such weitere Wörter in den Texten oben.

d) Schreibt weitere Fragen zum Thema „Umwelt" auf und macht Interviews in der Schule.

9 Was sagst du dazu?

a) Schau dir die Bilder an. Was sagst du dazu?
Sprecht in der Klasse darüber.

b) Ordne die Texte den Bildern zu.

Lösung:

1	2	3
?	?	?

A

▲ Entschuldigung, können Sie
bitte den Motor abstellen?
* Wie bitte?
▲ Ich habe Sie gefragt, ob Sie den
Motor abstellen können.
* Wieso?
▲ Weil ...

B

▲ Verzeihung, haben Sie gerade
eine Zigarette weggeworfen?
* Was ist los?
▲ Ich habe Sie gefragt, ob Sie
gerade eine Zigarette weg-
geworfen haben.
* Ja. Warum auch nicht?
▲ Na hören Sie mal! Weil ...

C

▲ Hallo! Hören Sie mich? Müssen Sie so viel Lärm machen?
* Was hast du gesagt?
▲ Ich habe Sie gefragt, ob Sie so viel Lärm machen müssen.
* Ich kann so viel Lärm machen, wie ich will.
▲ Das können Sie eben nicht. Weil ...

c) Wie gehen die Texte weiter? Ordne die *Weil*-Sätze zu.

1 Weil der Wald brennen kann. 2 Weil die Abgase die Luft verschmutzen.
3 Weil Lärm schädlich ist.

Lösung:

A	B	C
?	?	?

Können Sie bitte den Motor abstellen?
Ich habe gefragt, **ob** Sie den Motor abstellen können.

Müssen Sie so viel Lärm machen?
Ich habe gefragt, **ob** Sie so viel Lärm machen müssen.

Ja/Nein-Frage →
indirekte Frage mit *ob*

10 Der Umweltsünder

● Sag mal, machst du eigentlich etwas
für die Umwelt?
■ Wie bitte?
● Ich habe dich gefragt, ob ...
■ Umweltschutz? Ich? Was zum Beispiel?
● Na ja, gehst du zum Beispiel sparsam
mit Strom um?
■ Was mache ich?
● Ich möchte wissen, ...
■ Nein, wieso? Der Strom kommt doch sowieso
aus der Steckdose. Stecker rein. Fertig!

● So ein Quatsch! - Lässt du das Licht an,
wenn du weggehst?
■ Was hast du gesagt?
● Ich habe gefragt, ...
■ Ja, oft. Warum auch nicht?
● Weil Energiesparen nötig ist. – Sag mal,
kannst du nicht die Musik leiser machen?
■ Wie bitte? Ich verstehe nicht.
Die Musik ist so laut.
● Ich habe gefragt, ...! Ach was!

L37/6

a) Ergänze die indirekten Fragen.

b) Hör den Text zur Kontrolle.

Bist du ein Umweltengel?

11 Teste dich selbst

	ja	nein
1 Lässt du das Wasser laufen, wenn du dir die Zähne putzt?	✿	✿
2 Kaufst du Getränke fast nur in Plastikflaschen und Dosen?	✿	✿
3 Kaufst du oft Waren mit viel Verpackung?	✿	✿
4 Lässt du dir an der Kasse im Supermarkt öfter Plastiktüten geben?	✿	✿
5 Sind deine Hefte aus Umweltpapier?	✿	✿
6 Rechnet dein Taschenrechner mit Sonnenenergie?	✿	✿
7 Ist dein Pausenbrot öfter mit Plastik- oder Alufolie verpackt?	✿	✿

Optimale Antworten: 1 nein; 2 nein; 3 nein; 4 nein; 5 ja; 6 ja; 7 nein

6 bis 7 Fragen optimal beantwortet: Du bist ein wirklich guter Umweltschützer.

4 bis 5 Fragen optimal beantwortet: Du bist gut, kannst aber noch manches besser machen.

2 bis 3 Fragen optimal beantwortet: Du musst noch viel über Umweltschutz lernen.
Hoffentlich tust du das auch!

0 bis 1 Fragen optimal beantwortet: Du gehst blind und taub durch die Welt.
Dabei ist Umweltschutz so notwendig!

12 Interview-Spiel, einmal anders

a) Schreibt die Fragen des Umwelttests an die Tafel und die Nummern davor.
Ihr könnt auch weitere Fragen dazu schreiben, z. B. über Lärm / laute Musik, Licht anlassen, Batterien / Akku des Walkmans, Abfall in die Mülltonne usw.
Alle gehen mit Block und Bleistift durch die Klasse.
Jeder fragt sechs Mitschüler und notiert: Beispiel:

Klara 3 nein

b) Nachher berichten die Spieler.
Beispiel: Jens sagt: Ich habe Klara gefragt, ob sie oft Waren mit viel Verpackung kauft.

c) Ihr könnt aus den Fragen auch ein Umwelt-Plakat für eure Schule machen. Überlegt gemeinsam, was ihr an eurer Schule für den Umweltschutz tun könnt.

13 Botschafter für unsere Umwelt

a) Beantworte die Fragen.

1 Was hat Laura so aufgeregt?
2 Wie hat sie ihren Protest ausgedrückt?
3 Bei welcher Umweltorganisation ist Laura?
4 Wofür war die Aktion in Würzburg?
5 Was haben sie mit den Unterschriften gemacht?
6 Warum soll man nur Recyclingpapier verwenden?

b) Such im Internet weitere Umweltorganisationen, bei denen Jugendliche mitmachen können.

Eine Chance für die Kids

Laura, du bist in einem Greenteam aktiv. Wie kann man sich das vorstellen?

Als ich zwölf Jahre alt war, gab es das Tankerunglück vor den Galapagos-Inseln. Das hat mich so aufgeregt, dass ich unbedingt etwas machen wollte, um meinen Protest auszudrücken. Gemeinsam mit meiner Klasse haben wir dann über 700 Unterschriften gegen die Verschmutzung der Meere gesammelt. Danach habe ich bei Greenpeace ein Greenteam gegründet. Zurzeit arbeiten wir am Thema „Wald".

Welche Aktionen habt ihr schon für den Schutz der letzten Urwälder gemacht?

Vor Kurzem haben wir in Würzburg einen Informationsstand zur Lage der Urwälder gemacht. Dabei kamen wieder 700 Unterschriften zusammen, mit denen wir dann zu den Kopierläden gegangen sind, um für den Einsatz von Recyclingpapier zu werben. Es ist unglaublich, dass uralte Bäume z. B. einfach zu Kopierpapier verarbeitet werden.

Wandertag

1 Wohin geht der Wandertag der 8c?

a) Hör zu und sieh die Bilder an. In welcher Reihenfolge nennen Lehrer und Klasse die Ziele? Lösung: | ? | ? | ? | ? |

b) Hör noch einmal zu und ergänze die Sätze.

1 Ingo möchte an die Ostsee, weil ...
2 ..., weil sie schon zweimal in der Sächsischen Schweiz waren.
3 Mandy möchte nach Meißen, weil ...
4 Jens ..., weil es im Saurierpark ...

c) Was ist richtig? Was ist falsch?

1 Das Elbsandsteingebirge nennt man auch Sächsische Schweiz.
2 In Meißen gibt es zehn Meter hohe Figuren aus Porzellan.
3 In Dresden kann man sich viele Sehenswürdigkeiten ansehen.
4 Die Klasse stimmt ab. Die Mehrheit möchte nach Dresden.
5 Die Schüler bekommen die Erlaubnis, dass sie am Nachmittag allein weggehen.

d) Diese Wörter kommen im Text vor. Sortiere sie nach *Sächsische Schweiz* oder *Dresden*:
Umgebung – Sehenswürdigkeit – Wanderweg – Fluss – Gebirge – Großstadt – Stein – Gegend – Ausstellung – Eintrittskarte – Tal – Natur

2 E-Mail von Meike

Peggy antwortet ihrer Freundin. Sie gibt ihr einige Informationen über die Sächsische Schweiz. Sie schreibt auch, was ihre Klasse am Wandertag macht. Schreib Peggys Mail. Verwende die Informationen aus Übung 1.

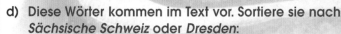

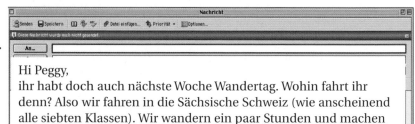

Hi Peggy,
ihr habt doch auch nächste Woche Wandertag. Wohin fahrt ihr denn? Also wir fahren in die Sächsische Schweiz (wie anscheinend alle siebten Klassen). Wir wandern ein paar Stunden und machen ein Picknick. Ihr wart doch schon mal da. Wie ist es denn da?
Liebe Grüße
Deine Meike

3 Spiel: Was brauchst du zum Picknick?

Spieler 1: Ich brauche Wurstbrote.   **Spieler 2:** Ich brauche Wurstbrote und ein Ei.
Spieler 3: Ich brauche Wurstbrote, ein Ei und ...

L38/2

4 In Dresden

a) Hör zu.
Welchen Weg
geht die Klasse?
Such den Weg
auf dem
Stadtplan.

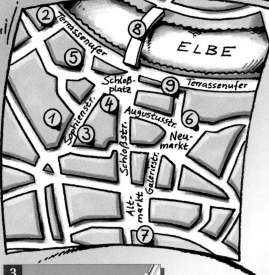

1 Zwinger
2 Landtag
3 Taschenbergpalais
4 Residenzschloss
5 Semperoper
6 Frauenkirche
7 Kreuzkirche
8 Augustusbrücke
9 Brühlsche Terrasse

b) **Beschreib den Weg. Sprich so:**
Die Klasse geht vom Landtag über
das Terrassenufer zur ...

c) **Hör noch einmal zu. Was erfährst
du über die Sehenswürdigkeiten
in Dresden? Schreib Stichpunkte auf.**

5 Was machen wir nach dem Picknick?

Ordne die Aussagen.

A Nachdem ihr alles aufgeräumt und die Reste in den Mülleimer geworfen habt, könnt ihr gehen.

E Und wer hat Lust auf Kultur? Wir wollen uns die Ausstellung in der Gemäldegalerie ansehen. Du vielleicht, Mandy?

R Ach nein, ich gehe shoppen. Wer kommt mit?

T Wir! Wir gehen sicher in die Prager Straße. Da gibt es viele Kaufhäuser.

N Alles sauber! Ich möchte in den Zoo. Wer geht mit?

D Der ist ja gleich hier im Park. Wir gehen mit.

W Können wir jetzt gehen?

G Moment! Ihr geht erst los, nachdem ich die Gruppen kontrolliert habe. Eins, zwei, drei, in Ordnung. – Ihr seid zu viert? In Ordnung ... Alles in Ordnung. Also los jetzt und viel Vergnügen! Und denkt dran: in zwei Stunden pünktlich wieder hier an dieser Stelle!

A Also, wir gehen jetzt. Auf zur Prager Straße!

Lösung:

1	2	3	4	5	6	7	8	9
W	?	?	?	?	?	?	?	?

einundvierzig 41

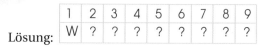

6 Wanderung in der Sächsischen Schweiz

W Start der Wanderung ist am Markt von Hohnstein .

N Wir verlassen die Straße und biegen in den Forstgrabenweg ab, der erst leicht, dann steil ansteigt.

D Nun steigt man wieder zur Polenz hinunter. Im Tal des Flusses wandert man auf einem breiten, bequemen Weg abwärts.

R Wir gehen auf dem Polenztalweg am rechten Ufer entlang, wechseln dann aber aufs linke Ufer über.

U Kurz vor Porschdorf endet das Polenztal. Wir gehen über die Brücke und auf der Autostraße im „Tiefen Grund" zwei Kilometer aufwärts.

N Ein kurzer Aufstieg auf den Hockstein lohnt sich wegen der herrlichen Aussicht.

G Man überquert die Brandstraße und kommt über Schneise 15 und den Neuweg nach Hohnstein zurück.

A Nach dem Ort geht es steil zwischen senkrecht aufragenden Felswänden in eine tiefe, feuchte Schlucht hinunter.

E Nach etwa 3 km kommt man zur Gaststätte „Waltersdorfer Mühle".

a) Such den Weg auf der Karte.
Ordne die Wegbeschreibung.

Lösung:

1	2	3	4	5	6	7	8	9
W	?	?	?	?	?	?	?	?

b) Wo führt der Weg hinauf? Wo führt er hinunter? Such die Textstellen.

7 Beim Picknick

▲ Endlich Pause! So weit laufen. Und diese ☀! Ich schwitze so!

✱ Du kannst dich ja in den Schatten setzen, wenn es dir zu warm ist.

▲ Natürlich! Wenn es mir zu ☀ ist, kann ich mich in den Schatten setzen. Mir tun aber auch meine Füße ☀.

✱ Klar! Dir tun die Füße weh, weil du keine vernünftigen Schuhe anhast.

▲ Ach! Weil ich keine vernünftigen Schuhe anhabe, tun mir die Füße weh.

✱ Sieh mal. Obwohl wir wandern, hast du Sandalen an.

▲ Ich habe Sandalen an, weil mir zu ☀ ist. Und außerdem ist meine Hose jetzt ganz ☀.

✱ Tja! Das Gras ist ein bisschen ☀. Bevor du dich ins Gras setzt, musst du eben genau hinsehen.

▲ Ich muss genau hinsehen, bevor ich … Ach lass mich doch in Ruhe!

✱ Also ich finde die Wanderung toll.

L38/3

a) Ergänze diese Wörter:
warm – heiß – Hitze – feucht – nass – weh

b) Hör den kompletten Dialog zur Kontrolle.

> Du kannst dich in den Schatten setzen, wenn es dir zu warm ist.
>
> Wenn es dir zu warm ist, kannst du dich in den Schatten setzen.
>
> Bevor du dich ins Gras setzt, musst du genau hinsehen.
>
> Du musst genau hinsehen, bevor du dich ins Gras setzt.

8 Spiel: Hauptsatz-Nebensatz-Kette

Spielanleitung:
Jeder Spieler schreibt einen Satz auf. Beispiel: Ich gehe ins Bett.
oder Ich esse gern Eier. **oder** Heute scheint die Sonne. **oder** ...
Jeder Spieler sagt seinen Satz einmal als Hauptsatz und
einmal als Nebensatz.
Der Nebensatz kann mit *weil, obwohl, wenn* oder *bevor* beginnen.

Spieler 1: Bevor ich ins Bett gehe,   **Spieler 2:** esse ich gern Eier.
Spieler 2: Weil ich gern Eier esse,   **Spieler 3:** scheint heute die Sonne.

Spieler 3: Wenn heute die Sonne scheint,   **Spieler 4:** ...

9 Zwei Tagebücher

Dienstag, 18. ...
Heute war unser Wandertag. Nachdem wir in Hohnstein ✹ waren, mussten wir gleich auf einen Berg steigen. Das war vielleicht anstrengend! Aber die Aussicht war toll. Dann ging es wieder ins Tal hinunter und immer an einem Fluss entlang. Nach zweieinhalb Stunden machten wir endlich Pause. Ich war so hungrig! Zum Glück hatte mir Mama viele Brote ✹. Nachdem wir unser Picknick ✹ hatten, hatten wir noch ein wenig Zeit, bevor es weiterging. Einige Jungs spielten Fußball. Sie hatten doch tatsächlich einen Ball ✹. Andere machten Staffellauf. So ein Quatsch! Ich war froh, dass ich mich ausruhen konnte. Der zweite Teil des Weges dauerte nur noch eineinhalb Stunden! Das letzte, steile Stück war noch ziemlich anstrengend. Dann hatten wir endlich unser Ziel ✹.

Dienstag, 18. ...
An unserem Wandertag durften wir nach Dresden fahren. Dresden! Großstadt! Ich hatte mich schon so darauf ✹. Ich muss zugeben, Dresden ist eine schöne Stadt. Aber so viel Kultur, so viele Sehenswürdigkeiten! Kaum hatten wir den Zwinger ✹, wartete schon das Residenzschloss auf uns usw. usw. Nachdem wir vier Stunden ✹ waren und alles Mögliche ✹ hatten, konnten wir endlich Pause machen. Meine Füße taten schrecklich weh. Aber nachdem ich mich ein wenig hatte, ging es los zum Einkaufsbummel in die Shopping-Meile „Prager Straße". Nach zwei Stunden mussten wir leider schon zurück sein. Einige von uns hatten eine Ausstellung ✹. Andere waren auf den Turm der Kreuzkirche ✹. Na ja, mir war Shoppen lieber. Ich habe ein paar tolle Souvenirs gefunden.

Wohin gehören die Partizipien? herumgelaufen – mitgebracht – gefreut – erreicht – beendet – gestiegen – besichtigt – ausgeruht – angekommen – eingepackt – angesehen – besucht

← Vorvergangenheit – Plusquamperfekt   ← Vergangenheit – Präteritum   ● Gegenwart

Plusquamperfekt = Präteritum von *haben/sein* + Partizip Perfekt

Sie hatten einen Ball mitgebracht.   Wir waren angekommen.
Mama hatte Brote eingepackt.   Einige waren auf den Turm gestiegen.

10 Schülerzeitung

Die Klassen schreiben einen Bericht über ihren Wandertag für die Schülerzeitung.
Klasse 8c: Ein Ausflug nach Dresden   **Klasse 7a:** Eine Wanderung in der Sächsischen Schweiz
Schreib die Artikel. Verwende Informationen aus den Tagebüchern und den Übungen 4 bis 7.
Verwende auch Sätze mit *nachdem*.

11 Umfrage: Lieber Stadt oder lieber Land?

L38/4

a) Hör die Umfrage. Mit wie vielen Personen spricht der Reporter?

b) Hör noch einmal zu. Wie viele befragte Personen wohnen lieber in der Stadt als auf dem Land?

c) Was ist richtig? Was ist falsch?

1 In der Stadt gibt es ein reichhaltiges kulturelles Angebot, z. B. Theater, Ausstellungen usw.
2 In der Innenstadt ist die Luft manchmal so schlecht, dass das kleine Mädchen husten muss.
3 Die Verbindung zwischen Vororten und Stadtmitte mit öffentlichen Verkehrsmitteln ist gut.
4 Auf dem Land sind die Mieten teurer als in der Stadt.
5 Man kann die Diskothek auf dem Land leicht erreichen.
6 Überall auf dem Land gibt es Gesamtschulen.
7 Auf dem Land lebt man ruhig und in der Natur.

d) Sammelt Argumente.

Stadt		Land	
pro	contra	pro	contra
Theater, Kino	Lärm	gute Luft	langweilig
...	...	...	...

e) Diskutiert in der Klasse. Begründe deine Meinung.

Ich möchte lieber ..., weil/denn ...
Ich finde ... interessanter/langweiliger als, ...
Meiner Meinung nach lebt man ... besser als ...
Ich ... gern ... Deshalb/Darum ...

12 Vom Dorf in die Stadt

Landeier in der Großstadt

Daniela hat ihre Kindheit in einem Dorf mit 300 Einwohnern in Sachsen-Anhalt verbracht. Nach und nach verließen die meisten ihrer Freunde das Dorf. Da wollte auch Daniela weggehen. Ein Cousin wohnte in Berlin, und sie kannte die Stadt von Besuchen. Daniela überredete eine Freundin aus dem Dorf, mit nach Berlin zu kommen. Die beiden mieteten zusammen eine Wohnung. May-Britt war ziemlich frustriert in der ersten Zeit. Sie lernte überhaupt niemanden kennen. Daniela dagegen findet das Leben in der Großstadt aufregend. „Im Dorf ging man nur einmal pro Woche aus", sagt Daniela, „in der Stadt kann man fast jeden Tag irgendwo auf Partys oder in Discos gehen."

Für Hendrik stand gleich nach der mittleren Reife fest: Auf dem Dorf hält mich nichts mehr! Eine Klassenfahrt nach Dresden imponierte dem Schüler aus einem kleinen Dorf in Hessen. „Allein die Auswahl der Theater und Kinos in Dresden!", sagt Hendrik. Hendriks erste Adresse in der Großstadt war die Wohnung seines Onkels. „Ganz allein wollte ich nicht wohnen", sagt Hendrik. Das Hochhaus kam ihm riesig vor. Dass die Nachbarn nicht mal grüßen, wunderte ihn. Leute im gleichen Alter kennenlernen war nicht so einfach. In den ersten Wochen fühlte sich Hendrik gar nicht wohl. Die Menschenmassen in der U-Bahn und auf den Straßen kamen ihm seltsam vor. Jeder rannte anscheinend irgendwelchen dringenden Terminen hinterher. „Echte Freunde findet man in der Stadt nicht", steht für Hendrik fest. Er spielt mit dem Gedanken, „aufs Land" zurückzugehen.

a) Beantworte die Fragen.

1 Woher kannten die beiden die Stadt?
2 Warum wollten sie aus dem Dorf weg?
3 Wer fühlt sich in der Großstadt wohl, wer nicht? Und warum?

b) Welche Argumente pro und contra Stadt kommen im Text vor?
Welche Vorteile und Nachteile hat für die beiden das Leben auf dem Land?

Das kann ich schon:

Sätze und Wörter:

- sich verabreden   Wir treffen/sehen uns – bitte pünktlich – ... findet in ... statt

- jemanden auffordern   Entschuldigung – Verzeihung – Können Sie bitte ... – Hören Sie mich? – Müssen Sie so viel ... – Ich habe Sie gefragt, ob ... – Na hören Sie mal!

- etwas begründen   ... gern. Deshalb ... – ... möchte (nicht), ... weil ...

- Geschehnisse in zeitlicher Reihenfolge erzählen   Nachdem wir ... angekommen waren, gingen wir gleich ... – Bevor wir Pause machten, besichtigten wir ...

- eine Meinung äußern   pro – contra – Ich möchte lieber ..., weil/denn ... – Ich finde ... interessanter/langweiliger als ... – Meiner Meinung nach lebt man ... besser als ... – Ich ... gern ... Deshalb/Darum ...

- das politische System in Deutschland   Bundesland, Bundeskanzler/in, Regierung/Bundesregierung, Minister/in, Bundestag, Landtag, Parlament, Bundespräsident/in, wählen

- rund um die Umwelt   Natur, Stein, Tal, Gebirge, Ufer, Gras, Schatten, Gegend, Umgebung, Erde, Region, Bevölkerung, Luft, Smog, Sturm, Wärme, Hitze, Katastrophe, Unglück, Gefahr, Kraftwerk, Industrie, giftige Stoffe, Abgas, Energie, Strom, alternative Energien, Abfall, Mülleimer, Dose, Tüte, Schutz, Protest, verursachen, zerstören, brennen, wegwerfen, riechen, atmen, retten, schützen, schmutzig, giftig, sparsam, warm, nass

GRAMMATIK

1. Satz

a) **indirekte Frage mit Fragewort**

Was ist ein Landtag?

Paula fragt, was ein Landtag ist.

b) **indirekte Satzfrage mit _ob_**

Sparst du Strom?

Ich möchte wissen, ob du Strom sparst.

c) **Nebensatz – Stellung**

Der Lehrer kontrolliert die Gruppen, bevor sie losgehen.

Bevor sie losgehen, kontrolliert der Lehrer die Gruppen.

Die Schüler können gehen, nachdem sie aufgeräumt haben.

Nachdem sie aufgeräumt haben, können die Schüler gehen.

2. Verb – Plusquamperfekt

Plusquamperfekt = Präteritum

von *sein* (Verben der Bewegung)   von *haben* (alle anderen Verben)

+ Partizip Perfekt

Einige waren auf den Turm gestiegen.   Endlich hatten wir das Ziel erreicht.
Wir waren vier Stunden herumgelaufen.   Ich hatte mich ausgeruht.

3. Satzstellung

	Zeit	Ort
Die Gruppe „Kochen" trifft sich immer	am Freitag um 14.00 Uhr	in der Schulküche.

Im Satz steht die Zeitangabe vor der Ortsangabe.

39 Man lernt nicht nur in der Schule

1 Radiosendung: Jugend und Berufswahl

Kellner

Beamter

Straßenbauamt München

Handwerker

Universität   Ausbildung / Lehre
Berufsschule

| Gesamt-schule | Gymnasium | Real-schule | Haupt-schule |

Grundschule

a) Hör die Radio-sendung. Worum geht es? Um Aus-bildungsplätze, um Praktika oder um Schule?

b) Hör noch einmal zu und schau die Bilder an. Welche Wörter kommen auch im Text vor?

c) Sieh das Schaubild links an. Sprecht über das Ausbil-dungssystem in Deutschland.

Briefträgerin

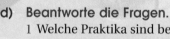

Krankenpfleger

d) Beantworte die Fragen.
1 Welche Praktika sind bei Jungen besonders beliebt, welche bei Mädchen?
2 Welche Erfahrungen hat der Automechaniker-meister mit seinen Praktikanten gemacht?
3 Welches Praktikum wollte Anton eigentlich machen, und was hat er wirklich gemacht?
4 Praktikanten müssen einen Bericht über das Praktikum schreiben. Wie fand Anton das?

2 Praktikumsberichte

Vor dem Praktikum

1 Patrick
Ich hoffe, viel über den Umgang mit Menschen und auch über Zähne zu lernen. Ich kann mir auch vorstellen, Leute aufzurufen und die Karteikarten der Patienten zu ordnen.

2 Lisa
Ich bin sehr aufgeregt, weil ich nicht genau weiß, was auf mich zukommt. Ich hoffe, dass die Friseurinnen nett zu mir sind.

3 Sabrina
Später möchte ich einmal in einem Büro arbeiten. Deshalb habe ich mich für diesen Praktikumsplatz entschieden.

4 Judith
Ich freue mich darauf, in einer Arztpraxis zu arbeiten. Am meisten habe ich Angst, etwas falsch zu machen oder etwas nicht sofort zu verstehen.

5 Marlene
Ich möchte einmal in einem sozialen Bereich arbeiten. Besonders wichtig finde ich es, alten Menschen zu helfen.

6 Egzon
Ich habe Interesse an Autos. Ich möchte in einen Motor hineinsehen, bei einer Reparatur dabei sein.

Im Praktikum

CH

Bei Veranstaltungen mussten wir die pflegebedürftigen Bewohner des Altenheims aus ihren Zimmern holen, vor allem auch die, die im Rollstuhl sitzen müssen. Am Mittwochnachmittag gab es ein Frühlingsfest. Unsere Aufgabe war es, im großen Saal die Tische herzurichten und das Geschirr und Besteck bereitzulegen.
Diese Woche war sehr interessant. Es war schön, die Senioren durch Singen, Basteln und Gespräche zu motivieren und ihren Alltag positiv zu beeinflussen.

B

Meine Hauptaufgabe war es, dem Doktor zur Seite zu stehen, wenn er behandelte. So musste ich die Abschlussfüllung vorbereiten, nachdem der Zahnarzt gebohrt hatte. Das musste schnell gehen, damit die Füllung nicht schon vorher trocknet.
Ich habe gelernt, dass man sich auf jeden Patienten einstellen muss. Außerdem habe ich viel über Geräte und Medikamente gelernt. Das Praktikum hat mir bei der Wahl meines Berufes geholfen.

R

Am ersten Tag hat mir Frau Luckau, eine Angestellte, meinen Arbeitsplatz gezeigt. Ich durfte die Post öffnen, stempeln und sortieren und Namen von Kunden in den Computer eingeben.
Ich habe versucht, die Arbeiten möglichst gut zu erledigen. Und ich glaube, dass mir das auch gelungen ist. Büroarbeit macht mir Spaß.

I

In der ersten Woche wurde ich Schritt für Schritt in die Arbeit einbezogen, bis ich nachher selbstständig arbeiten konnte. So durfte ich zum Beispiel Wunden versorgen und verbinden und bei der Akupunktur Nadeln ziehen. Es machte großen Spaß, Neues zu lernen und zu helfen.
Meine Erwartungen wurden erfüllt. Ich weiß jetzt, dass ich für den Beruf der Arzthelferin geeignet bin.

T

Ausgeführte Tätigkeiten:
– Reifenwechseln an einem Mercedes SE 250/8
– Reinigung und Aufräumen der Werkzeuge
– Hilfe beim Zerlegen eines Motors
– Ersatzteile aus dem Lager holen

Was ich lernen konnte:
– Namen und Bezeichnungen einiger Werkzeuge
– Grundsätzlicher Unterschied zwischen Otto- und Dieselmotor

E

Ich fing immer um elf Uhr an zu arbeiten. Neben meinen täglichen Aufgaben, wie Handtücher waschen, Haarspray und Shampoo aufräumen, hatte ich manchmal Zeit, der Meisterin bei der Arbeit zuzusehen.
Ich konnte sie beim Haareschneiden und -färben beobachten. Außerdem durfte ich die Farben, die zum Färben nötig sind, selber mischen.
Ich kann mir nach der Praktikumswoche den Beruf der Friseurin viel besser vorstellen.

a) Ordne die Aussagen den Berichten zu.

Lösung:

1	2	3	4	5	6
?	?	?	?	?	?

b) So ein Quatsch! Mach die Sätze richtig.

1 Patrick kann sich vorstellen, Geräte aufzurufen und die Karteikarten der Kunden zu ordnen.
2 Sabrina hat versucht, die Angestellten möglichst gut zu erledigen.
3 Lisa hatte manchmal Zeit, den Senioren bei der Reparatur zuzusehen.
4 Egzon hat gelernt, den Unterschied zwischen Werkzeugen und Medikamenten zu erkennen.
5 Es macht Judith Spaß, Wunden zu ziehen und bei der Akupunktur Nadeln zu verbinden.
6 Marlenes Aufgabe war es, das Besteck zu mischen und die Tische zu trocknen.
7 Es war schön, die Computer durch Singen und Gespräche positiv zu beeinflussen.

Judith hat Angst, dass sie etwas falsch macht. = Judith hat Angst, etwas falsch zu machen

gleiches Subjekt → Aus dem dass-Satz wird *zu + Infinitiv.*

nach *Verben*	nach *Nomen + Verben*	nach *feststehenden Ausdrücken*
hoffen, sich freuen,	Angst haben, Zeit haben,	Es ist schön, Es macht Spaß,
versuchen, anfangen, ...	Unsere Aufgabe ist es ...	Ich finde es wichtig, ...

bei trennbaren Verben: herrichten   her**zu**richten

zusehen   zu**zu**sehen

3   Spiel: Dalli-Dalli

a) **Sammelt an der Tafel Satzanfänge, die man mit einem Infinitiv mit *zu* ergänzen kann, z. B.**

Wir haben keine Zeit/Lust, ...   Es ist wichtig/interessant, ...   Frau ... hat Angst, ...

Max hat angefangen, ...   Es macht (keinen) Spaß, ...   Ich habe versucht/vergessen, ...

Die Schüler haben aufgehört, ...   Unsere Aufgabe ist es, ...   Ich finde es gut, ...

b) **Die Klasse in vier Gruppen teilen. Die Gruppen 1 und 2 spielen zusammen.**
Gruppe 1 gibt eine Minute lang Satzanfänge vor; Gruppe 2 ergänzt den Satz mit einem
Infinitiv mit *zu*. Die Gruppen 3 und 4 zählen mit. Aber nur die richtigen Sätze zählen!
Nun spielen die Gruppen 3 und 4. Die Gruppen 1 und 2 zählen. Wer hat mehr richtige Sätze?
Dann die Gruppen wechseln: Gruppe 2 sagt die Satzanfänge, Gruppe 1 ergänzt usw.

4   Statistik

a) **Schau die Statistik an. Stellt euch gegenseitig Fragen.**

Welchen Ausbildungsberuf machen Abiturienten/... am häufigsten?
Welche Ausbildung ist bei .../Realschülern/... am beliebtesten? – Die Ausbildung zum/zur ...
Welche Ausbildung steht bei ... an erster/zweiter/... Stelle?

b) **Vergleiche die Tabellen. Welche Ausbildung kommt bei verschiedenen Schulabschlüssen vor?**

5   Bewerbung für ein Praktikum

Lies noch einmal die Berufe in der Statistik. Welcher Beruf interessiert dich? Wo möchtest du
ein Praktikum machen? Bewirb dich für ein Praktikum. Schreib in der Bewerbung dein Alter,
die Schule und Klasse. Schreib, warum du das Praktikum machen möchtest: Interesse an dem
Beruf, deine privaten Interessen, deine Lieblingsfächer in der Schule.

6 Unfallschutz im Betrieb

In einem Betrieb gibt es
viele Schilder, die dir wichtige
Hinweise geben.
Ordne die Schilder den
Aussagen zu.

1 Schutzbrille
   erforderlich

2 Notausgang

3 Pflicht, einen
  Helm zu tragen

4 Rauchverbot

5 Vorsicht!
  Nicht anfassen!

	1	2	3	4	5
Lösung:	V	?	?	?	?	?

7 Stellenanzeigen

A Das Syha ist ein großes Unternehmen
für Informationstechnik.

Syha sucht Sie:
Auszubildende/r Fachinformatik

**Voraussetzung: Schulabschluss mit Abitur oder
sehr guter mittlerer Reife**

B Pro 7
sucht für eine aktuelle Fernsehproduktion
Komparsen.
Bist du Ende Februar in Berlin und hast
Zeit? Dann mach mit. Wer einen ganzen
Monat Zeit hat, dem winkt ein Praktikum
bei der Produktion. Dafür gibt es 500 €.

C Kinderarztpraxis
bietet Ihnen Ausbildung zur/zum Arzthelfer/in.

Wenn Sie einen guten Haupt- oder Realschulabschluss
besitzen, freuen wir uns auf Ihre Unterlagen.

D Die Stadtwerke München
bieten vielfältige Ausbildungschancen
im kaufmännischen, handwerklichen
oder technischen Bereich.

F Die **Deutsche Post** bietet **Ferien-
jobs** als Briefträger an.

E Die Chance. Jetzt aufspringen.
Unser Azubi-Team der Südsparbank
braucht Verstärkung.
Wir bieten eine attraktive Ausbildung als
Bankkaufmann/Bankkauffrau.

H **Metzgerei** in Salzburg sucht Lehrling.

I Schüler oder Student als **Aushilfe in
Obstladen** gesucht Sa. 13.00 - 14.30

G Au-pair-Mädchen für mindestens ein
Jahr nach Icking gesucht. Deutsch-
und Kochkenntnisse erwünscht.

a) Lies die Anzeigen und beantworte die Fragen.

1 Welche Anzeigen bieten eine Ausbildung an?
2 Für welche Ausbildung muss man die
  Realschule abgeschlossen haben?
3 In welchen Anzeigen wird ein Job für kurze Zeit angeboten?

b) Welche Ausbildungsberufe der
Anzeigen kommen auch in der
Statistik auf S. 48 vor? Vergleiche.

8 Kontaktaufnahme

a) Hör die Telefonate. Welcher Betrieb / Welche Firma
aus den Anzeigen von Übung 7 wird angerufen?

b) Setz die Telefonate 4 und 5 fort.

L39/2

Projekt „Tierschutz"

1 Tiere in aller Welt

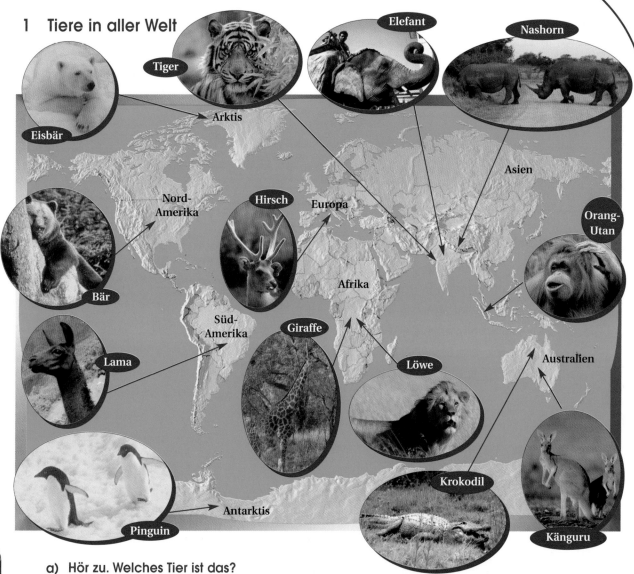

L40/1

a) Hör zu. Welches Tier ist das?

b) Schau die Karte genau an. Dann mach das Buch zu. Stell deinem Partner Fragen.
Welches Tier lebt in ...? – Wo lebt der/das/die ...? – Auf welchem Kontinent kommt ... vor?

2 Bedrohte Tiere

A Asiatische Elefanten kommen immer häufiger ohne Stoßzähne zur Welt. Wahrscheinlich sind Wilderei und Elfenbeinhandel dafür verantwortlich. Waren es ursprünglich nur zwei bis fünf Prozent der Elefantenbullen, so haben heute schon zehn Prozent von Geburt an keine Stoßzähne. Da die Tiere nur wegen ihres kostbaren Elfenbeins gejagt werden, bleibt die zahnlose Minderheit verschont.

B Der Tiger ist die größte Raubkatze unserer Erde. Obwohl er keine natürlichen Feinde hat, ist er sehr gefährdet. Tierschützer schlagen Alarm: Durch den Verlust seines Lebensraums und immer weniger Beutetiere haben sich seine Lebensbedingungen extrem verschlechtert. Außerdem wird der Tiger wegen seines Fells gejagt.

C Nepals Panzernashörner stehen vor dem Aussterben. Allein im vergangenen Jahr wurden mindestens 94 (von noch lebenden ca. 500) von Wilderern  getötet. Die Tiere werden wegen ihres wertvollen Horns gejagt, obwohl der internationale Handel damit verboten ist.

D Der Tourismus konzentriert sich am Mittelmeer oft auf die Sandstrände. Die aber sind manchmal die wichtigsten Plätze, an denen die vom Aussterben bedrohte Unechte Karettschildkröte (caretta caretta) ihre Eier ablegt. Wo aber Strandpartys gefeiert werden und die Lichtreklame der Stranddiscos die Orientierung erschwert, wagen sich die weiblichen Schildkröten nicht an Land, und frisch geschlüpfte Schildkröten werden in die falsche Richtung, weg vom Meer, gelenkt.

E Der Lebensraum der Orang-Utans auf Borneo wird immer mehr zerstört. Erst die Flucht vor Waldbränden, später die Suche nach Nahrung, treiben  die Tiere in die Nähe von Dörfern und Plantagen und damit oft direkt in die Arme skrupelloser Wilderer. Diese fangen die erwachsenen Affen und bieten sie auf Märkten als Haustiere oder für Tierversuche in Labors an. Die Affenbabys hingegen werden von diesen Verbrechern als lebendes Spielzeug verkauft. Zum Glück gelingt es örtlichen Tierschützern immer wieder, einige Affenbabys zu befreien. Sie werden medizinisch versorgt, liebevoll gepflegt und langsam auf das Leben im Urwald vorbereitet.

F Das Luangwa-Tal im Luamba-Nationalpark in Sambia war früher reich an Tieren. Inzwischen wurde von Wilderern ein Teil des Tals fast leer geschossen. Der Verein „Luangwa Wilderness e.V." wird vom  Kölner Zoo unterstützt und engagiert sich dafür, dass im gesamten Tal ein geschütztes Gebiet für Elefanten, Flusspferde, Nashörner und Giraffen entsteht. Um die Wilderei in Zukunft zu verhindern, werden von der Regierung Parkgrenzen festgelegt und Wildhüter ausgebildet. Der Ökotourismus wird ausgebaut, denn er bringt Geld für das Projekt und die Bevölkerung.

a) **Lies die Texte. Finde für jeden Text eine Überschrift.**

b) **Lies die Texte noch einmal. Was ist richtig? Was ist falsch?**

1   Die Elefanten werden wegen ihrer Stoßzähne gejagt.
2   Durch den Verlust seines Lebensraums werden die Lebensbedingungen des Tigers verbessert.
3   Panzernashörner werden getötet, weil der Handel mit dem Horn erlaubt ist.
4   In Sambia entsteht ein Gebiet für Elefanten, Giraffen und Wilderer.
5   Schildkröten werden in die richtige Richtung, weg vom Meer, gelenkt.
6   Die erwachsenen Affen werden für Tierversuche in Labors gefangen.

c) **Wie steht es im Text? Vergleiche.**
   Beispiel: Wilderer töteten 94 Panzernashörner.
   Im Text: 94 Panzernashörner wurden von Wilderern getötet.

1   Die Regierung von Sambia bildet Wildhüter aus.
2   Der Kölner Zoo unterstützt einen Verein in Sambia.
3   Wilderer verkaufen die Orang-Utan-Babys als Spielzeug.
4   Manche Affenbabys werden von Tierschützern befreit.

d) **Ergänze die Sätze.**

1   Der Tiger ... wegen seines Fells ...
2   Im Luamba-Nationalpark ...
    Parkgrenzen ... und Wildhüter ...
3   Der Lebensraum der Orang-Utans ...
4   Die Affenbabys ... versorgt ... gepflegt.

Strategie

Achte bei Fragen zum Text auf die wichtigsten Wörter. Dann findest du die passende Stelle im Text leichter.

Passiv
***werden* + Partizip Perfekt**
Die Affenbabys werden gepflegt.
Der Tiger   wird   gejagt.

Die Wilderer jagen die Affen.
Die Affen werden
von den Wilderern gejagt.
***von* + Dativ = Täter**

Nächste Woche findet das Projekt „Zooschule" statt. Die achten Klassen verbringen drei Tage – Mittwoch bis Freitag – im Tierpark Hellabrunn.

3 Projekt „Zooschule"

1 Super! Im Zoo kann man sich gut erholen.

3 Man kann seltene Tiere beobachten, die man sonst nicht sehen kann.

5 Warum in den Zoo gehen? Es gibt doch Fernsehen.

2 Im Zoo haben die Tiere zu wenig Platz.

4 Die Tiere leben nicht in ihrer natürlichen Umgebung.

6 Zoos setzen sich für den Tierschutz ein und helfen bei der Gründung von Nationalparks.

a) Ordne die Aussagen nach

positiv | *negativ*

7 Zoos in aller Welt bemühen sich gemeinsam um die Erhaltung bedrohter Arten.

b) **Welche Aussagen unterstützt du? Sprich so:** Meiner Meinung nach kann man ... – Ich finde es wichtig/richtig/..., dass ... – Es ist richtig/wichtig/... zu ... – Ich weiß/habe gehört/gelesen, dass ...

c) **Warum möchtest du am Projekt „Zooschule" teilnehmen? Begründe.**

4 Die Aufgaben eines modernen Zoos

1 Die Erhaltung seltener Tierarten wird für Zoos immer wichtiger. Einer der erfolgreichsten Zoos ist der Tierpark Hellabrunn in München. Im Münchner Tierpark entsteht das neue Tier-, Natur- und Artenschutz- kurz TNA-Zentrum. Die Besucher sollen über laufende TNA-Projekte und die besondere Verantwortung eines zeitgemäßen Tierparks informiert werden. Denn der Zoo der Zukunft muss sich aktiv für die Arterhaltung einsetzen, vor allem durch gezielte Schutz-Projekte.

2 Der Münchner Tierpark kann hier auf eine lange Tradition zurückblicken: Das Züchtungsprojekt der Przewalski-Pferde läuft bereits seit 20 Jahren erfolgreich und wird in Zusammenarbeit mit den Partnern in China und Kasachstan realisiert. Auch der Nachwuchs seltener Tierarten ist in Hellabrunn gesichert: Mitte Juli schlüpfte nach zehn Monaten im Brutapparat eine seltene madagassische Strahlen-Schildkröte. Kurz darauf kam ein Panzernashorn zur Welt.

Zoo heute

Außerdem sollen zehn Mhorra-Gazellen, die in freier Wildbahn ausgerottet sind, ins arabische Abu Dhabi transportiert und dort in die Freiheit entlassen werden, erklärt der Zoodirektor. Er arbeitet dort seit diesem Jahr mit einer Organisation zusammen.

3 Solche Kooperationen mit ausländischen Organisationen sind wichtiger Bestandteil der TNA-Programme. Die notwendigen finanziellen Mittel dafür kommen seit zehn Jahren aus Sponsorengeldern und freiwilligen Spenden.

4 Die Besucherzahl in Hellabrunn lag in den letzten 25 Jahren durchschnittlich bei 1,3 Millionen Gästen jährlich. „Die Besucher kommen wieder, wenn sie merken, dass es den Tieren gut geht," sagt Direktor Wiesner. Das zentrale Anliegen des Tierparks ist: Nicht auf das Sammeln möglichst vieler Arten, sondern auf hohe Qualität beim Betreuen der vorhandenen Tiere kommt es an. Das Tier steht im Zentrum.

a) **Ordne die Überschriften den Abschnitten zu.**

A Das Tier steht im Mittelpunkt
C Die Aufgaben eines modernen Zoos

B Ein neues Info-Zentrum
D Auch Geld ist wichtig

	1	2	3	4
Lösung:	?	?	?	?

b) Lies noch einmal die Aussagen von Übung 3. Was kommt auch im Text vor?

Zeitangabe
seit + Dativ

c) Lies den Text noch einmal. In welchen Zeilen geht es um Arterhaltung, Züchtung, Wiederansiedlung?

d) Beantworte die Fragen:

1 Was bedeutet die Abkürzung TNA?
2 Wie viele Menschen besuchen durchschnittlich im Jahr den Tierpark Hellabrunn?
3 Wie lange schon gibt es das Züchtungsprojekt der Przewalski-Pferde?

4 Was passiert mit den Mhorra-Gazellen?
5 Wie lange schon arbeitet der Münchner Zoo mit einer arabischen Organisation zusammen?
6 Seit wann werden TNA-Projekte durch freiwillige Spenden unterstützt?

5 Im Zoo

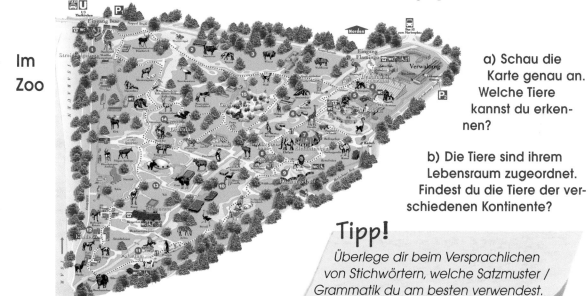

a) Schau die Karte genau an. Welche Tiere kannst du erkennen?

b) Die Tiere sind ihrem Lebensraum zugeordnet. Findest du die Tiere der verschiedenen Kontinente?

Tipp!
Überlege dir beim Versprachlichen von Stichwörtern, welche Satzmuster / Grammatik du am besten verwendest.

6 Tiere beobachten

1 Aussehen: groß, dicke Beine, dicke, graue Haut,
Merkmale: Stoßzähne, Rüssel
Lebensraum: Afrika, Indien, Urwald, Savanne

2 Aussehen: dichtes, rotes, weiches Fell, lange Arme
Merkmale: ?
Lebensraum: Borneo, Sumatra, Urwald

3 Aussehen: Panzer, dicke Beine, kleine Augen
Merkmale: spitzes Horn
Lebensraum: Nepal

4 Aussehen: bunte Flügel, langer Schwanz, runder Schnabel
Merkmale: bunt
Lebensraum: Australien, Südamerika, Urwald

5 Aussehen: braungrüne, harte Haut, kurze Beine, scharfe Zähne
Merkmale: großes Maul
Lebensraum: Afrika, Australien, Flussufer

6 Aussehen: braunes, glattes Fell, kräftige Hinterbeine, kurze Vorderbeine
Merkmale: Beuteltier
Lebensraum: Australien

a) Welche Tiere wurden beobachtet?

b) Beschreibe die Tiere. Sprich so: ... ist ... und hat ...

c) Schreib Beobachtungskarten über andere Tiere für deinen Partner. Tauscht die Karten aus.

Lektion 40

> Ich frage jetzt zum letzten Mal:
> Wer hat meinen Frack gestohlen?

7 Können Tiere sprechen?

a) **Was sagen die Tiere?
Denk dir etwas
Lustiges aus.**

b) **Such in Zeitschriften
nach Tierbildern und
lass die Tiere sprechen.**

8 Tierquiz

1 Welches Tier hat den längsten Hals?
2 Welches Tier hat ein weicheres Fell: das Zebra oder der Eisbär?
3 Welches Tier hat ein größeres Maul: der Elefant oder das Krokodil?
4 Welcher Vogel hat den runderen Schnabel: der Papagei oder der Pinguin?
5 Welches Tier kommt in Europa vor: der Löwe oder der Hirsch?
6 Welches Tier hat die größten Zähne?
7 Welches Tier hat nur **ein** spitzes Horn?
8 Welches Tier hat kräftigere Beine: der Bär oder das Känguru?
9 Welches Tier kann mit seinen Flügeln nicht fliegen: der Papagei oder der Pinguin?
10 Welcher Affe hat die längsten Arme?

Lösung: 1 Giraffe - 2 Eisbär - 3 Krokodil - 4 Papagei - 5 Hirsch - 6 Elefant - 7 Nashorn - 8 Känguru - 9 Pinguin - 10 Orang-Utan

9 Ein Interview

Bereite ein Interview mit dem Tierpfleger der Orang-Utans vor. Stell Fragen zu diesen Themen:
Person des Tierpflegers, seine speziellen Aufgaben, Anzahl der Tiere, Verhalten der Tiere im Zoo
und in der Gruppe, Nahrung, Probleme mit den Tieren, Zukunft der Tiere
Schreib deine Fragen auf.

10 Interview mit dem Tierpfleger im Tierpark

L40/2

a) **Die Klasse 8c hat den Tierpfleger der Orang-
Utans im Tierpark Hellabrunn interviewt. Hör
das Interview. Vergleiche es mit deinen Fragen.**

b) **Hör noch einmal zu. Welche Informationen gibt der Tierpfleger? Gibt er
auch Antwort auf deine Fragen?**

11 Informationen im Internet

Orang-Utans gehören wie Gorillas und Schimpansen zur Familie der Menschenaffen. Man kann sie aber ganz deutlich von den anderen Affen unterscheiden. Besonders auffällig sind ihr rotes Fell und die langen Arme. Ausgewachsene Männchen erkennt man an den runden, dunklen Backen.

Vor 10 000 Jahren gab es Orang-Utans in ganz Südostasien. Heute leben sie nur noch auf den Inseln Borneo und Sumatra, wo sie vom Aussterben bedroht sind.

Im Malaiischen bedeutet Orang-Utan „Waldmensch". Die Affen verbringen nämlich den größten Teil ihres Lebens auf den Bäumen des Regenwaldes. Hier bauen sie sich jeden Tag aus Zweigen und Blättern ein neues Nest für die Nacht. Auf den Boden kommen sie nur, um von einem Baum zum nächsten zu gelangen.

Die bis zu 1,40 Meter großen Orang-Utans fressen am liebsten Früchte. Manchmal fressen sie aber auch Blätter, Insekten und Vogeleier.

Der gemeinsame Vorfahre von Mensch und Orang-Utan lebte vor 11 Millionen Jahren. Man kann auch heute noch Ähnlichkeiten erkennen. Orang-Utans

Orang-Utans

haben wie wir Menschen ein großes Gehirn, eine aufrechte Haltung, Daumen zum Greifen, Zehen und keinen Schwanz. Sie verwenden Holzstöcke als Werkzeuge, um zu graben oder zu kämpfen und gebrauchen Blätter als Regen- und Sonnenschirme. Sie merken sich auch ganz genau, wann auf welchem ihrer Regenwaldbäume die Früchte reif werden. Orang-Utan-Mütter kümmern sich ähnlich liebevoll um ihren Nachwuchs wie die Menschenmamas und behüten ihre Kinder bis zu sieben Jahre lang. Die Männchen sind meistens Einzelgänger.

Orang-Utans leben im Regenwald. Die Menschen zerstören diesen Lebensraum aber immer mehr. Sie fällen die Bäume des Regenwaldes und verkaufen das Holz. Oft roden sie große Flächen, um auf ihnen Landwirtschaft zu betreiben.

Außerdem müssen viele dieser Tiere sterben, weil die Menschen junge Orang-Utans als Haustiere halten wollen. Wilderer töten Orang-Utan-Mütter, um ihre Kinder einfangen und verkaufen zu können. Die Kleinen sterben manchmal schon auf dem Transport oder später in der Gefangenschaft.

a) Welche Informationen über den Orang-Utan sind im Text erhalten (Aussehen, Lebensraum, Verhalten, Gefährdung, ...)? Mach dir Notizen.

b) Was hast du schon vorher gewusst? Welche Information findest du am interessantesten?

12 Wie können wir helfen?

Deine Schule möchte das Projekt unterstützen. Ihr wollt Spenden sammeln. Schreib ein Info-Blatt. Verwende Informationen aus den Übungen 2, 10 und 11. Du kannst aber auch ein Info-Blatt für eine andere Tierart schreiben. Hol dir Informationen aus dem Internet.

Rettung des Orang-Utans in Sumatra zusammen mit der Zoologischen Gesellschaft Frankfurt

Mit Freude haben wir erfahren, dass es bei dem Wiederansiedlungsprojekt auf Sumatra zum ersten Mal Nachwuchs bei den ausgewilderten Orang-Utans gab.

Weitere Informationen unter www.zgf.de

Auch Sie können mit Spenden einen aktiven Beitrag leisten!

Spendenkonto Tier-, Natur-, Artenschutz bei allen Banken und Sparkassen E-Mail: Info@zoo-munich.de

Das kann ich schon:

Sätze und Wörter:

- **Erwartungen ausdrücken**

  Ich hoffe / Ich freue mich darauf / Ich kann mir vorstellen, dass ... / ... zu ...
  – Ich habe Angst, dass /... zu ... – Ich bin aufgeregt, weil ...

- **eine Meinung äußern**

  positiv – negativ Meiner Meinung nach ..., – Ich finde es richtig/wichtig,
  dass ... – Es ist wichtig/richtig, ... zu ...

- **rund um die Berufswelt**

  Angestellter, Beamter, Krankenpfleger, Handwerker, Kellner, Briefträger,
  Praktikum, Praktikant, Azubi/Auszubildender, Aushilfe
  Altenheim, Arztpraxis, Betrieb, Laden, Lager, Metzgerei
  Kunde, Patient, Senior
  Werkzeug, Gerät, Nadel, Medikament
  Reparatur, Reinigung,
  erledigen, behandeln, verbinden, mischen, ordnen, geeignet sein, bieten,
  entscheiden, anfassen

- **Tiere**

  Elefant, Affe, Orang-Utan, Eisbär, Bär, Pinguin, Löwe, Tiger, Hirsch, Wal,
  Känguru, Lama, Krokodil, Nashorn, Giraffe

- **Tiere beschreiben**

  Schnabel, Stoßzahn, Schwanz, Flügel, Panzer, Maul, Fell, Horn, Haut
  weich, dicht, spitz, kräftig, scharf, rund

- **rund um den Tierschutz**

  pflegen, sichern, transportieren, betreuen, unterscheiden, beobachten,
  (sich) bemühen
  Gebiet, Projekt, Verantwortung, Freiheit, Art, Geburt
  verantwortlich, reich, selten, freiwillig
  verschlechtern, töten, treiben, kämpfen
  Feind, Alarm, Verlust, Gift, Flucht, Tierversuch

GRAMMATIK

1. **Dativ bei Zeitangaben**

   Das Projekt läuft bereits seit 20 Jahren.   Zeitangabe *seit* + Dativ

2. **Passiv**

   Die Nashörner werden gejagt.   Passiv
   Das Affenbaby wird   gepflegt.   *werden* + Partizip Perfekt

   Wilderer jagen die Nashörner.
   Die Nashörner werden von Wilderern gejagt.   *von* + Dativ = Täter

3. **Infinitiv mit *zu***

   a) **nach feststehenden Ausdrücken**   b) **nach Nomen + Verben**

      Es | macht Spaß, Neues zu lernen.   Lisa hatte Zeit, der Meisterin zuzusehen.
         | ist schön, die Senioren zu motivieren.   Judith hat Angst, etwas falsch zu machen.

   c) **nach Verben wie *lernen, hoffen, anfangen, sich vorstellen, ...***
      Patrick hat gelernt, mit Geräten umzugehen. Lisa fing um elf Uhr an zu arbeiten.

   Der Infinitiv mit *zu* steht nur in Sätzen mit gleichem Subjekt.
   Ich kann mir vorstellen, später Zahnarzt *zu* werden.
   Ich kann mir vorstellen, dass **mein Bruder** später Zahnarzt wird.

Zum Schluss

1 Lesen

1 Wer kennt sie nicht, die Geldnot? Wie wäre es deshalb mit Babysitten? Man geht nachmittags zu einer netten Familie mit netten kleinen Kindern. Mit diesen kann man sich mit den neuesten Spielen amüsieren, später Abendbrot essen, und während dann die süßen Kleinen schlafen, kann man gemütlich fernsehen, bis die Eltern kommen und pro abgesessene Stunde 5 Euro zahlen. Schöner Traum!

2 Das Folgende musste ich erleiden: Nach der Anmeldung bei einer Vermittlung und ziemlich langer Wartezeit bekam ich die Adresse einer Familie und wurde zu einem Vorstellungsgespräch eingeladen. Bereits der erste Eindruck war etwas seltsam. Zwei brüllende Jungen jagten durch die Wohnung. Mir wurden sie unter einigen Schwierigkeiten vorgestellt. Sie waren fünf und acht Jahre alt. Wiederum unter Schwierigkeiten wurden sie dann an den Tisch gesetzt, während ihre Mutter mir ihre Erziehungsmethoden erklärte: Die Jungs dürfen in ihrem Zimmer alles kaputt machen, denn sie müssen ihre Energie abbauen. Fernsehen ist nicht erlaubt, das wissen sie. Die Jungs tobten schon wieder brüllend durch die Wohnung. Dann fragte die Mutter ihre Söhne, ob ich ihnen angenehm bin. Die sagten, ich bin okay.

3 Am nächsten Tag machte ich mich etwas nervös auf den Weg. Das erste Hindernis meiner pädagogischen Laufbahn war die Wohnungstür, welche mir die Jungs etwa fünf Minuten lang nicht öffnen wollten. Die beiden saßen vor dem Fernseher und sahen die schrecklichsten Trickfilme. Auch während des Essens war der Fernseher nicht auszukriegen. Irgendwann gegen 19.30 Uhr schaltete ich dann ab. Die Rache der Kinder war schrecklich. Erst waren sie etwas verdutzt, dann standen sie auf, liefen herum und bekamen wütende Gesichter. Und dann machten sie das, was sie in ihren Filmen gesehen hatten. Brüllend rannten sie durch die Wohnung, warfen mit allem, was ihnen in den Weg kam und prügelten sich gegenseitig. Ich wusste nicht recht, was ich machen sollte. Endlich kam ihre Mutter. Sie fragte mich unschuldig, wie es war. Ich begann zu stottern, dass es ganz okay war, dass ich aber mit so großen Kindern doch nicht so gut zurecht komme und zu viel anderes zu tun habe. Sie nickte freundlich, gab mir mein Geld, und ich verließ so schnell wie möglich diese Wohnung.

4 Die Sache ist jetzt zwei Monate her, und ich habe den Schock überstanden. Wer kennt eine nette Familie, die einen Babysitter mit Katastrophenerfahrung braucht?

Babysitter-Terror

a) Ordne die Überschriften den Abschnitten zu.

A Wieder bereit
C Der erste Eindruck
B Oh, diese Kinder!
D Babysitten, ein Super-Job!

Lösung:

1	2	3	4
?	?	?	?

b) Wo steht das im Text? Gib die Zeilen an.

1 Man hat mit den Kindern Spaß bei neuen Spielen.
2 Ich musste lang warten, bis ich mich bei einer Familie vorstellen konnte.
3 Von Anfang an kam mir alles merkwürdig vor.
4 Die Mutter erklärte mir, wie sie ihre Söhne erzieht.
5 Die Mutter fragte die Kinder, ob sie mit mir einverstanden sind.
6 Zuerst konnte ich nicht rein, weil die Jungen die Wohnung abgeschlossen hatten.
7 Als ich den Fernseher ausmachte, wurden sie böse.
8 Ich sagte der Mutter, dass ich mit großen Kindern nicht so gut klarkomme.

c) Welche Jobs können Schüler machen? Sprecht darüber.

● Zeitungen austragen, ● als Kellner in einem Restaurant arbeiten, ● nachts beim Bäcker arbeiten,
● den Hund der Nachbarin ausführen, ● jüngeren Schülern bei den Hausaufgaben helfen

siebenundfünfzig **57**

2 Landeskunde

In vielen deutschen Schulen finden jedes Jahr „Projekttage" statt. In diesen drei Tagen gibt es keinen normalen Unterricht. Stattdessen werden zu einem allgemeinen Thema verschiedene Aktivitäten angeboten. Die Schüler können selbst auswählen, wo sie sich beteiligen wollen.
Und so sahen die Projekttage einer Münchner Hauptschule aus, festgehalten von der Redaktion der Schülerzeitung, die auch Interviews dazu durchführte.

Lies die Beiträge. Welches Projekt interessiert dich? Sprecht darüber.

Projekt Flash

Großes Wandbild „Dschungel"

Etwa vierzehn Schüler nehmen daran teil. Nachdem sich die Teilnehmer darüber geeinigt haben, wer was malt, stürzen sich alle auf die Farben und legen mit ihrer Kunst los. Heiße Musik hebt die gute Stimmung noch ein wenig mehr. Alle Maler haben viel Spaß, und das Ergebnis lässt unsere Schule noch bunter aussehen.

RadioWin

Zwölf Schülerinnen und Schüler testen ihre Fähigkeit als Radiomoderator. Zu Beginn werden Tätigkeiten gesammelt, die Geräusche machen, wie z. B. eine Zeitung aufschlagen oder einen Apfel essen. Diese Geräusche werden dann aufgenommen und von einem Moderator angekündigt. Für fantasie- und ideenreiche Leute ist das eine interessante Sache.

Schulposter

Waffelpause

Mehrere Schüler stellen den Teig her und backen in der Pause Waffeln für die Mitschüler. Dazu gibt es Früchte, die klein geschnitten und auf einen Spieß gesteckt werden. Hmm, das riecht so gut, und es schmeckt auch lecker!

Interviews

mit Sabrina, 8b:
▲ Gefällt dir dieses Projekt?
✳ Ja, es ist jedenfalls besser als Unterricht.
mit Denis, 7b:

Eine Gruppe macht Fotos von den Schülern aller Klassen. Daraus erstellt sie ein Poster. Es macht viel Spaß, das Schulposter mit eigenen Ideen am Computer zu gestalten.

▲ Gefällt dir die Projektwoche?
☐ Ja, ich hatte in diesen drei Tagen viel Spaß und würde solche Tage gern wiederholen.

Zum Schluss

3 Gemeinschaftsarbeit – Tierzeitschrift

Überlegt gemeinsam, über welche Tiere ihr schreiben wollt und wer welches Tier übernimmt, damit ihr möglichst viele verschiedene Tiere vorstellen könnt.
Immer zwei oder drei Schüler gestalten gemeinsam eine Seite zu einem Tier.
Sammelt Fotos und Texte, holt euch Informationen aus Zeitschriften oder aus dem Internet und schreibt dann eure Texte selbst. Denkt an Lebensraum, Nahrung und Artenschutz.
Sammelt die Blätter und heftet sie zusammen.

4 Wiederholung

4.1 Auf dem Campingplatz

Beschreib das Bild. Verwende die Präpositionen *in, auf, über, unter, neben, hinter, vor, an, zwischen.*
Beispiel: Auf dem Campingplatz ist was los! Zwischen den Zelten ...
Ein Volleyballnetz hängt ... **Du kannst auch schreiben, was die Personen sagen.**

4.2 Stress in der Schule

Das ist Fabians Terminkalender. Schreib auf, was er in diesen zwei Wochen machen musste und was er noch machen muss. Verwende die Präpositionen *vor, seit, in, am, um.* Schreib so:
Heute ist Montag. Vor einer ... musste Fabian ...

Zum Schluss

5 Lernen

5.1 So kannst du neuen Wortschatz besser behalten

Schreib neue Wörter auf (Wortliste!). Such im Buch die Stelle, wo das Wort vorkommt.
Schreib den Satz ab und unterstreiche das Wort.
Beispiel: öffnen: Ich durfte die Post öffnen.
Wende das Wort in einem anderen Satz an, z. B. Meine Freundin öffnet mir die Tür.

5.2 Neuen Wortschatz bekannten Themenbereichen zuordnen

Arbeitet in Gruppen. Schreibt zunächst bekannte Themenbereiche auf, z. B.

Wetter   Freizeit   Stadt   Reisen   Wohnung

Schreibt neuen Wortschatz aus der Lektion auf, z. B. Luft, Wärme, Mülltonne, Ausstellung,
schwitzen, schmutzig, Souvenir, ...
Überlegt nun gemeinsam, zu welchen Themenbereichen die Wörter passen.
Einer sagt: „Luft gehört zu Wetter." Ein anderer sagt: „Luft gehört aber auch zu Stadt.
Zum Beispiel: Die Luft in der Stadt ist nicht immer sauber."
Oft gibt es mehrere Möglichkeiten. Diskutiert darüber, und vor allem: Macht Beispielsätze!

5.3 Wortbildung

Im Deutschen gibt es verschiedene Möglichkeiten, durch Vorsilben oder
Nachsilben Wörter zu bilden. Diese Wörter muss man nicht neu lernen.
Wenn man das Stammwort kennt, kann man das ganze Wort verstehen und bilden.

a) **Aus Verben werden Nomen. Diese Wörter kennst du schon:**

wohn|en →	die Wohn|ung	acht|en →	die Acht|ung
bewerb|en →	die Bewerb|ung	einlad|en →	die Einlad|ung
lös|en →	die Lös|ung	entschuldig|en →	die Entschuldig|ung

Mit der Nachsilbe -*ung* kannst du aus einem bekannten Verb ein Nomen bilden:

wander|n →	die Wander|ung	überzeug|en →	die ?	vorstell|en →	die ?
hoff|en →	die Hoff|nung	beweg|en →	die ?	zeichn|en →	die ?
rett|en →	die ?	erzähl|en →	die ?	erinner|n →	die ?
verbind|en →	die ?	verletz|en →	die ?	sitz|en →	die ?
stell|en →	die ?	erzieh|en →	die ?	untersuch|en →	die ?

Es geht auch umgekehrt: aus einem bekannten Nomen ein Verb bilden:

die Reinig|ung → reinig|en	die Verspät|ung → ?	die Verzeih|ung → ?
die Ausstell|ung → ?	die Anmeld|ung → ?	die Erfahr|ung → ?
die Ordn|ung → ?	die Forsch|ung → ?	die Send|ung → ?

b) **Aus Adjektiven werden Nomen. Diese Wörter kennst du schon:**

gesund → die Gesund|heit	wirklich → die Wirklich|keit

Mit den Nachsilben -*heit* und -*keit* kannst du aus bekannten Adjektiven Nomen bilden:

krank → die Krank|heit	möglich → die Möglich|keit
frech → die ?	öffentlich → die ?
sicher → die ?	schwierig → die ?
wahr → die ?	pünktlich → die ?

c) **Übrigens: Alle Nomen mit den Nachsilben -*ung*, -*heit* und -*keit* sind ✳✳.**

Mode und
Moden

Das lernst du:

- Gefühle äußern
- etwas ablehnen
- Personen beschreiben
- eine Meinung äußern
- Stellung nehmen
- Kritik äußern
- sich rechtfertigen und verteidigen

- einkaufen
- Modeartikel
- Kleidung
- rund um die Ernährung
- Nahrungsmittel
- Maße und Gewichte

trendy - in - modern

1 Werbung!

Schmuck

Handtasche

Parfüm

Geldbörse

L41/1

a) Hör zu und schau die Bilder an.
Zu welchen Bildern gehören
die Werbespots?

b) Hör noch einmal genau zu.
In welchem Werbespot kommt ... vor /
wird etwas über ... gesagt?

c) Schau die Bilder noch einmal an.
Was ist modern, also „in"?
Und was ist altmodisch, also „out"?

L41/2

2 Fernsehwerbung

Hast du ein Fahrrad? Ja? Na ja, du hast
zwar ein Fahrrad, aber du hast kein
SUPERVELO! Du kannst zwar
Rad fahren, aber du hast nicht
das optimale, fantastische,
coole Gefühl! Dieses Gefühl
kann dir nur SUPERVELO geben!

a) Hör zu und lies mit.

b) Mach weitere Werbespots zu den Bildern A, B, F aus Übung 1. Erfinde auch Markennamen.

Du hast **zwar** ein Fahrrad, **aber** du hast kein Supervelo.

Du kannst **zwar** Rad fahren, **aber** du hast nicht das optimale Gefühl.

3 Lied

A

Kürzlich habe ich es wieder im Radio gehört:
Mein altes, doofes Handy ist überhaupt nichts wert.
Ich kann zwar telefonieren, aber ich bin nicht „in",
weil ich mit dem alten Handy total altmodisch bin.
Ein Handy von Jojoka, das ist der letzte Schrei.
Egal, was es auch kostet: Alle sind dabei.

B

Wie kann ich bei meinen Freunden
ein wenig Eindruck machen?
Ich brauche einfach lauter moderne,
  neue Sachen.
Früher war ich stolz drauf,
  dass ich anders bin als du.
Ich weiß jetzt, ich muss gleich sein,
sonst gehör' ich nicht dazu.

L41/3

a) Hör zu und lies mit.

b) Mach weitere Strophen mit anderen Sachen, anderen Tätigkeiten und anderen Markennamen.

L41/4

c) Bist du anderer Meinung? Dann kannst du den Text in Teil B verändern.
Muss ich bei ... wirklich Eindruck ...? Brauche ich tatsächlich ...?
Eigentlich bin ich stolz ... Ich möchte gar nicht ..., lieber gehör' ich ...

Tipp!

Beim Versprachlichen von Statistiken gibt es bestimmte Redemittel. Üb sie durch Beispielsätze ein.

4 Statistik

a) **Schau die Statistik an. Beantworte die Fragen.**

1 Was ist für deutsche Jugendliche am wichtigsten?
2 Wie viel Prozent der Jugendlichen halten Handys für wichtig?
3 Bei welchen Artikeln ist die Marke besonders wichtig?

b) **Stell deinem Partner weitere Fragen zu der Statistik.**

c) **Macht in der Klasse/ Schule eine Umfrage zu dem Thema und vergleicht sie mit der Statistik.**

Das Äußere zählt!

Von je 100 Jugendlichen* in Deutschland finden wichtig oder sehr wichtig

Die richtige Marke muss es sein bei

	Links	Rechts
Bekleidung	93	82
Schuhe	89	78
Haarpflege	87	64
Gesichtspflege	72	55
Parfüm	66	66
Handy	61	62
Taschen und Rucksäcke	60	55
Armbanduhren	54	51
Schmuck	51	35

12 bis 18 Jahre

Quelle: Bauer Media

© Globus 7500

5 Mode und Marke, ist das so wichtig?

1 Ohne Markenartikel gehörst du nicht dazu.
Du bist schnell ausgeschlossen und einsam.

2 Man braucht nicht jedem Trend zu folgen.

3 Alle müssen sich nach der Mode richten,
ohne Ausnahme.

4 Es muss sich nicht immer alles um Mode drehen.

5 Deine Sachen brauchen nicht schön zu sein,
Hauptsache, die Marke ist sichtbar.

6 Wenn du „in" sein willst, brauchst du nur
Markenartikel zu tragen.

7 Gutes Aussehen hängt nicht von der Marke
ab. Du musst nur deine eigene Persönlichkeit entdecken. Das ist viel wichtiger.

8 Wenn man nicht wie alle sein möchte,
braucht man nur die eigenen Vorstellungen
zu verwirklichen.

9 Man braucht Mode ja nicht abzu-
lehnen, aber man muss sich nicht
von ihr abhängig machen.

a) **Lies die Aussagen. Welchen stimmst du zu? Und warum?**

b) **Schreibt die Argumente pro und contra Markenartikel und Modezwang an die Tafel.**
Ergänzt weitere Argumente. Diskutiert in der Klasse.

Deine Sachen brauchen nicht schön **zu** sein.	=	Deine Sachen müssen nicht schön sein.
Du brauchst nur Markenartikel **zu** tragen.	=	Du musst nur Markenartikel tragen.
nur/nicht brauchen + **zu** + Infinitiv	=	nur/nicht müssen + Infinitiv

6 Ein modernes Gedicht

Ergänze das Gedicht.
Diese Wörter kannst du verwenden:
weinen, sich ärgern,
sich ausgeschlossen fühlen, Angst haben,
sich aufregen, schlecht träumen, trau-
rig/wütend/ängstlich sein **usw.**

Du brauchst nicht zornig zu sein,
weil dein Handy kaputt ist.
Du brauchst nicht einsam zu sein,
weil dein Parfüm den anderen nicht
gefällt.
Du brauchst dich nicht zu fürchten,
wenn deine Eltern ...
...
Du brauchst nur ..., und alles wird gut.

7 Satzmelodie

L41/5

a) **Du hörst denselben Satz dreimal, in verschiedener Sprechweise.**
Wann wird der Satz traurig, freundlich oder wütend gesprochen?

L41/6

b) **Wie kann der Satz weitergehen? Zu welcher Sprechweise passen diese Sätze?**

Du brauchst nur was zu sagen.

1 Ich helfe dir gern.
2 Oder passt dir was nicht?
3 Dann fange ich an zu weinen.

L41/7

c) **Und noch einmal das Gleiche mit diesen Sätzen.**

Du brauchst gar nicht zu lachen.

1 Du hast ganz schönen Mist gebaut.
2 Ich hatte mich so auf die Party gefreut.
3 Das kann dir auch passieren.

Hör die Sätze zur Kontrolle.

8 Zwei Behauptungen

1 Janina, Nina und Svea schreiben im Schülerforum: 2 Eine Jugendzeitschrift schreibt:

Nur die Marke zählt

Mal wieder ein neuer Schultag. Wohin man sieht: Cliquen, die sich über die aktuellsten Trends der Mode unterhalten. Sie prahlen mit ihren neuen, teuren Klamotten, die natürlich nur von den besten Designern sind.

Ausgeschlossen werden die, die sich nicht von Marken und Geld beeinflussen lassen. Wer sein Geld für sinnvollere Dinge ausgibt, wird blöd angemacht. Wer sein Geld dann doch für trendy Klamotten ausgibt, wird nicht gefragt, welche Farbe sie haben, sondern von welcher Marke sie sind und wie viel sie gekostet haben. Die scheußlichsten Dinge werden wunderbar, wenn sie von einer angesagten Marke sind.
Doch auf die Frage „Warum eigentlich Marken?" bekommt man nie eine richtige Antwort. Oft tragen die Leute Marken nur, um Aufsehen zu erregen. Aber wäre es nicht klüger, seine Freunde nicht nach Marken, sondern nach dem Charakter zu wählen?

Handys –
mittendrin per Tastendruck

Schon mehr als 1,3 Milliarden Menschen auf der ganzen Welt haben ein Mobiltelefon, und ihre Zahl nimmt jeden Tag weiter zu.

Die größten Mobil-Fans sind die Jugendlichen. Von 100 Jugendlichen besitzen in Deutschland mittlerweile 79 ein Handy. Rund ums Mobiltelefon ist ein riesiger Wettbewerb entstanden: Wer hat das neueste Modell und die glitzerndste Oberschale? Wer hat das Logo mit den Eisbären, die sich küssen, und wer den aktuellen Hit als Klingelton? Ob jemand „in" oder „out" ist, hängt neuerdings weniger vom Charakter ab, als von seinem Handy.

a) **Worum geht es in Text 1? Und worum in Text 2? Was haben die beiden Texte gemeinsam?**

b) **Lies Text 1. Was ist richtig?**

1 In der Schule sieht man Gruppen,
R die sich über den Schultag unterhalten.
B denen die neuesten Trends egal sind.
M die über die neueste Mode reden.

3 Wunderbar ist jedes Ding,
D das einen Designernamen trägt.
M mit dem man kein Aufsehen erregt.
H das nichts kostet.

2 Die Schüler sind ausgeschlossen,
U die viel Geld für Kleidung bezahlen.
P mit denen man über Marken reden kann.
O denen andere Sachen wichtiger sind als Mode.

4 Es gibt Leute,
E die ihre Freunde nach Marken aussuchen.
K die ihre Marken klug auswählen.
T denen der Charakter eines Freundes wichtig ist.

	1	2	3	4
Lösung:	?	?	?	?

c) **Lies Text 2. Was ist richtig? Was ist falsch?**

1 Schon mehr als 1,3 Milliarden Menschen besitzen ein Handy, und es werden immer weniger.
2 In Deutschland haben knapp 80 % der Jugendlichen ein Handy.
3 Ein Wettbewerb ist entstanden, wer die tollsten Eisbären und die aktuellste Türklingel hat.

9 Party!

a) Lies die kleinen Dialoge und such die Personen/Gegenstände im Bild.

● Wie findest du den Jungen da?
▲ Welchen?
● Den Jungen, der am Tisch steht.

● Wer sind denn die Jungen da?
▲ Welche?
● Die zwei, mit denen Eva spricht.

● Wie gefällt dir das Mädchen da?
▲ Welches?
● Das Mädchen, dem der Junge das Glas gibt.

● Sieh mal, das ist meine neue Freundin.
▲ Welche?
● Die, mit der Jan gerade tanzt.

b) Mach die folgenden Dialoge fertig.

1 ● Wie gefällt dir der Pulli da?
▲ Welcher?

2 ● Wie findest du die Stühle da?
▲ Welche?

3 ● Wie gefällt dir die Hose?
▲ Welche?

a ● Die drei, die da drüben an der Wand stehen.
b ● Der, den das Mädchen da trägt.
c ● Die rote, die der Junge anhat.

Lösung:

	1	2	3
	?	?	?

L41/8

c) Hör die Dialoge zur Kontrolle.

Hier ist der Junge,	Hier ist das Mädchen,	Hier ist die Freundin,	Hier sind die Freunde,
der gern singt.	**das** gern malt.	**die** gern liest.	**die** gern tanzen.
den ich mag.	**das** ich mag.	**die** ich mag.	**die** ich mag.
dem Pizza schmeckt.	**dem** Obst schmeckt.	**der** Salat schmeckt.	**denen** Hotdogs schmecken.
mit **dem** ich weggehe.	mit **dem** ich weggehe.	mit **der** ich weggehe.	mit **denen** ich weggehe.

10 Geschmackssache

a) Schau die Personen an und lies die Aussagen. Wer sagt was? Was glaubst du?

A   B   C   D

1 Ich mag keine Jungen, ✳✳ ihr Handy nie ausschalten.

2 Mädchen, mit ✳✳ man nur über Mode reden kann, finde ich doof.

3 Ein Junge, ✳✳ immer widerspricht, kommt für mich nicht in Frage.

4 Der Junge, ✳✳ ich mag, muss möglichst immer gute Laune haben.

5 Ich wünsche mir eine Freundin, mit ✳✳ ich vieles unternehmen kann.

6 Ich habe kein Interesse an einem Mädchen, ✳✳ meine Klamotten nicht gefallen.

7 Ich suche ein Mädchen, ✳✳ sich nicht weigert, mit mir auf den Sportplatz zu gehen.

8 Der Junge, mit ✳✳ ich ausgehen möchte, muss super aussehen.

9 Die Freundin, ✳✳ ich mir einmal aussuche, muss hübsch und modisch sein.

b) **Ergänze in den Aussagen das Relativpronomen.
Hör die Sätze zur Kontrolle.**

L41/9

11 Tante Evelyns Geburtstagsgeschenk

**Schreib Tante Evelyn einen Brief und bedanke dich.
Schreib auch, was du dir für die 20 Euro gekauft hast.
Vergiss nicht Ort, Datum, Anrede und Schluss. Schreib so:**
... Vielen Dank für das Geld, das ... Erinnerst du dich an ...,
... wir bei deinem letzten Besuch im Schaufenster gesehen haben?
Genau ... habe ich ... Alle Freunde, ... ich ... gezeigt habe, fanden ... toll.
... ist wirklich super. Vielen Dank.

Alles Gute zum Geburtstag!

Liebes Geburtstagskind,
kauf dir etwas Schönes
für die 20 Euro.
Deine Tante Evelyn

12 Aus einer Tages-zeitung

Großverdiener im Kaufrausch

Viele deutsche Kinder und Jugendliche bekommen Taschengeld. Dann stecken die Eltern oder Großeltern außer der Reihe mal was zu. Viele Jugendliche verdienen sich durch kleine Jobs noch ein paar Euro hinzu, und außerdem gibt es ja die Geldgeschenke zu Weihnachten oder zum Geburtstag. Da kommt dann eine ganze Menge zusammen. Doch wo bleibt das ganze Geld? Auf Platz eins stehen Klamotten und modisches Drumherum, für das die Eltern kein Geld herausrücken wollen. Ein guter Teil geht auch fürs Handy drauf, denn für das Herunterladen von Klingeltönen, Logos und Spielen und für die zahl-reichen SMS muss man ziemlich viel zahlen. Und auf Platz drei steht das Ausgehen in Disco oder Kino. Der Rest fließt ganz unterschiedlich in Musik, Kosmetik, Computer, Videospiele oder Hobbys.

a) **Beantworte die Fragen.**

1 Woher bekommen deutsche Jugendliche Geld?
2 Warum sind Handys so teuer?
3 Was stellst du dir unter „modischem Drumherum" vor?

b) **Mach aus den Informationen des Textes ein Schaubild
und vergleiche es mit der Statistik von Übung 4.**

c) **Hältst du Taschengeld für wichtig?
Bekommst du Taschengeld?
Was machst du mit deinem Taschengeld?**

Mode

1 Mode – im Laufe der Zeit

a) **Von wann ist diese Mode? Ordne die Jahreszahlen den Jungen zu: 1930 – 1955 – 1972 – 2000.**
Sprich so: Wahrscheinlich ist die Mode, die Junge A / ... trägt, von neunzehnhundert...

b) **Frag deinen Partner:** Wie gefällt dir der Junge / Wie findest du den Jungen mit ... gestreiften/karierten/ gemusterten Hemd/Hose/...?
Verwende auch diese Wörter: lang, halblang, kurz, eng, weit, groß, klein **und die Farben.**
Du kannst auch so fragen: Wie gefällt dir der Junge, der den/das/die ... trägt/anhat?

2 Junge Leute und ihr Outfit

Kleider machen Leute

1 **1** Ob man's nun für gut hält oder für oberflächlich – das Outfit ist das Erste, worauf wir bei einem
Menschen achten. Und es entscheidet darüber,
ob wir neugierig auf jemanden werden, oder ob
5 wir uns für diese Person nicht interessieren.
2 Jeder signalisiert mit seiner Aufmachung, wie
er sich selbst sieht und von den anderen gesehen
werden möchte. Auch wenn es ihm vielleicht gar
nicht bewusst ist. Selbst Typen, die total unmo-
10 disch gekleidet daherkommen, sind da keine
Ausnahme. Sie meinen zwar, von Äußerlichkeiten
völlig unabhängig zu sein, aber in Wirklichkeit
machen sie mit ihrem Outfit genauso auf sich aufmerksam wie andere mit riesigen Labels vorne
15 und hinten drauf: Seht her, so bin ich!

3 Viele Erwachsene haben ihren persönlichen
Stil bereits gefunden. Aber dahin zu kommen,
braucht Zeit und innere Sicherheit. Die wenigsten
Jungen wissen genau, wie sie sein und erscheinen wollen. Nur eins steht für die meisten fest: 20
Sich weiter von den Eltern einkleiden zu lassen
und irgendwann einfach wie die Erwachsenen zu
sein, das kommt auf keinen Fall in Frage, auch
wenn die Erwachsenen sich über das jugendliche
Outfit aufregen. So experimentieren die Jungen 25
erst einmal herum und probieren alle möglichen
Arten der Selbstdarstellung aus. Das hilft ihnen
nicht nur, ihr „Ich" zu entdecken, es macht auch
eine Menge Spaß.

a) **Welche Überschrift passt zu den Abschnitten?**

A Outfit als Selbstdarstellung   B Der erste Eindruck   C Nicht wie die Eltern!   Lösung:

1	2	3
?	?	?

b) **Wie passen die Sätze zusammen?**

1 Man achtet bei einem Menschen zuerst
2 Man interessiert sich eher
3 Auch unmodische Typen denken
4 Fast alle machen mit ihrem Outfit
5 Die meisten Jugendlichen entscheiden sich nicht
6 Eltern sollen sich nicht mehr
7 Manche Erwachsene schimpfen

E um die Kleidung der Jugendlichen kümmern.
R über die Kleidung der Jugendlichen.
I auf sich aufmerksam.
K auf die Kleidung.
L für einen gut gekleideten Menschen.
D für den Stil ihrer Eltern.
E unbewusst an ihr Äußeres.

	1	2	3	4	5	6	7
Lösung:	?	?	?	?	?	?	?

c) **Wie steht es im Text? Such die Aussagen von Aufgabe b im Text und gib die Zeilen an.**

d) **Bist du auch der Meinung, wie sie im Text vertreten wird? Was bedeutet für dich Mode? Bist du eher ein modischer Typ, oder gibst du nicht viel auf dein Äußeres?**

Man achtet zuerst   auf die Kleidung.
Man interessiert sich   für gut gekleidete Menschen.
Die Eltern kümmern sich   um die Kleidung ihrer Kinder.
Erwachsene schimpfen   über das Outfit der Jugendlichen.
Auch unmodische Typen denken an ihr Äußeres.

3 Mode für Mädchen

a) **Wie könnten diese Mädchen und die Jungen aus Übung 1 zusammengehören?**

b) **Was machen die Mädchen hier?**

Sprich so: Sie unterhalten sich über die Mode von damals. Sie amüsieren sich/ärgern sich/ reden/sprechen/lachen über …
Sie interessieren sich für …

c) **Und wie findest du diese Mode?**

Ich muss über … lachen.
Ich interessiere mich für …
Bei Kleidung achte ich immer auf …
Die Mode erinnert mich an …

L42/1

4 Szenen

Hör die Szenen
und beantworte
die Fragen.

Szene 1: Worüber freut sich das Mädchen?
Szene 2: Auf wen warten die Jungen?
Szene 3: Worum kümmert sich die Tochter?
Szene 4: Worauf freut sich das Mädchen?
Szene 5: Worauf wartet der Mann?
Szene 6: Auf wen freut sich der Junge?
Szene 7: Woran erinnert sich das Mädchen? Und an wen erinnert es sich?
Szene 8: Wofür interessiert sich der Junge? Und für wen interessiert er sich?

Sachen, Tiere	Personen
Worauf freut sich das Mädchen? – Auf den Geburtstag.	**Auf wen** freut sich der Junge? – Auf den Cousin.
Worüber freut sich das Mädchen? – Über den Pulli.	**An wen** erinnert sie sich? – An den Jungen.

5 Frage-Antwort-Spiel

*Worüber freust
du dich?*

*Auf wen
wartest du?*

*Über die Eins
in Mathe.*

*Auf meinen
Freund.*

Jeder schreibt eine Frage mit Worauf/Worüber /... **oder** Auf wen / Über wen /... **auf eine weiße Karte und die passende Antwort auf eine rote Karte.**
Karten mischen und verteilen. Jeder Spieler bekommt eine weiße und eine rote Karte. Spieler 1 liest seine Frage vor und benennt einen Mitspieler. Der liest seine Antwort vor. Wenn die Antwort von Spieler 2 nicht passt, spielt Spieler 2 weiter. Er liest seine Frage vor und sucht einen Mitspieler für die Antwort.
Wenn die Antwort von Spieler 2 passt, muss dieser beide Karten an Spieler 1 geben. Dieser legt das Kartenpaar ab und stellt die Frage, die ihm geblieben ist.

6 Kummerkasten

Frau Amelie   gibt Rat

1 Bei mir zu Hause dreht sich alles um meinen zweijährigen Bruder. Um mich kümmern sich meine Eltern kaum noch. Ich fühle mich richtig ausgeschlossen. – Anja, 13 Jahre

2 Neulich habe ich mir die Haare ein bisschen farbig machen lassen. Und jetzt regen sich meine Eltern über meine grünen Haare wahnsinnig auf. Kann ich mit meinen Haaren nicht machen, was ich will? Muss ich meine Eltern um Erlaubnis bitten? Schließlich bin ich schon vierzehn. – Andy, 14 Jahre

3 Ich ärgere mich so über meine Schwester Vera! Sie ist acht Jahre älter als ich. Sie ist schon berufstätig und legt großen Wert auf ihre Garderobe, Jäckchen, Röckchen, hohe Schuhe und so. Seit Neuestem kümmert sie sich auch um meine Klamotten. Ich soll mehr darauf achten, sagt sie. Das geht sie doch gar nichts an, oder? – Paula, 14 Jahre

4 Ich habe mich verliebt. Ich bin so verliebt, dass ich den ganzen Tag nichts essen kann. Immer muss ich an meine neue Freundin denken. Und nachts habe ich dann solchen Hunger. Was soll ich nur tun? – Moritz, 16 Jahre

A Grüne Eltern sind schon etwas Besonderes. Deshalb kann ich auch verstehen, dass sich deine Haare darüber aufregen. Besser ist es, vorher mit den Eltern darüber zu reden.

B Eltern brauchen viel Aufmerksamkeit. Klar, dass sich vieles in der Familie um sie dreht. Trotzdem, lass deine Babys wissen, wie du dich fühlst. Sie werden sicher Verständnis für dich haben.

C Du hast recht. Deine Garderobe Vera kann dir keine Vorschriften machen. Du musst deinen eigenen Stil finden, so, wie sie mit ihrer Schwester wohl ihren Stil schon gefunden hat. Aber ärgere dich nicht so sehr über sie. Erkläre ihr lieber in Ruhe deinen Standpunkt.

a) Wie passen die Anfragen 1 – 3 und die Antworten zusammen?

Lösung:

1	2	3
?	?	?

b) Verbessere die „Druckfehler" in den Antworten.

c) Die Anfrage 4 hat noch keine Antwort. Schreib eine Antwort.

Sachen, Tiere	Personen
Sie kümmert sich **um die Klamotten**.	Die Eltern kümmern sich **um den Bruder**.
Sie kümmert sich **darum**.	Sie kümmern sich um **ihn**.

7 Spiel: Dalli-Dalli, einmal anders

Tipp!
Lern Ausdrücke im ganzen Satz. Dann kannst du sie viel besser behalten.

Die Klasse in Gruppen teilen. Immer zwei Gruppen spielen gegeneinander. Jede Gruppe schreibt Sätze mit diesen Verben:

- lachen/schimpfen/sich freuen/sich unterhalten/sich ärgern/sich aufregen/sich amüsieren über
- achten/hoffen/warten/wütend sein/zornig sein/sich konzentrieren/sich freuen auf
- danken/sich interessieren/sich entscheiden/sich entschuldigen für
- denken/glauben/sich erinnern an
- sich kümmern um

Gruppe 1 liest eine Minute lang ihre Sätze vor.   **Gruppe 2 muss bei jedem Satz reagieren.**

Gruppe 1:   Wir freuen uns auf die Ferien.   Gruppe 2:   Darauf freuen wir uns auch.

Gruppe 1:   Ich ärgere mich über meinen Bruder.   Gruppe 2:   Über den ärgere ich mich auch.

Die anderen zählen die richtigen Antworten der Gruppe 2. Dann wechseln die Gruppen. Welche Gruppe hat zum Schluss die meisten richtigen Antworten?

8 Einkaufen

A ● Und? Passt die Hose?
▲ Ja, die nehme ich.

B ▲ Entschuldigung, wo gibt's denn Hosen?
◆ Bei Damenoberbekleidung im ersten Stock.

C ▲ Ich habe eine rote Hose im Schaufenster gesehen. Haben Sie die noch?
● Ja, da vorn.

D ▲ Was für ein Material ist das? Kunststoff?
● Nein, das ist reine Wolle.
▲ Gut. Dann probiere ich sie an.

E ▲ Wo kann ich sie denn anprobieren?
● Die Umkleidekabinen sind da hinten in der Ecke.

F ❑ 40 Euro bitte.
▲ Hier bitte. Kann ich die Hose eventuell umtauschen?
❑ Selbstverständlich. Aber bitte die Quittung aufheben.

a) Bring die kleinen Szenen in die richtige Reihenfolge.

b) Wo finden die Szenen statt? Ordne sie den Orten zu.

1 an der Kasse   2 an der Information
3 an der Umkleidekabine   4 in der Bekleidungsabteilung

Lösung:

1	2	3	4	5	6
?	?	?	?	?	?

Lösung:

A	B	C	D	E	F
?	?	?	?	?	?

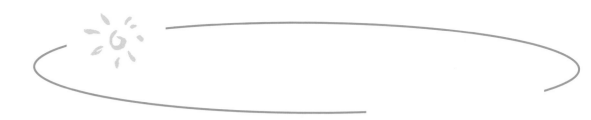

L42/2

9 Im Kaufhaus

a) **Hör zu. Welche Abteilungen im Kaufhaus kommen vor?**
Sportabteilung, Herrenbekleidung, Damenoberbekleidung, Damenwäsche, Lederwaren, Schuhe, Schmuckabteilung

b) **Hör noch einmal zu und beantworte die Fragen.**

1 Welche Herrenjacken gibt es zum Einführungspreis?
2 Wo gibt es Socken und Strümpfe für den Herrn?

3 Wie viel Rabatt gibt es auf Damenunterwäsche?
4 Wo gibt es Ketten und Ohrringe?

10 Comic „Modernisierung"

Tipp!

Sammle zu jedem Bild passenden Wortschatz. Das hilft dir, wenn du über Bilder sprechen willst.

Schreib
den Comic
als Geschichte.

Das kann ich schon:

Sätze und Wörter:

- Gefühle äußern   wütend/zornig sein – sich ärgern – sich aufregen – sich fürchten – Angst haben – ängstlich sein – weinen – traurig sein – sich ausgeschlossen fühlen – einsam sein – gute Laune haben – stolz sein

- etwas ablehnen   widersprechen – sich weigern – ablehnen

- Personen beschreiben   der Junge / das Mädchen mit der gestreiften/gemusterten/karierten Jacke/...
der Junge / das Mädchen, der/das ... trägt/anhat

- einkaufen   Schaufenster, Umkleidekabine, Rabatt, Quittung aufheben, anprobieren, umtauschen

- Modeartikel   Geldbörse, Handtasche, Schmuck, Kette, Kosmetik

- Kleidung   Unterwäsche, Slip, Unterhose, Unterhemd, Unterrock, Socken, Strumpf

GRAMMATIK

1. Satz – Satzteile mit *zwar ... aber* verbinden

Du hast **zwar** ein Fahrrad, **aber** du hast kein Supervelo.
Du kannst **zwar** telefonieren, **aber** du bist nicht modern.

2. Relativsatz

Das ist mein Freund.	Er singt gern	Das ist mein Freund,	der gern singt.
	Ich mag ihn.		den ich mag.
	Pizza schmeckt ihm.		dem Pizza schmeckt.
	Ich gehe mit ihm weg.		mit dem ich weggehe.

Relativpronomen

	Singular			Plural
	Maskulinum	Neutrum	Femininum	
Nominativ	, der ...	, das ...	, die ...	, die ...
Genitiv	, dessen ...	, dessen ...	, deren ...	, deren ...
Dativ	, dem ...	, dem ...	, der ...	, denen ...
Akkusativ	, den ...	, das ...	, die ...	, die ...

3. Verb

a) Modalverb *brauchen* + Infinitiv mit *zu*

nicht/nur brauchen + zu + Infinitiv	=	nicht/nur müssen + Infinitiv
Du brauchst dich nicht aufzuregen.	=	Du musst dich nicht aufregen.
Du brauchst nur etwas zu sagen.	=	Du musst nur etwas sagen.

b) Verben mit Präpositionalobjekt

sich freuen **über/auf**
warten **auf**
sich interessieren **für**   } + Akkusativ
sich kümmern **um**
denken **an**

Ich ärgere mich so über meine Schwester.
Meine Schwester interessiert sich nur für ihre Garderobe.
Ich denke an meinen neuen Freund.

4. Pronomen

Sachen, Tiere

Worüber lachen die? Über die komische Mode?
Nein, **darüber** lachen sie nicht.

Personen

Über wen lachen die? Über den Jungen da?
Nein, **über den** lachen sie nicht.

Körperkult

1 Wie findest du das?

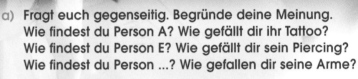

a) **Fragt euch gegenseitig. Begründe deine Meinung.**
Wie findest du Person A? Wie gefällt dir ihr Tattoo?
Wie findest du Person E? Wie gefällt dir sein Piercing?
Wie findest du Person ...? Wie gefallen dir seine Arme?

b) **Vergleiche diese Personen: A und F, B und D, C und E.**
Verwende diese Adjektive: dick, fett, schlank, schick,
langweilig, hübsch, hässlich, sympathisch, unsympathisch ...

2 Körperschmuck gab es schon immer.

A Die Kunst des Tätowierens war schon den Menschen der Steinzeit bekannt. Ägyptische Priesterinnen schmückten sich damit, die Römer markierten auf diese Weise Sklaven und Verbrecher. Archäologen fanden in Südamerika Indianermumien, deren Haut kunstvolle Muster aufwies. Bei den Dayak auf der Insel Borneo wurde die Hand eines jeden Kriegers tätowiert, der einen Feind getötet hatte. Auch bei mehreren Völkern Europas waren früher Tätowierungen verbreitet, bis sie im Mittelalter verboten wurden und diese Art des Körperschmucks in Vergessenheit geriet.

Europäische Seefahrer machten daher große Augen, als sie in der Südsee bemalte Menschen entdeckten. Der Engländer James Cook brachte 1774 nicht nur einen dieser seltsam gemusterten Männer mit nach Hause. Cook hatte auf der Insel Tahiti auch gelernt, wie diese Kunst dort hieß: „tatau" - woraus im Englischen „tattoo" und auf Deutsch „Tätowierung" geworden ist. Es bedeutet „kunstvoll hämmern". Das passt. Denn im Gegensatz zu Lippenstift oder Make-up wird eine Tätowierung nicht auf die Haut gemalt, sondern in die Haut gestochen.

B Wie die Tätowierungen entstammen auch die Piercings der Kultur unserer Vorfahren. Sie waren für den Träger ein Zeichen seiner Kraft, seines Mutes und seiner Zugehörigkeit zu seinem Stamm. Besonders bei Naturvölkern auf fernen Inseln oder im Urwald am Amazonas ist das rituelle Durchbohren der Haut noch heute Teil ihres Lebens, und bestimmte Piercingmaterialien wie Elfenbein, Gold, Jade oder verschiedene Edelsteine sind Zeichen des Standes oder der Gesundheit.

a) Finde für die beiden Textabschnitte eine Überschrift.

b) Beantworte die Fragen.

1 Wer verwendete Tätowierungen schon in der Frühzeit der Menschheit?
2 Wessen Hand wurde tätowiert, wenn er einen Feind getötet hatte?
3 Warum wurde die Kunst des Tätowierens in Europa nicht mehr ausgeübt?
4 Woher kommt das Wort „Tätowierung" ?
5 Was bedeutete früher ein Piercing für seinen Träger?
6 Bei welchen Völkern ist Piercing heute noch ein Teil ihres Lebens?

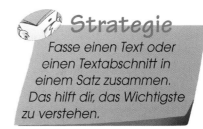

Strategie

Fasse einen Text oder einen Textabschnitt in einem Satz zusammen. Das hilft dir, das Wichtigste zu verstehen.

Genitiv (Frage: *Wessen?*)

Maskulinum	Neutrum	Femininum	Plural
des Körpers	des Lebens	der Haut	der Völker
eines Körpers	eines Lebens	einer Haut	– (von Völkern)
seines Körpers	seines Lebens	seiner Haut	seiner Völker
ihres Körpers	ihres Lebens	ihrer Haut	ihrer Völker
unseres Körpers	unseres Lebens	unserer Haut	unserer Völker

3 Körperschmuck in aller Welt

A Dieser Samoaner braucht eigentlich keine Hose; die Haut ✳✳ Körpers ist vom Bauch bis zu den Knien tätowiert. So ein Kunstwerk aufzutragen kann einige Jahre dauern.

B Das Gesicht als Ausweis: Jede Familie ✳✳ neuseeländischen Maori hat ihre eigenen Muster und Figuren. Sie erzählen die Geschichte ✳✳ Vorfahren und erklären die Stammeszugehörigkeit. Dieses „Moko" ✳✳ Familie gilt als „tabu", also unantastbar.

C Lange Zeit durften in Japan nur Angehörige ✳✳ Herrscherfamilien prunkvolle Kleider tragen. Viele Menschen fingen daher an, sich die nackte Haut ✳✳ Körpers mit bunten Bildern zu verzieren.

D Die Apatani sind ein kleines Volk, das am Fuß des Himalaja lebt. Der ganze Stolz ✳✳ älteren Apatani-Frauen ist ihr Nasenschmuck. Diese besondere Art ✳✳ Körperschmuckes ist allerdings bei der jüngeren Generation nicht mehr üblich. So wird dieses besondere Merkmal ✳✳ Kultur wohl bald ausgestorben sein.

a) Ordne die Texte den Bildern zu.   Lösung:

1	2	3
?	?	?

b) Ergänze den Genitiv.   c) Stell Fragen mit *Wessen?*.

4 Meinungen

Felix, 16 Jahre

Dr. Richter, Arzt

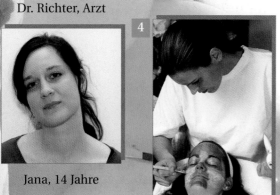

Jana, 14 Jahre

Frau Fuchs,
Kosmetikerin

Frau Ott, Mutter von
zwei Kindern

A Ich hasse Piercings. Aber ein kleines Tattoo würde mir gefallen. Nur – meine Eltern sind dagegen. Und in meinem Alter geht ohne Genehmigung der Eltern leider gar nichts.

B Ich hatte mit meinen Kindern zu diesem Thema ein ernstes Gespräch. Bevor man sich entschließt, sich eine Tätowierung machen zu lassen, sollte man sich über eines klar sein: Ein Tattoo ist etwas Endgültiges. Man kann es nicht wegwerfen wie einen alten Pullover, wenn man es nicht mehr mag.

C Ich kann alle Jugendlichen nur warnen: Gebt acht, bei wem ihr euch ein Tattoo oder Piercing machen lasst. Schließlich handelt es sich um eine Verletzung, die oft genug zu gesundheitlichen Schwierigkeiten führen kann.

D Anfangs war es ziemlich komisch. Ich musste mich erst daran gewöhnen. Aber jetzt ist es ganz angenehm. Manche Erwachsene haben immer noch Vorurteile gegen gepiercte Personen; dabei ist es doch heutzutage bei Jugendlichen ganz üblich.

E Einige Tätowierer behaupten, dass es Tattoos gibt, die angeblich nach einigen Jahren von selbst wieder verschwinden. Aber das ist eine reine Lüge!

a) Schau die Fotos an und lies die Aussagen. Wer sagt was?

Lösung:

1	2	3	4	5
?	?	?	?	?

b) Welcher Meinung stimmst du zu?

c) Diskutiert in der Klasse. Ergänzt weitere Argumente.

5 Es geht auch so!

„Body-Tattoos" peppen jedes ärmellose Teil auf! Besonders cool ist, dass die Tattoos abwaschbar sind. Da kann man zu jedem Outfit das passende Motiv aufkleben.

Motiv ausschneiden,
Folie abziehen

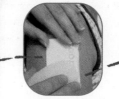

auf die Haut kleben,
anfeuchten

Papier anheben
und abziehen

Schreib eine ausführliche Gebrauchsanweisung: „Das abwaschbare Body-Tattoo".
Schreib so: Man muss zuerst …

FITNESS-JUNKIES – DIE NEUE SUCHT

6 Fit sein ist „in"

In amerikanischen Fitness-Studios haben sie schon einen Spitznamen: „permanent residents" nennt man sie dort, also Leute, die so viel Zeit im Studio verbringen, dass sie eigentlich auch dort übernachten könnten. Sie sind süchtig nach Fitness, nach Bewegung. Nur wenn sie sich völlig verausgaben, fühlen sie sich „high".

Der Leistungs- und Körperkult wird nirgends so deutlich wie in den schicken Fitness-Studios, wo Männer an Foltermaschinen ihre Muskelpakete züchten und Frauen im perfekt durchgestylten Dress dich schief anschauen, wenn du in deinen alten Jogginghosen auftauchst.

Keine Angst, du bist nicht gleich ein Fitness-Junkie , nur weil du dich im Fitness-Studio einschreibst. Wichtig ist zu wissen: Bewegung ist gesund und macht Spaß – aber nicht, wenn der Sport zum Kampf um den idealen Körper wird.

Außerdem: Es muss nicht immer das Fitness-Studio sein, wenn man fit sein will. Es gibt genügend andere Sportarten, die deine Muskeln und deinen Körper trainieren, z. B. Schwimmen, Rad fahren, Inline skaten.

Was ist richtig? Was ist falsch?

1 Manche Leute übernachten im Fitness-Studio.
2 Für viele Menschen ist Bewegung wie eine Droge.
3 Einigen Männern gefallen Muskelpakete.
4 Nur wenige tragen im Fitness-Studio alte Jogginghosen.
5 Alle, die ein Studio betreten, werden fitness-süchtig.
6 Mehrere Sportarten eignen sich zum Muskeltraining.

wenige, manche, einige, mehrere, viele, alle
Unbestimmte Zahlwörter werden wie Artikel dekliniert.

7 Wie fit ist unsere Jugend?

a) Hör zu. Wo steht der Reporter wohl? Und mit wem spricht er?

L43/1

b) Hör noch einmal zu. Bring die Stichwörter in die Reihenfolge, in der du sie hörst.

Körper – fit sein – Muskeln – andere Interessen – „Mister Universum" – Schönheitsideal – Gemeinschaft – Vorbild – Figur – Maschinen – Sport – Fitness-Studio – Gesundheit – Wettbewerb – Training – Freizeitbeschäftigung – Bodybuilding – außer Form – Bewegung – anstrengend – Fernsehen – Internet – sich wohl fühlen – Computer – Gymnastik – lesen

c) Schreib einen Artikel zum Thema „Fit sein" für die Schülerzeitung.

8 Rollenspiel „Diskussion"

Das Rollenspiel „Diskussion: ‚Ist Fitness wichtig?'" wird in Gruppen vorbereitet.
Je ein/e Spieler/in spielt für die Gruppe. Das sind die Rollen:
ein Fitness–Junkie/Bodybuilder - ein/e Sportler/in - ein „Schlaffi".
Verwendet die Argumente aus dem Interview in Übung 7 und ergänzt sie.

- *eine Meinung äußern:* Meiner Meinung/Ansicht nach ... – Ich glaube/meine/finde/behaupte, dass ...
- *zu einer Meinung Stellung nehmen:* Da bin ich ganz deiner/anderer Meinung/Ansicht. – Da gebe ich dir recht, / Das stimmt schon, ... / Das finde ich wahnsinnig interessant, aber/trotzdem/allerdings ... Außerdem ... – Ich muss dir leider widersprechen. – Ehrlich gesagt, ich finde ... Das hängt davon ab, ob/wie/ ... – Der Vorteil/Nachteil dabei ist ... – Darum/Deshalb bin ich für/gegen ... – Ich habe den Eindruck, dass ...
- *Kritik äußern:* Ich will dich ja nicht beleidigen, aber ... – Ich finde es merkwürdig, dass ...
- *sich rechtfertigen und verteidigen:* Aber das ist doch ...! – Das stimmt doch nicht. – Ich weiß, aber ... – Du immer mit deiner ewigen Kritik! – Ich finde diese Kritik unmöglich, weil ...

Essen ist gesund?

1   Ein Test

Welcher Ess-Typ bist du?

*„Jeder ist, was er isst!", sagt man. Und das mit Recht!
Ernährungswissenschaftler haben eine Gruppe von
Mädchen und Jungen beim Essen beobachtet, und dabei
drei ganz unterschiedliche Ess-Typen entdeckt. Möchtest
du wissen, zu welchem Typ du gehörst? Dann gib auf jede
Frage die für dich passende Antwort.*

1.   Lebensmittel sollen

🍐 preiswert sein.

🍊 frisch und nährstoffreich sein.

🍎 wenig verpackt sein.

2.   Fastfood esse ich

🍐 sehr oft.

🍎 manchmal.

🍊 selten oder nie.

3.   Gemüse und Salat esse ich

🍊 täglich.

🍎 oft.

🍐 selten.

4.   Ich esse meistens,

🍐 was die anderen auch essen.

🍎 worauf ich gerade Lust habe.

🍊 was gesund ist.

🍎 was mir schmeckt.

5.   Beim Essen achte ich darauf,

🍊 dass ich nicht zu dick werde.

🍊 dass es gesund ist.

🍎 dass es gut schmeckt.

🍐 dass ich satt werde, egal wie.

6.   Welche Aussage trifft zu?

🍐 Ich esse oft aus Langeweile,
Nervosität oder Stress.

🍐 Ich zähle immer die Kalorien,
aus Angst, dick zu werden.

🍎 Ich esse nur, weil ich muss.

🍊 Mir macht Essen Spaß.

Auswertung:
Jede Apfelsine zählt 3 Punkte, jeder Apfel 1 Punkt, jede Birne 0 Punkte.
0 bis 6 Punkte: Essen muss dir schmecken und darf keine Arbeit machen. Snacks,
Fastfood und Süßigkeiten findest du super. Und die Figur? Ach, die spielt keine Rolle.
7 bis 12 Punkte: Drei Dinge sind dir wichtig: dein Äußeres, deine Gesundheit und
deine Fitness. Vollkornprodukte, Obst und mageres Fleisch sind deine Hits.
13 bis 20 Punkte: Du isst viel Gemüse, Obst und Getreide, vielleicht sogar vegetarisch.
Trotzdem liebst du Spaß und guten Geschmack.

a)   **Mach deine persönliche Auswertung.**

b)   **Macht die Auswertung in der Klasse. Haltet das Ergebnis an der Tafel fest.**

Besprecht das Ergebnis:
circa/knapp/ mehr als ein Viertel / die
Hälfte/zwei Drittel / … (von uns) meinen,
dass Lebensmittel preiswert sein sollen.
Die meisten/wenigsten (von uns) meinen,
dass Lebensmittel frisch und …

c)   **Ordne diese Wörter vom wenigsten zum meisten.**
selten – sehr oft – nie – oft – immer – manchmal – meistens

2 Gesundes Essen?

„Wir essen, was uns schmeckt", sagen viele Kinder und Jugendliche, denn in Industrieländern ist der Tisch fast immer reichlich gedeckt.

Besonders beliebt sind Pommes frites mit Ketchup oder Majonäse, paniertes Schnitzel, Hamburger, Spaghetti mit Tomatensoße, Currywurst, Pizza, Eis und kleine Schokoriegel.

Heruntergespült wird das Ganze meistens mit Limonade und Cola.

Was essen wir heute?

Mittags sind die Eltern oft noch am Arbeitsplatz, und viele Kinder haben keine Lust, sich allein etwas zu kochen. Mehr Spaß macht es, Freunde nach der Schule im Fastfood zu treffen. Dort kann man rasch, gemütlich und billig essen. Und man muss sich nicht besonders fein benehmen. Soll es am Abend eine warme Mahlzeit geben, werden wahrscheinlich panierte Schnitzel mit Pommes und Ketchup aufgetischt. Dazu gibt es vielleicht Erbsen aus der Dose oder Tiefkühltruhe. Später, beim Fernsehen, wenn der Film so richtig spannend ist, knabbert man an den Fingernägeln oder an Salzstangen, Schokohappen und Gummibärchen. Was wir so im Laufe eines Tages alles in uns hineinstopfen! Besonders Süßigkeiten! Der Körper braucht davon nicht alles und verwandelt den Rest in körpereigenes Fett, in kleine oder größere „Bauchringe".

a) Was ist richtig? Was ist falsch?

1 Kinder und Jugendliche essen gern Cola und Limonade.
2 Viele Kinder haben keine Lust, ihre Eltern am Arbeitsplatz zu treffen.
3 Es macht Spaß, ins Fastfood zu gehen, weil es dort billig und gemütlich ist.
4 Es ist einfach, für das Abendessen eine Dose Erbsen zu öffnen.
5 Viele Leute haben die Gewohnheit, beim Fernsehen Schnitzel zu essen.
6 Wenn man zu viel isst, fängt der Körper an, Fett anzusetzen.

b) Welche von den angegebenen Speisen isst du gern? Was ist deine Lieblingsspeise? Was isst du gar nicht gern? Und warum?

3 Hamburger

Schau die Bilder an und such die passende Stelle im Text. Wie viel Gramm davon gibt es in einem Hamburger?

Über 80 % der Fastfood-Besucher behaupten, dass Fastfood ungesund ist. Trotzdem gehen sie immer wieder dorthin. Das alles steckt in einem Hamburger:

30 g Rinderhackfleisch
16 g Schweinehackfleisch
19 g Zwieback und Sojamehl
16 g Rinderfett
20 g Wasser
2 g Salz und Gewürze

1 g chemischer Geschmacksverstärker und Farbstoff
0,5 g Phosphate und Konservierungsmittel

Guten Appetit!

L44/1

4 Hilfe! Ich werde zu dick!

● Ich habe so zugenommen. Ich werde zu dick!

▲ So ein Quatsch!

● Doch, ich bin zu dick. Was soll ich nur machen?

▲ An deiner Stelle würde ich eine Diät machen.

● Eine Diät? Daran habe ich auch schon gedacht.
Aber was für eine Diät?

▲ Na ja, da gibt's verschiedene. Erst gestern habe ich etwas
über eine Reis-Diät gelesen. Wäre das nichts für dich?

● Eine Reis-Diät? Wie funktioniert die denn?

▲ Du musst morgens, mittags und abends Reis essen.

● Ich kann doch aber am Morgen nicht schon Reis essen.

▲ Tja, wer schön sein will, muss leiden.

a) Macht weitere Dialoge mit anderen Diätvorschlägen. Es dürfen auch witzige Vorschläge sein.

b) Beschreib in einem Zeitungs-artikel, wie deine Diät aussieht.

5 Auf dem Weg zur Superfigur

Eine Diät beginnt im Kopf, nicht im Mund

Bereit zum Start? Du hast dich darauf ein-gestellt, alles zu tun, was nötig ist, um Pfunde loszuwerden. Das ist gut so, denn eine Diät beginnt tatsächlich im Kopf und nicht in Mund und Magen. Zunächst musst du über dich selbst nachdenken und die Antworten aufschrei-ben.

Wenn du nur deine Augen schließen müsstest und durch eine magische Kraft eine Superfigur bekom-men könntest, wie würdest du dich fühlen? Wie würde sich dein Leben ändern? Welche Kleidung würdest du tragen? Was würdest du mit deinen Freunden zusammen unternehmen? Wohin wür-dest du gehen?

Stell dir vor, wie du sein möchtest. Ist das schwierig? Sieh dir die folgende Liste an, wenn du einige Ideen brauchst, und schreib dann auf, wie du dein ideales „Ich" siehst.

Wenn ich mein Idealgewicht erreicht hätte,

● würde ich sehr gut aussehen.
● wäre ich selbstsicher.
● müsste ich mich nicht mehr verstecken.
● könnte ich jeden Abend ausgehen.
● dürfte keiner mehr über mich lachen.
● wäre ich beliebt.
● hätte ich tolle Kleider.
● wollte ich nicht mehr anders sein.

a) Stell dir vor, du bist bereits perfekt und hast natürlich dein Idealgewicht. Beschreibe dich selbst. Benutze die Punkte aus dem Text oben.
Sprich so: Ich sehe sehr gut ... Ich muss ... Ich bin ...

b) Schreib auf, wie du dein ideales „Ich" siehst. Du kannst die Punkte von oben verwenden.
Schreib so: Ich würde sehr gut aussehen. Ich wäre ...

	haben	sein	können	müssen	sollen	dürfen	wollen	alle anderen Verben	
ich	hätte	wäre	könnte	müsste	sollte	dürfte	wollte	würde	tragen/...
du	hättest	wärst	könntest	müsstest	solltest	dürftest	wolltest	würdest	gehen/...
er/es/sie	hätte	wäre	könnte	müsste	sollte	dürfte	wollte	würde	fühlen/...
wir	hätten	wären	könnten	müssten	sollten	dürften	wollten	würden	...
ihr	hättet	wärt	könntet	müsstet	solltet	dürftet	wolltet	würdet	...
sie/Sie	hätten	wären	könnten	müssten	sollten	dürften	wollten	würden	...

6 Schlankheitswahn

Dieser ganze
Schlankheitswahn
ist doch total
krank.
Jana, 16

Ich würde niemals
für einen Jungen
abnehmen.
Susi, 17

Mich nervt es,
wenn Leute stän-
dig übers Abneh-
men reden.
Sascha, 14

Stars hätten auch
Erfolg, wenn sie
mehr wiegen
würden.
Maja, 16

Wenn meine Freundin zu
dick wäre, würde ich sie
zu einer Diät ermutigen.
Victor, 16

Leser diskutieren über den
SCHLANKHEITSWAHN

Wie seht ihr den aktuellen Schlankheitswahn?

Sascha: Total übertrieben.

Susi: Aber man wird ja auch immer wieder damit konfrontiert. In Zeitschriften werden ständig Bilder von extrem dünnen Stars abgedruckt.

Fühlt ihr euch selbst auch unter Druck gesetzt, wenn ihr Bilder von extrem schlanken Stars seht?

Maja: Nein, aber ich kenne viele, die abnehmen wollen und sich zu dick finden, obwohl das gar nicht stimmt. Das ist total oberflächlich.

Susi: Ich finde, dass man in den Medien viel mehr darauf aufmerksam machen sollte, dass Dünnsein auch gefährlich sein kann und dass man sich nicht an dürren Stars orientieren sollte.

Trotzdem machen das ja sehr viele! Sie hungern, um genauso dünn zu sein wie ihr Lieblingsstar.

Victor: Wenn unsichere Leute sehen, wie ihrem Idol zugejubelt wird, denken sie sich garantiert: Wenn ich so aussehen würde, würden mich die Leute auch mögen.

Jana: Man sollte auf seine Figur stolz sein, egal, ob man dicker ist oder nicht.

Was haltet ihr denn von extrem dünnen Stars?

Sascha: Ganz ehrlich, wenn ich eine zu dürre Freundin hätte, würde ich sie auf jeden Fall auffordern, dass sie mehr essen sollte. Das sieht doch echt ungesund aus.

Victor: Da hat man ja Angst davor, sie anzufassen, weil sie auseinanderbrechen könnte.

a) **Wie viele der fünf Jugendlichen halten den Schlankheitswahn für richtig? Wie viele glauben, dass es gefährlich sein kann zu dünn zu sein?**

b) **Beantworte die Fragen.**

1 Was hält Jana vom Schlankheitswahn?
2 Was würde Susi nie für einen Jungen tun?
3 Wer glaubt, dass Stars auch Erfolg hätten, wenn sie dicker wären?
4 Was würde Victor machen, wenn seine Freundin nicht schlank wäre?
5 Welchen Fehler machen die Medien?
6 Warum versuchen einige Leute, so dünn zu sein wie manche Stars?
7 Worauf sollte man stolz sein?
8 Was würde Sascha seiner zu dünnen Freundin ganz ehrlich sagen?
9 Wovor hat Victor Angst?

c) **Was hältst du vom Schlankheitswahn mancher Jugendlicher?**

Tipp!

Lest bei einem Interview immer mehrfach die Fragen. So könnt ihr die anschließenden Antworten besser verstehen.

Wenn ich ein Elefant wäre ... würde ich Kuchen backen.

7 Schreibspiel

Jeder Spieler hat ein Blatt. Alle schreiben:

Wenn ich ... wäre, (ein Elefant, Bäcker, größer, ...)   **Blatt nach hinten falten und weitergeben,**

würde ich ... . (viel essen, Kuchen backen, ...)   **falten und weitergeben,**

Dann hätte ich ... . (viel Zeit, einen Computer, ...)   **falten und weitergeben,**

Ich könnte/dürfte ... (spazieren gehen, lang schlafen, ...)   **falten und weitergeben,**

und müsste ... (nicht den Hund ausführen, keine Hausaufgaben machen, ...).

Das Blatt noch einmal weitergeben, aufmachen und vorlesen.

8 Auch Tiere haben Figurprobleme

1

Ein großes, fettes Schwein begegnet einem kleinen Kätzchen. Freundlich gibt ihm das Schwein den Rat: „Wenn du etwas Gesundes isst, und nicht immer nur aus der Dose, dann wirst du sicher so groß und stark wie ich."

2

Stell dir vor, ich habe in nur einer Woche vier Gramm abgenommen! — *Ich auch!*

3

Sieh mal, die Zebras sind aber schlank. — *Das sind die Streifen. Streifen machen schlank.*

4

Zwei Rinder unterhalten sich über eine Freundin. „Du, die Rosi wird immer dünner." „Ich weiß", antwortet die andere, „sie will unbedingt Glück haben. Deshalb frisst sie in letzter Zeit nur noch vierblättrige Kleeblätter."

a) Erzähle die beiden Comics als Witze.   **b) Zeichne zu dem Witz Nr. 1 einen Comic.**

9 Wie ernährt sich unsere Jugend?

a) Überlege, was dir zu diesem Thema einfällt. Mach dir Notizen. Du hast zwei Minuten Zeit.

L44/2

b) Hör den Text. Welche von deinen Überlegungen kommen vor?

c) Hör noch einmal zu. Was ist richtig? Was ist falsch?

1 Die Jugend wird immer schlanker.
2 Früher hat Lukas entweder Hamburger mit Kartoffelsalat oder Würstchen mit Pommes gegessen.
3 Seine Jeans waren ein paar Zentimeter zu weit.
4 Jetzt isst er höchstens zweimal die Woche Fleisch.
5 Entweder er isst Spaghetti oder er isst Hühnchen.
6 Sophie macht gern Gartenpartys.
7 Dann gibt es entweder Fleisch mit Soße oder etwas aus der Pfanne.

8 Maria zwingt sich, entweder Salat zu essen, oder sie isst kleine Portionen.
9 Sie hat Misserfolge, weil die Wirkung der Diäten anhält.
10 Sie ist fest entschlossen und gibt die Hoffnung nicht auf.
11 Man soll viel Gemüse essen, entweder roh oder gekocht.
12 Nebenbei macht gute Ernährung fröhlich.

Lukas isst entweder Hamburger oder Würstchen.

Entweder er isst Spaghetti oder er isst Hühnchen.

Marie zwingt sich, entweder Salat zu essen, oder sie isst nur kleine Portionen.

10 E-Mail

Sophie schreibt ihrer Freundin eine Mail. Sie erzählt ihr von der Sendung. Sie beschreibt, wie es im Studio war, dass sie anfangs aufgeregt war. Sie erzählt auch von Lukas und seiner Ernährung und davon, was sie selbst gesagt hat.
Schreib die Mail.

11 Die Ernährungspyramide

a) Ordne diese Nahrungsmittel der Ernährungspyramide zu.

Aprikosen   Bonbons

Gebäck   Getreide

Milchprodukte, Fleisch, Fisch

Fette, Öle, Süßigkeiten

Getreide-produkte, Kartoffeln

Gemüse, Salat, Früchte

Getränke

Pfannkuchen   Pflaumen   Hörnchen   Margarine   Pilze   Zitronen   Klöße   Huhn   Steak

b) Ordne weitere Lebensmittel in die Ernährungspyramide ein.

12 Rollenspiel „Einkaufen"

Du gehst in einem Lebensmittelladen einkaufen. Du bist der Kunde / die Kundin, dein Partner ist der Verkäufer / die Verkäuferin. Du bist sehr kritisch und willst dich genau informieren. Du möchtest eine gute Beratung.

Du fragst, welches Sonderangebot es heute gibt.
was der Verkäufer dir empfehlen kann.
Du möchtest verschiedenes Obst und Gemüse, jeweils mindestens ein Kilogramm.
Du erkundigst dich, ob die Ware auch frisch ist.

Du kaufst zwei verschiedene Getränke, je einen Liter bzw. eine Flasche.
Du möchtest auch Schinken, etwa 250 Gramm.
Vergiss nicht zu zahlen!

Bereitet das Rollenspiel in Gruppen vor. Eine Gruppe stellt den Verkäufer / die Verkäuferin, die andere Gruppe stellt den Kunden / die Kundin. Macht euch Notizen und spielt den Einkauf dann vor.

Das kann ich schon:

Sätze und Wörter:

- **Personen beschreiben** dick, fett, schlank, hübsch, hässlich, schick, langweilig, un/sympathisch Kraft, Alter

- **eine Meinung äußern** Meiner Meinung/Ansicht nach – Ich glaube/meine/finde/behaupte, dass ...

- **Stellung nehmen** Da bin ich ganz deiner/anderer Meinung/Ansicht. – Da gebe ich dir recht, / Das stimmt schon, / Das finde ich wahnsinnig interessant, aber/trotzdem/ allerdings ... – Außerdem ... – Ich muss leider widersprechen. – Ehrlich gesagt, ich finde ... – Das hängt davon ab, ob/wie ... – Der Vorteil/Nachteil ist ... – Darum/Deshalb bin ich für/gegen ... – Ich habe den Eindruck, dass ...

- **Kritik äußern** Ich will dich ja nicht beleidigen, aber ... – Ich finde es merkwürdig, dass ...

- **sich rechtfertigen und verteidigen** Aber das ist doch ...! – Das stimmt doch nicht. – Ich weiß, aber ... Du immer mit deiner ewigen Kritik. – Ich finde diese Kritik unmöglich, weil ...

- **rund um die Ernährung** Mahlzeit, Geschmack, Diät, Pfunde, Magen, zunehmen, abnehmen, wiegen, ernähren – satt, mager, vegetarisch

  - **Nahrungsmittel** Pfannkuchen, Pilz, Getreide, Rind, Schwein, Hackfleisch, Mehl, Gewürz, Bonbon, Gebäck, Hörnchen, Huhn, Steak, Aprikose, Apfelsine, Pflaume, Margarine, Zitrone, Kloß

GRAMMATIK

  - **Maße, Gewichte** Kilogramm, Gramm, Liter

1. Possessivartikel – Genitiv

Maskulinum	Neutrum	Femininum	Plural	
des/eine**s** Vaters	**des**/eine**s** Kindes	**der**/eine**r** Mutter	**der**/– (von) Eltern	(Frage:
seine**s** Vaters	seine**s** Kindes	seine**r** Mutter	seine**r** Eltern	*Wessen?*)
ihre**s** Vaters	ihre**s** Kindes	ihre**r** Mutter	ihre**r** Eltern	
unsere**s** Vaters	unsere**s** Kindes	unsere**r** Mutter	unsere**r** Eltern	

2. Unbestimmte Zahlwörter

Nominativ Nur **wenige** Menschen haben die ideale Figur.
Genitiv Der Körper **mancher** Samoaner ist von Bauch bis Knie tätowiert.
Dativ **Einigen** Leuten gefallen Muskelpakete.
Akkusativ Ich kenne **mehrere** interessante Sportarten.

Wenige, manche, einige, mehrere, viele, alle werden wie Artikel dekliniert.

3. Verb – Konjunktiv

	haben	sein	können	müssen	sollen	dürfen	wollen	alle anderen Verben	
ich	hätte	wäre	könnte	müsste	sollte	dürfte	wollte	würde	tragen/...
du	hättest	wärst	könntest	müsstest	solltest	dürftest	wolltest	würdest	gehen/...
er/es/sie	hätte	wäre	könnte	müsste	sollte	dürfte	wollte	würde	fühlen/...
wir	hätten	wären	könnten	müssten	sollten	dürften	wollten	würden	...
ihr	hättet	wärt	könntet	müsstet	solltet	dürftet	wolltet	würdet	...
sie/Sie	hätten	wären	könnten	müssten	sollten	dürften	wollten	würden	...

4. Satz – Satzteile verbinden mit *entweder – oder*

Entweder er isst Spaghetti **oder** er isst Hühnchen.
Marie isst **entweder** Salat **oder** sie isst kleine Portionen.

Zum Schluss

1 Lesen

1 Seit über einem Jahr kaufe ich meine Kleider selber. Weil bei uns zu Hause keiner eine Ahnung hat. Die Mädchen in meiner Klasse ziehen sich alle ähnlich an, jedenfalls die, mit denen ich viel zusammen bin. Zu Hause sammle ich Modetipps in einem Ordner. Mein Schrank ist organisiert. Auf der Innentür klebt eine Liste von meinen Sachen. Mit Datum trage ich ein, wann ich was womit kombiniert getragen habe. Mama findet das nicht normal.

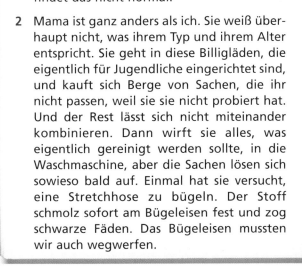

2 Mama ist ganz anders als ich. Sie weiß überhaupt nicht, was ihrem Typ und ihrem Alter entspricht. Sie geht in diese Billigläden, die eigentlich für Jugendliche eingerichtet sind, und kauft sich Berge von Sachen, die ihr nicht passen, weil sie sie nicht probiert hat. Und der Rest lässt sich nicht miteinander kombinieren. Dann wirft sie alles, was eigentlich gereinigt werden sollte, in die Waschmaschine, aber die Sachen lösen sich sowieso bald auf. Einmal hat sie versucht, eine Stretchhose zu bügeln. Der Stoff schmolz sofort am Bügeleisen fest und zog schwarze Fäden. Das Bügeleisen mussten wir auch wegwerfen.

3 Mama trägt Sachen, die ich nie anziehen würde: einen veilchenfarbenen Satinrock in Knielänge, unter dem sich ihre Unterhosen abzeichnen, Techno-T-Shirts, Mohairpullover, die knapp den Rippenbogen bedecken. Genau das Zeug, das sie in „Girlie" abbilden, Sachen halt, die für junge Mädchen gedacht sind und nicht für Mütter mit faltigen Bäuchen und Unterhosen, die einschneiden. Ich zeigte meiner Mutter einen Zeitungsartikel über eine Schweizer Designerin, die seit zehn Jahren dieselbe Garderobe trägt, und sagte, echter Stil sei zeitlos. Mama verstand natürlich nicht, was ich meinte. „Charlotte", sagte sie, „das gilt doch nicht für Kinder. Niemand erwartet von dir, dass dir die Sachen, die du heute kaufst, in zehn Jahren noch gefallen."

4 Darauf brauchte ich wohl nichts mehr zu sagen, und ich tat es auch nicht. Ich ging in mein Zimmer, schnitt das Interview aus und klebte die Seite in meinen Ordner.
Ich bin kein Kind.

a) Finde zu dem Text einen Titel.

b) Ordne die Sätze den Abschnitten zu.

    E Die Mutter kauft unpassende Kleidung und kann auch nicht damit umgehen.
    T Die Tochter hat den Zeitungsartikel aufgehoben.
    R Die Tochter geht sehr ordentlich mit ihren Sachen um.
    S Die Tochter meint, dass ihre Mutter keinen Geschmack und keinen Stil bei ihrer Kleidung hat.

1	2	3	4
?	?	?	?

Lösung:

c) Beantworte die Fragen.

1 Was macht die Mutter beim Kleiderkauf falsch?

2 Welche Rocklänge trägt die Mutter?

3 Warum versteht die Mutter den Zeitungsartikel nicht?

4 Wie hebt Charlotte den Artikel auf?

d) Was hältst du von der Tochter? Wie alt ist sie deiner Meinung nach?
    Vergleiche Mutter und Tochter.

2 Landeskunde

Berühmte Persönlichkeiten und ihre Zeit

Johann Wolfgang von Goethe
(1749 – 1832)
Goethe, geboren in Frankfurt am Main, ist bis heute die bedeutendste Persönlichkeit der deutschen Literatur. Er war Dichter, Minister und Naturforscher. Sein berühmtestes Werk ist der „Faust".

Wolfgang Amadeus Mozart
(1756 – 1791)
Mozart, geboren in Salzburg, gilt als einer der größten europäischen Komponisten. Er war ein Wunderkind und komponierte sein erstes Musikstück im Alter von sechs Jahren.

Johanna Spyri
(1827 – 1901)
Die Schriftstellerin Johanna Spyri ist wohl die berühmteste Persönlichkeit der Schweiz, denn sie schrieb ein Kinderbuch, dessen Hauptfigur Heidi weltweit bekannt ist.

Königin Elisabeth von Österreich
(1837 – 1898)
Elisabeth, genannt „Sissi", wurde als Tochter eines Herzogs in München geboren. 1854 heiratete sie Kaiser Franz Joseph von Österreich. 1898 fiel sie einem Mord zum Opfer.

Thomas Mann (1875 – 1955)
Thomas Mann, geboren in Lübeck, ist einer der wichtigsten Vertreter der deutschen Literatur des 20. Jahrhunderts. Nach einem Aufenthalt in den USA von 1938 bis 1952 lebte er bis zu seinem Tod in der Schweiz.

a) **Suche weitere Informationen zu diesen Persönlichkeiten im Internet.**
Schreib einen kurzen Lebenslauf zu einer der Personen.

b) **Suche auch Informationen zu anderen bekannten Persönlichkeiten aus Deutschland,**
Österreich oder aus der Schweiz.

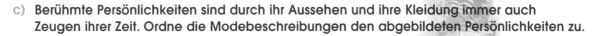

c) Berühmte Persönlichkeiten sind durch ihr Aussehen und ihre Kleidung immer auch Zeugen ihrer Zeit. Ordne die Modebeschreibungen den abgebildeten Persönlichkeiten zu.

A   Anfang des 20. Jahrhunderts war die Herrenmode eher in dunklen Farben gehalten. Jacke, Weste und Hose waren aus dem gleichen Stoff. Ein wichtiges Accessoire war der steife Kragen, „Vatermörder" genannt. Der Mann von damals trug kurzes, glattes Haar und einen Bart.

B   In der zweiten Hälfte des 19. Jahrhunderts eroberte die „Krinoline" die Damenmode. Dieser weite Rock musste durch Rosshaar, später sogar durch Eisen- oder Fischbeingestelle gestützt werden. Er war reich verziert und hatte eine Art Wespentaille.

C   Zur Rokokozeit (ca. 1730 – 1780) bestand die Kleidung des Mannes aus einer goldbestickten, langen, farbigen Jacke, einer hellen, bestickten Weste und einer Kniehose. Dazu gehörten ein spitzenverziertes Hemd, weiße Strümpfe und Halbschuhe. Und man trug weiß gepudertes Haar.

D   Gegen Ende des 18. Jahrhunderts trug der Mann einen Frack mit hohem Mantelkragen und Halstuch, dazu Kniehosen mit langen Stiefeln oder Schuhen. Die Frisur des Mannes bestand aus Rolllocken über dem Ohr und einem Zöpfchen. Später war das Haar kurz geschnitten.

E   Eine von England ausgehende Frauenbewegung kämpfte um 1880 gegen das Falsche und Gekünstelte ihrer Zeit und setzte sich für die Gleichberechtigung von Mann und Frau ein. Diese Reformbewegung forderte bequemere, gesündere Kleidung ohne Korsett.

	1	2	3	4	5
Lösung:	?	?	?	?	?

3   Gemeinschaftsarbeit – Meinungstafel

Schneidet Modisches – Kleidung, Modeartikel, Personen mit besonderem Aussehen usw. – aus Zeitschriften aus und klebt es der Reihe nach auf ein Plakat. Hängt das Plakat auf.
Jeder schreibt nun seine Meinung zu den Bildern auf Kärtchen und klebt sie unter die Bilder.
Dann werden die Meinungen vorgelesen.
Die Klasse soll den Schreiber erraten.
Sortiert die Meinungskärtchen nach gleichen Gesichtspunkten und diskutiert darüber.

4   Wiederholung

4.1 Wer ist das?

Schreib diese Sätze auf einen Zettel und ergänze zu jedem Satz einen Infinitiv mit *zu* oder einen *dass*-Satz.

Ich versuche immer, ... Ich habe vor, ... Ich habe angefangen, ...

Ich habe aufgehört, ... Ich habe keine Zeit, ... Ich habe keine Lust, ...

Ich habe vergessen, ... Ich hoffe, ... Ich habe Angst, ...

Es macht mir Spaß, ... Ich finde es interessant, ... Es wäre schön, ...

Sammelt die Zettel ein. Einer liest vor, die anderen raten, wer das geschrieben hat.

4.2 Szenen

a) **Bilde aus den unterstrichenen Verben und Adjektiven Nomen und setz diese im zweiten Satz ein.**
Zu schwer? Dann lies die Nomen unten.

1 Du kannst aber gut <u>zeichnen</u>.
Die ✳✳ ist ja wunderbar.

4 So ein <u>frecher</u> Junge!
Nein, so eine ✳✳!

2 ● Kannst du dich nicht <u>entschuldigen</u>?
▲ ✳✳, es war nicht meine Absicht.

5 Ach, ich <u>erinnere</u> mich so gern an den letzten Sommer.
Ich habe so schöne ✳✳ an unseren Urlaub.

3 Das ist doch nicht <u>möglich</u>!
Ja, ist denn das die ✳✳!

6 Jetzt ist der Zug schon wieder <u>verspätet</u>. –
Wie viel ✳✳ hat er denn?

7 Ist das wirklich <u>wahr</u>?
Sagst du wirklich die ✳✳?

8 Wo kann ich mich hier denn <u>anmelden</u>?
Ich finde die ✳✳ nicht.

9 Was ist denn so <u>schwierig</u>?
Was hast du denn für ✳✳?

10 Du musst dich <u>unter-suchen</u> lassen.
Eine ✳✳ ist unbedingt nötig.

Erinnerungen – Wahrheit – Entschuldigung – Anmeldung –
Frechheit – Schwierigkeiten – Zeichnung – Möglichkeit – Untersuchung – Verspätung

b) **Die Aussagen sind Teile von Szenen. Denk dir einige Szenen aus und schreib sie als kleine Geschichte oder als Dialog auf. Verwende dabei die Teile von oben.**

5 Lernen – Wortbildung

a) **Aus Nomen werden Adjektive:**

Im Deutschen kann man mit Vor- und Nachsilben neue Wörter bilden. Solche Wörter muss man nicht neu lernen, wenn man das Stammwort kennt.

Nachsilbe	-lich		-ig		-isch
Angst	ängst**lich**	Ruhe	ruh**ig**	Europa	europä**isch**
Freund	freund**lich**	Lust	lust**ig**	Typ	?
Gefahr	?	Zorn	?	Ausland	?
Tag	?	Eile	?	Kritik	?
Glück	?	Farbe	?	Technik	?
Punkt	?	Hunger	?		
Person	?	Schmutz	?		
Mann	?	Vorsicht	?		
Ende	?	Witz	?		
Schrift	?	Not	?		

b) **Es geht auch umgekehrt:**

künst**lich**	Kunst	neb**lig**	?	städt**isch**	?
münd**lich**	?	wind**ig**	?	automat**isch**	?
augenblick**lich**	?	stress**ig**	?	polit**isch**	?
jugend**lich**	?	leben**dig**	?		
mensch**lich**	?	gift**ig**	?		
natür**lich**	?				
töd**lich**	?				
ärger**lich**	?				
persön**lich**	?				

„Sind diese Blumen künstlich?"
„Natürlich."
„Natürlich?"
„Nein, künstlich."
„Ja, was denn nun: künstlich oder natürlich?"
„Natürlich künstlich!"

Verkehr

Reise

Spießig und spaßig

Fink und Star

Moderne
Welten

Computer

Ankunft Arrivals Terminal 2

Flug flight	von from	über via	planmäßig scheduled	voraus. estimated
LH 880	Köln/Bonn		17:35	17:30
LH 3927	Berlin/Tegel		17:35	17:15
DE 4467	Varna		17:40	17:40
OU 436	Zagreb		17:40	17:40
LH 9725	Saarbrücken		17:45	17:45
LH 076	Frankfurt/Main		17:45	
EN 2632	Bologna		17:50	17:35
EN 2666	Venedig		17:50	
	Dresden		17:50	

Handy

Medien

Das lernst du:

- vergleichen
- Informationen entnehmen
- eine Meinung äußern
- einen Vorgang zeitlich einordnen
- etwas berichten
- eine Vermutung äußern

- rund um den Verkehr
- rund um das Telefonieren
- auf der Post
- rund um Presse und Rundfunk
- rund um den Computer
- rund um die Politik

Verkehr
gestern – heute – morgen

1 So war es früher.

a) Ordne die Bilder den Texten zu.

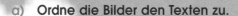

1 Die ersten Flugzeuge bestanden aus Holz und Stoff. Sie wurden in kleinen Werkstätten von Hand gebaut. Sie hatten alle Benzinmotoren und Propeller. Manche Flugmaschinen hatten den Propeller hinten, andere vorn. Nach und nach wurden Doppeldecker mit vorn angebrachtem Propeller Standard.

2 Ein Zeppelin wird mit Wasserstoff gefüllt. Dieses Gas ist leichter als Luft. So kann das Luftschiff steigen wie ein Luftballon. Die Motorkraft sorgt nur für die Vorwärtsbewegung. Entscheidend für einen sicheren Flug sind Windrichtung und Windstärke. Wenn das Luftschiff landen will, wird es an 100 Meter langen Seilen heruntergezogen. Der Zeppelin sinkt langsam.

3 Reisen war zu Beginn des 19. Jahrhunderts ein Schreckenswort. Pferdewagen und Kutschen waren die einzigen Verkehrsmittel. Es entstanden reguläre Postlinien, auch für den Passagiertransport. Zwischen größeren Städten bestanden auch schon Schnellverbindungen: Mit einer Eilpostkutsche dauerte eine Reise von 260 Kilometern etwa 20 Stunden.

4 Die erste Eisenbahn fuhr mit Kohle. Sie nahm 1825 in England ihren Betrieb auf. 1835 wurde die erste deutsche Strecke zwischen Nürnberg und Fürth (6 km) eröffnet. Anfangs fürchteten die Menschen, die „hohe" Geschwindigkeit könnte sie in Lebensgefahr bringen.

5 Die ersten Straßenbahnen wurden von Pferden gezogen. Jedoch gab es bereits 1881 in Berlin-Lichterfelde eine elektrische Straßenbahn, auch Tram genannt. Die Straßenbahn belastet die Umwelt wenig. Deswegen ist sie auch heute noch als Massenverkehrsmittel interessant.

6 Als die ersten Autos auf dem Lande auftauchten, liefen die Menschen zusammen. Die Kraftfahrzeuge waren nicht immer willkommen, denn sie stießen dicke Rauchwolken aus, und die Pferde bekamen Angst. Tiere und Fußgänger mussten sich oft vor rasenden Autos retten. Zum Schutz der anderen vor diesen „Rasern" musste jedes Auto eine Hupe haben. In England musste sogar ein Mann vor jedem Fahrzeug herlaufen und eine rote Fahne schwenken.

Lösung:

1	2	3	4	5	6
?	?	?	?	?	?

b) **Finde zu jedem Text eine Überschrift.**

A Eine Postkutsche mit Propeller
B Ein Verkehrsmittel für viele in der Stadt
C Flieger in Handarbeit gebaut
D 1825 fing es in Deutschland an

E War sie wirklich gefährlich für die Menschen?
F Wie ein großer, langer Luftballon!
G Vor diesem Fahrzeug wurden die Leute gewarnt!
H Sehr unbequem und nicht sehr schnell!

c) **Beantworte die Fragen.**

Lösung:

1	2	3	4	5	6
?	?	?	?	?	?

1 Welches Verkehrsmittel wurde mit Gas betrieben?
2 Warum mussten die Kraftfahrzeuge früher oft hupen?
3 Wie konnten Passagiere im 19. Jahrhundert reisen, wenn sie in Eile waren?
4 Wie wurden die Motoren der ersten Flugzeuge betrieben?
5 Seit wann gibt es in Deutschland elektrische Straßenbahnen?
6 Wovor hatten die Leute bei der Fahrt mit der ersten Eisenbahn Angst?

d) **Vergleiche die alten Verkehrsmittel mit modernen.**

der	das	die
Bus	Flugzeug	Straßenbahn
Zug	Auto, Motorrad	U-Bahn, S-Bahn
Motorroller	Fahrrad, Moped	Eisenbahn

Beispiel: Bei einem alten Hochrad ist das Vorderrad ... als das Hinterrad.
Bei einem modernen Fahrrad ist das Vorderrad genauso hoch ....
Ein modernes Auto ist ... als ein altes. **usw.**

e) **Mit welchen Verkehrsmitteln bist du schon gefahren/geflogen?**
Erzähle: wo, wohin, wann, warum, ...

2 **Wo hört man das?**

L45/1

a) **Um welche Verkehrsmittel handelt es sich in den Hörtexten?**

b) **Hör noch einmal zu. Wo kann man solche Durchsagen hören?**

A im Flugzeug   C auf dem Bahnhof   E auf dem Flughafen
B im Radio   D in der S-Bahn   F im U-Bahnhof

Lösung:

1	2	3	4	5	6
?	?	?	?	?	?

c) **In welcher Durchsage hörst du diese Wörter?**

Gleis – Umleitung – Flug – Linie – Ausfahrt – verspäten – umsteigen – anschnallen – landen

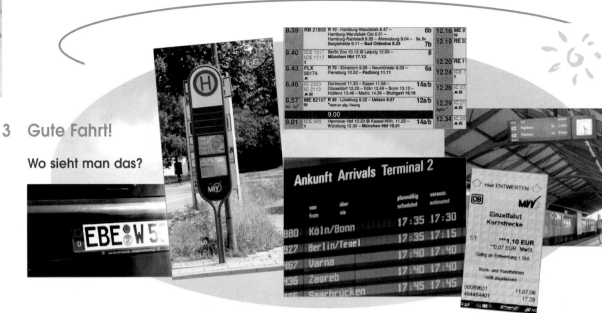

3 Gute Fahrt!

Wo sieht man das?

4 Verkehr

a) Ordne die Wörter den Bildern zu.

Z Bürgersteig
E Lastwagen (Lkw)
H Notarzt
I Krankenwagen
E Reifen
C Kennzeichen
V Parkhaus
E Benzin
H Diesel
N Verkehrszeichen
E Feuerwehr
R Kurve
R Polizei
K Tankstelle
S Umleitung

Tipp!
Lerne Wörter in einem Sinn-zusammenhang.

	1	2	3	4	5	6	7	8	9	10	11	12	13	14	15
Lösung:	?	E	R	?	?	?	?	?	Z	E	?	?	?	?	?

L45/2

b) Sieh das Bild noch einmal genau an. Hör das Rätsel. Sprich die Lösung laut.

5 Spiel: Dalli-Dalli

Zwei Spieler verlassen den Raum. Zwei andere Spieler versuchen, in einer Minute möglichst viele zusammengesetzte Nomen zu finden.
Spieler 1: Kranken-   **Spieler 2:** -wagen, Krankenwagen   **Spieler 1:** Feuer- usw.

Man kann zusammengesetzte Nomen aus Übung 4 und andere verwenden.
Die Klasse zählt die richtigen Wörter mit. Dann kommen die Spieler, die draußen waren, zurück und spielen auch eine Minute lang.

6   Mein Schulweg

Gaby:
Ich muss jeden Tag 30 km mit dem Zug in die Stadt fahren. Natürlich habe ich als Schülerin eine Monatskarte mit Ermäßigung, die nur werktags gilt. Ich darf sie aber nicht vergessen. Sonst muss ich Strafe zahlen, wenn eine Kontrolle kommt. Außerdem muss ich so früh aufstehen, damit ich den Zug nicht verpasse. Das ist blöd.

Daniel:
Ich fahre mit meinem Kleinmotorrad in die Schule. Meine Eltern zahlen mir Steuern und Versicherung, damit mein Taschengeld reicht. Aber das Benzin muss ich selbst zahlen.

Benjamin:
Ich fahre normalerweise mit dem Fahrrad zur Schule. Das ist wenigstens umsonst: keine Steuern, keine Versicherung, kein Benzin! Wenn es ganz stark regnet, bringt mich meine Mutter mit dem Auto hin, damit der Sohn nicht nass wird.

a)   **Welches Fahrzeug benutzen die Schüler und warum?**

b)   **Wie kommst du zur Schule?**

Ich muss früh aufstehen,	damit **ich** den Zug nicht verpasse.	gleiches Subjekt
Meine Eltern zahlen dazu,	damit **mein Taschengeld** reicht.	zwei verschiedene
Die Mutter bringt mich zur Schule,	damit **ich** nicht nass werde.	Subjekte

7   Schulweg international

Kolumbien. Julias Schulweg führt durch den Urwald und über eine 500 Meter tiefe Schlucht. An einem Stahlseil schwingt sie sich mit einer Eisenrolle zur anderen Talseite. Zu Fuß wäre sie zwei Stunden unterwegs.

Grönland. Mit Hundestärken gleiten die Inuit, die Ureinwohner Grönlands, über Eis und Schnee. Wer morgens pünktlich zum Unterricht kommen will, verlässt sich auf das Husky-Gespann vor dem Schlitten.

Setze die Haupt- und Nebensätze richtig zusammen.

1   Huskys werden vor die Schlitten gespannt,
2   Julia fährt über die Schlucht,
3   Die Inuit verwenden Hundeschlitten,

a   damit sie besser über Eis und Schnee fahren können.
b   damit sie nicht zwei Stunden zu Fuß gehen muss.
c   damit die Schüler pünktlich zum Unterricht kommen.

L45/3

8 Ein Geburtstagswunsch

Vater **lässt** die Tochter den Führerschein **machen**. *lassen,*
Er **sieht** das Blut **fließen**. *sehen,*
Er **hört** den Notarztwagen **kommen**. *hören*
+ Infinitiv

a) **Hör den Text. Worum geht es?**

Tina wünscht sich
zum Geburtstag
a) den Mopedführerschein.   b) eine Party.

b) **Hör den Text noch einmal. Was ist richtig, was ist falsch?**

1   Der Vater lässt die Tochter den Führerschein machen.
2   Der Vater ist ängstlich, weil viele Unfälle geschehen.
3   Er sieht die Tochter schon verletzt am Boden liegen.
4   Wenn man bei Regen bremst, kann man stürzen.
5   Der Vater sieht das Blut fließen.
6   Er hört schon das Moped kommen.

7   Die Mutter ist sicher, dass Tina
    Rücksicht auf andere nimmt.
8   Tina bittet die Mutter: „Lass es
    mich doch versuchen."
9   Tina darf vielleicht schon mit 17
    den Autoführerschein machen.

9 Wie passt das zusammen? Bilde mindestens acht Sätze.

Die Eltern	(sehen)	den Text	laufen
Der Lehrer	(hören)	seine Freundin	kommen
Tobias	(lassen)	ihren Bruder	nicht weggehen
Veronika		den Sohn	abschreiben
...		den Fernseher	Klavier spielen

10 Die Führerschein-Prüfung für das Moped

**Kreuze die richtigen
Aussagen an.**

Die Pkw fahren etwa
mit 30 km/h. Dürfen
Sie beide noch vor der
Kurve überholen?

Nein, weil
❑ die Linie nicht überfahren werden darf.
❑ Ihr Überholweg zu lang würde.

Die Ampel hat
gerade auf
„Gelb" gewech-
selt. Wie verhal-
ten Sie sich als
Linksabbieger?

❑ stoppen
❑ zügig abbiegen

a) **Löse die Prüfungsaufgaben.**

b) **Kennst du diese Verkehrszeichen? Ordne die Schilder den Texten zu.**

H

Einbahnstraße

I C

S

D

STOP

L

30 ZONE

1   Einfahrt verboten
2   Vorfahrt achten
3   Einbahnstraße

4   Engstelle / die Straße wird schmal
5   Geschwindigkeitsbeschränkung / 30er-Zone
6   stoppen / stehen bleiben

Lösung:

1	2	3	4	5	6
?	?	?	?	?	?

Führerschein für 17-Jährige

Mit 17 Jahren können Jugendliche künftig den Führerschein machen und in Begleitung eines mindestens 30 Jahre alten Erwachsenen ein Auto steuern. Dieser ist jedoch kein „Hilfsfahrlehrer". Denn er darf während der Fahrt nicht eingreifen, sondern soll vielmehr gute Ratschläge geben. Man erhofft sich von dem Versuch Fahrpraxis für die Jugendlichen. Hintergrund sind die hohen Unfallzahlen in der Gruppe der 18- bis 24-Jährigen.

Papa, glaubst du nicht, dass ich allmählich alt genug bin, den Führerschein zu machen?

Du vielleicht schon, aber unser Auto nicht.

11 Ab wann darf man Auto fahren?

a) Welche dieser Argumente findest du im Text wieder?

Der Führerschein mit 17 ist gut,	weil man ein Jahr üben kann.
	weil der Beifahrer Tipps geben kann.
	weil der Jugendliche kontrolliert wird.
Der Führerschein mit 17 ist nicht gut,	weil immer ein Erwachsener mitfahren muss.
	weil das nervös macht, wenn jemand daneben sitzt.
Viele Jugendliche möchten beweisen,	dass sie Verantwortung übernehmen können.
Viele Jugendliche hätten es lieber,	wenn sie allein fahren könnten.
	wenn sie unabhängig wären.
Viele Jugendliche würden lieber allein fahren,	weil Eltern alles besser wissen.
	weil viele Eltern zu ängstlich sind.
	weil viele Eltern bei jedem Fehler schimpfen.

b) Welchen Argumenten stimmst du zu? Diskutiert in der Klasse.

12 Fortbewegungsmittel der Zukunft?

A Bei jedem Schritt springt ein kleiner Motor an, und schwups! – macht der Stiefelträger einen Riesenschritt nach vorn. 20 km weit kommt man, dann muss getankt werden: etwa zwei Eierbecher Normalbenzin pro Stiefel.

B Dieser motorgetriebene „Delfin" mit 110 PS kann tauchen, an der Wasseroberfläche gleiten und sogar Luftsprünge machen. Der Fahrer liegt dabei gut geschützt in einer kleinen Kabine.

C Der „Aquada", ein neuartiges Schwimmauto, ist überaus vielseitig. Auf der Straße bringt es der Wagen auf rund 160 km/h. Der Fahrer kann aber auch per Knopfdruck die Räder im Bauch des Autos versenken. Im Wasser fährt der „Aquada" dann bis zu 50 km/h schnell.

1	2	3
?	?	?

a) Ordne die Texte den Bildern zu.

Lösung:

b) Welches Fortbewegungsmittel findest du am witzigsten? Und welches am praktischsten? Begründe deine Meinung.

c) Kennst du besondere Fortbewegungsmittel? Du kannst auch selbst eins erfinden. Schreib auf.

Miteinander sprechen

1 Simsen

2 Wo treffen wir uns? Eva

3 Bist Du mir noch böse? Deine Lisa

1 Kommst Du heute um drei? Uli

4 Gehst Du heute mit schwimmen? Tobi

A Meinetwegen. Bis später Lea

B Abgemacht. Also bis drei. Kevin

C Nein. Schon vergessen. Deine Diana

D Am Kino. Bis nachher. Manuel

a) **Lies die SMS-Nachrichten. Wie passen sie zusammen?**

Lösung:

1	2	3	4
?	?	?	?

b) **Fass die SMS-Nachrichten zusammen. Sprich so:** Uli fragt XY, ob er ...

2 Handys für alle Fälle

Handys   Simsen

1 **1** Zum Glück war der Akku aufgeladen! Denn ohne ihr Handy hätten Harald und Edgar wahrscheinlich die ganze Januarnacht auf dem Baum verbracht. „Wir sind vor Elchen auf einen Baum
5 geflüchtet", meldeten die beiden 14-jährigen Norweger verzweifelt der Polizei. Die glaubte zuerst an einen Telefonscherz. Doch als die Beamten am beschriebenen Ort eintrafen, sahen sie, wie sich tatsächlich zwei Elche in den Wald verzogen.
10 Die angriffslustigen Tiere hatten bis dahin unter dem Baum gelauert. Handys als Retter in der Not – immer öfter hört man solche Geschichten.

2 Viele Jugendliche finden, dass alle, die keine Text- oder Bildnachrichten empfangen, das Wich-
15 tigste verpassen. „Wie soll man sich mit solchen Leuten verabreden?", fragen sie. Treffpunkt und Uhrzeit werden nämlich meist per Handy ausgemacht. Allein deshalb erreicht die Zahl der sogenannten SMS und MMS ständig neue Rekorde.
20 Unvorstellbare 36 Milliarden Mal gaben die Deutschen im vergangenen Jahr den Befehl „Nachricht senden". In Großbritannien waren es

allein an Silvester 111 Millionen SMS mit Wünschen zum Jahreswechsel. An einem Tag!

3 Eine SMS unter der Schulbank tippen, ohne 25 auf die Tasten zu sehen? Für viele Jugendliche kein Problem! Im Umgang mit dem Handy sind sie perfekt. Sie merken aber oft zu spät, wie schnell der Spaß Löcher ins Taschengeld reißt. Was als SMS-Spaß begann, ist inzwischen für 30 manch einen zur Sucht und Schuldenfalle geworden. Gebühren, Logos, Witze, Klingeltöne, SMS – ein teurer Spaß. 13 Euro und mehr kann es kosten, sich einen Klingelton herunterzuladen. Für SMS geben Extrem-Tipper bis zu 80 Euro im Monat aus. 35

4 Die beste Sparmöglichkeit lautet: sich treffen statt simsen. Besucht eure Freunde einfach, um ihnen etwas Wichtiges zu erzählen. Auf diese Weise schrumpft das Guthaben nicht so schnell, damit euer Handy auch im Notfall noch einsatzbereit ist – 40 zum Beispiel, wenn euch mal wütende Elche über den Weg laufen sollten ...
➤

Handys   *Simsen*

5   In der Regel musst du deine Eltern um Erlaubnis fragen, ob du dir ein Handy kaufen
45 darfst. Am besten führst du deinen Eltern die Vorteile des Handys vor Augen, die ihnen besonders einleuchten:
  • Sie können dich erreichen, wenn sie mal nicht wissen, wo du bist.
50 • Du kannst bei ihnen anrufen, wenn du dich mal verspätest. Natürlich sollte das dann

auch nach dem Handykauf wirklich klappen. Wenn du später z.B. die Anrufe von deinen Eltern auf dem Handy einfach nicht annimmst, ist Ärger vorprogrammiert.
  • Wenn du in irgendeine blöde Situation gerätst, kannst du schnell Hilfe holen.
  • Du kannst lernen, selbstverantwortlich mit deinem Geld umzugehen.
55

a) Ordne die Überschriften den Textabschnitten zu.

A Besser Besuche als SMS   B Ein Handy bei Notfall   C Argumente, um die Eltern zu überzeugen
D Vorsicht Schulden!   E Was man mit Handys machen kann

1	2	3	4	5
?	?	?	?	?

Lösung:

b) Was ist richtig? Was ist falsch?

1 Zwei Jungen sind auf einen Baum gestiegen, damit die Polizei sie nicht erwischt.
2 Viele Jugendliche senden SMS, um sich zu verabreden.
3 Viele Leute schicken an Ostern SMS, um ein gutes neues Jahr zu wünschen.
4 Man muss manchmal 80 Euro zahlen, damit man einen Klingelton herunterladen kann.
5 Man sollte Freunde treffen, um Wichtiges zu simsen.
6 Das Handy muss aus sein, damit man in einer Notsituation Hilfe holen kann.
7 Man muss gute Gründe vorbringen, um die Eltern von einem Handykauf zu überzeugen.
8 Ein Handy ist nützlich, damit man den Eltern bei einer Verspätung Bescheid sagen kann.

Viele Leute senden SMS, um sich zu verabreden.
Viele Leute senden SMS, damit **sie** sich schnell verabreden können.

gleiches Subjekt: *um ... zu* + Infinitiv
oder
Nebensatz mit *damit*

Ein Handy ist nützlich, damit **man** Bescheid sagen kann.

verschiedene Subjekte: Nebensatz mit *damit*

3 Nützliche Handys

sich verabreden

einen Unfall melden

Bescheid sagen, wenn ...

Fotos machen und verschicken

Manche Leute benutzen ein Handy, ...

Ein Handy ist nützlich, ...

Hilfe holen

eine SMS senden

die Eltern anrufen

Klingeltöne herunterladen

a) Wofür ist ein Handy da? Sprich so: Manche Leute benutzen ein Handy, um ... zu / damit ...

b) Wozu brauchst du ein Handy? Ergänze weitere Argumente.
  Sprich so: Ich brauche/verwende mein Handy, um ...zu / damit ...

46

4 SMS-Lexikon

a) Weil eine SMS höchstens 160 Zeichen lang sein kann, haben Könner Codes entwickelt, mit denen sie mit wenigen Buchstaben viel sagen können.
Diese Abkürzungen heißen Akronyme. Erkläre sie.

1 Semibinibö   4 uawg
2 Brauduhi   5 gn8
3 Ko20mispä   6 aws

A Komme 20 Minuten später.   D Brauchst du Hilfe?
B Sei mir bitte nicht böse.   E Auf Wiedersehen.
C Um Antwort wird gebeten.   F Gute Nacht.

Lösung:	1	2	3	4	5	6
	?	?	?	?	?	?

b) **Schreib selbst Akronyme. Lass deinen Partner raten.**

5 Kommunikation früher und heute

Lösung:	1	2	3	4	5
	?	?	?	?	?

L46/1

a) **Hör zu. Zu welchen Szenen passen die Bilder?**

b) **Hör noch einmal zu. In welchen Szenen hörst du diese Wörter?**
Auskunft – Telefonbuch – Anrufbeantworter – Fax – Anschluss – Telefonzelle – Vorwahl –
Teilnehmer – Telefonkarte – Vermittlung – Netz – Leitung – Anruf – Empfang – verbinden – kostenlos

c) **Ordne die Bilder den Texten zu.**

1
Früher konnte man einen Teilnehmer nicht direkt erreichen. Wenn man mit jemandem telefonieren wollte, musste man eine Vermittlung anrufen. Von dieser zentralen Anlage aus wurde man dann mit dem Teilnehmer verbunden.

2
Als Johann Philipp Reis 1864 sein „Telephon" vorführte, war nur eine Übertragung von Tönen möglich. Erst Alexander Graham Bell gelang es 1876, einen ganzen Satz zu übertragen. Damit war das Telefon erfunden.

3
Viele Leute haben ein Multifunktionstelefon mit Fax und Anrufbeantworter. Wenn niemand zu Hause ist, kann man eine Nachricht hinterlassen.

4
Samuel Morse erfand einen Schreibtelegraphen. Das Morse-Alphabet besteht aus einer Kombination von Punkten und Strichen. Heutzutage werden meist andere Übertragungssysteme verwendet.

Lösung:	1	2	3	4
	?	?	?	?

Als Reis sein Telephon vorführte, waren nur einzelne Töne zu hören.

Wenn man telefonieren wollte, musste man eine Vermittlung anrufen.

Wenn niemand zu Hause ist, kann man eine Nachricht hinterlassen.

Vergangenheit
(Das ist einmal passiert.)
(Das ist oft passiert.)

Gegenwart
(Das passiert oft.)

6 Warum ist Telefonieren so schön?

Das Handy ist immer dabei, und zu Hause wird der Festnetzanschluss stundenlang blockiert. Jugendliche geben Auskunft über Lust und Frust beim fernmündlichen Dauertalk.

Roman Haak, 17

✳ ✳ ich mit meiner Freundin Pia telefoniere, bin ich ihr sehr nahe. Trotzdem treffe ich sie lieber persönlich.

Felix Bohn, 13

Ein Telefon ist praktisch, um Termine auszumachen. Ich habe aber auch ein Handy. Das habe ich schon öfter gebraucht, ✳ ✳ ich den Bus verpasst habe, und mein Vater mich zur Schule bringen musste.

Martina Werl, 17

Mein Handy ist mir nur wichtig, damit ich immer erreichbar bin. Viel lieber telefoniere ich in Ruhe auf

meiner Couch. Letzten Winter ✳ ✳ ich meinen Freund nur einmal die Woche treffen konnte, haben wir täglich telefoniert.

Julian Keller, 15

Da ich bei meinem Vater wohne, telefoniere ich oft mit meiner Mutter. ✳ ✳ ich sie anrufe, kann ich wenigstens ihre Stimme hören.

Ronja Hein, 14

Wir haben zu Hause Telefon. Eigentlich brauche ich kein Handy. Manchmal leiht mir mein Vater seines, zum Beispiel ✳ ✳ wir im Urlaub in Dänemark waren. Da habe ich meine Freundin in Deutschland angerufen.

Maria Zorn, 13

✳ ✳ ich mich neulich mit meiner Freundin gestritten habe, haben wir den ganzen Tag nicht miteinander geredet. Erst abends am Telefon haben wir uns so richtig ausgesprochen.

a) **Ergänze *als – wenn*.**

b) **Lies die Texte und beantworte die Fragen.**

   1 Wer findet Gespräche per Telefon gemütlicher als per Handy?
   2 Wer telefoniert oft und warum?

   3 Wer benutzt sein Handy im Notfall?
   4 Wozu benutzt Martina ihr Handy?
   5 Wer hat kein Handy und warum?

c) **Was machst du lieber: per Handy oder von zu Hause über das Festnetz telefonieren? Und warum?**

7 Spiel: Diskussionskette

Sammelt Argumente pro und contra Handy oder Telefon.

Tipp!
Schreib zu Redemitteln Beispielsätze auf.

Handy		Telefon	
Vorteil	Nachteil	Vorteil	Nachteil
immer erreichbar	teuer	gemütlich	...
...	...	...	...

Spieler 1: Ich meine, dass Handys ... –
Spieler 2: Spieler 1 meint, dass ... Ich glaube auch, dass ... –
Spieler 3: Spieler 1 meint, dass ... Spieler 2 glaubt auch, dass ... Aber ich bin anderer Ansicht, weil ...
usw.

8 Schriftliche Kommunikation

Kommst Du zu meiner Geburtstags-party am Samstag? Nina

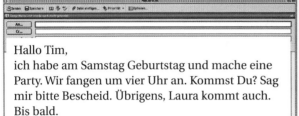

Hallo Tim,
ich habe am Samstag Geburtstag und mache eine Party. Wir fangen um vier Uhr an. Kommst Du? Sag mir bitte Bescheid. Übrigens, Laura kommt auch.
Bis bald.
Nina

Erding, 8. 3.

Lieber Fabian,
am Samstag, den 17. 3. habe ich Geburtstag. Ich mache eine Party und möchte Dich dazu einladen. Die Party beginnt um vier und dauert mindestens bis neun Uhr.
Ich freue mich, wenn Du kommst. Ruf doch bitte an und sag mir Bescheid, ob es klappt. Ich rechne fest mit Dir. Übrigens, Laura kommt auch.
Liebe Grüße und hoffentlich bis bald.
Deine Nina

a) Vergleiche die Texte. Welche Informationen kommen vor? Mach so eine Liste.

	An wen geht das Schreiben?	Worum geht es?	Wann findet das Ereignis statt?	weitere Informationen	Absender
SMS					
E-Mail					
Brief					

b) Vergleiche die Texte noch einmal. Wie sind sie? Ordne diese Begriffe den Texten zu.

schnell – kurz – klar – preiswert – einfach – modern – schriftlich – langsam – genau – direkt – praktisch – dringend – lang – persönlich – freundlich

c) Wem würdest du eher eine SMS, eine E-Mail oder einen Brief schreiben und warum?

d) Schreib eine SMS, eine E-Mail und einen Brief zu diesem Thema:
Du hast eine Eins in der Mathearbeit bekommen. Schreib an verschiedene Personen.

9 Am Schalter auf der Post

- ● Ich möchte diesen Brief aufgeben. Aber ich weiß leider die Postleitzahl nicht.
- ● Entschuldigung, was kostet dieser Brief in die USA?
- ▲ Der ist aber schwer. Geht der überhaupt noch als Brief? Na ja, gerade noch.
- ▲ Augenblick, das haben wir gleich. Goch – 47574. So, das macht ...
- ● Und was kostet das?
- ▲ Normal oder per Luftpost?
- ● Wie lang dauert es denn per Luftpost?
- ● Moment, – per Einschreiben bitte.
- ▲ Ach so, per Einschreiben. Hier ist Ihre Quittung.
- ▲ Zwei Tage. Das wird aber teuer.
- ● Danke.
- ● Da kann man nichts machen. Per Luftpost bitte.

a) Zwei Gespräche am Schalter sind durcheinander geraten. Sortiere die Gespräche.

b) Hör die Gespräche zur Kontrolle.

L46/2

Das kann ich schon:

Sätze und Wörter:

- **rund um den Verkehr**
Kraftfahrzeug, Pkw, Lastwagen, Lkw, Krankenwagen, Notarzt, Feuerwehr, Polizei, Verkehrszeichen, Umleitung, Ausfahrt, Einfahrt, Vorfahrt, Einbahnstraße, Zone, Geschwindigkeit, Geschwindigkeitsbeschränkung
Bürgersteig, Parkhaus, Tankstelle, Reifen, Kennzeichen, Steuer, Versicherung, Führerschein, Monatskarte, Passagier, Flug, Kilometer,
Benzin, Diesel, Gas, Kohle,
bremsen, stehen bleiben, stoppen, hupen, landen, sinken, in Betrieb sein, den Betrieb aufnehmen, umsteigen, anschnallen, überholen, tanken

- **rund um das Telefonieren**
Auskunft, Telefonbuch, Anrufbeantworter, Anschluss, Telefonzelle, Vorwahl, Telefonkarte, Netz, Leitung, Empfang, Empfänger, Fax, Anlage, Übertragung

- **auf der Post**
Schalter, Postleitzahl, Luftpost, Absender, Einschreiben, aufgeben

GRAMMATIK

1. Verben + Infinitiv

Der Vater **lässt** die Tochter den Führerschein **machen**.　　*lassen, sehen, hören*

Er **sieht** das Blut **fließen**.　　+ Infinitiv

Er **hört** den Notarztwagen **kommen**.

2. Satz

a) Nebensatz mit *damit*

Ich muss früh aufstehen,　　　**damit ich** den Zug nicht verpasse.　gleiches Subjekt

Meine Eltern zahlen dazu,　　　**damit mein Taschengeld** reicht.　verschiedene Subjekte

Die Mutter bringt mich zur Schule, **damit ich** nicht nass werde.

b) Nebensatz mit *damit – um ... zu* + Infinitiv

Viele Leute senden SMS, um sich zu verabreden.　　**gleiches Subjekt:**
Viele Leute senden SMS, **damit sie** sich schnell　　*um ... zu* + Infinitiv
verabreden können.　　　　　　　　　　　　　　　　oder
　　　　　　　　　　　　　　　　　　　　　　　　　Nebensatz mit *damit*

Ein Handy ist nützlich, **damit man** Bescheid sagen kann.　**verschiedene Subjekte:**
　　　　　　　　　　　　　　　　　　　　　　　　　Nebensatz mit *damit*

c) Nebensatz mit *als, wenn* (temporal)

　　　　　　　　　　　　　　　　　　　　　　　　　Vergangenheit

Als Reis sein Telephon vorführte, waren nur einzelne Töne zu hören.　(Das ist einmal passiert.)

Wenn man telefonieren wollte, musste man eine Vermittlung anrufen.　(Das ist oft passiert.)

　　　　　　　　　　　　　　　　　　　　　　　　　Gegenwart

Wenn niemand zu Hause ist, kann man eine Nachricht hinterlassen.　(Das passiert oft.)

Massenmedien

1 Radiosendung „Aha"

L47/1

a) **Hör zu und schau die Bilder an. Wie informieren sich die Jugendlichen?**

b) **Hör noch einmal zu. Wer hält Informationen über Politik und Tagesgeschehen für sehr wichtig/wichtig/unwichtig?**

c) **Stimmen die Aussagen?**

		ja	nein
1	Der Beitrag beschäftigt sich mit jugendlichen Informatikern.	?	?
2	Oskar hat sich bis vor Kurzem nicht für Politik interessiert.	?	?
3	Bei Jakob ist das Radio immer an.	?	?
4	Sonja liest ihrer Oma nur die Schlagzeilen vor.	?	?
5	Leo findet, dass Bilder Zusammenhänge nicht gut erklären.	?	?
6	Bettina liest bloß Jugendzeitschriften.	?	?
7	Manche Zeitungsartikel sind kompliziert.	?	?

d) *wegen* oder *trotz*? **Was ist richtig?**

		3	5		
A	Oskar informiert sich	wegen	/ trotz	seiner Freundin	im Internet.
B	Sonja liest täglich	wegen	/ trotz	ihrer Oma	die Zeitung.
C	Bettina bekommt	wegen	/ trotz	ihrer schlechten Noten	jede Woche „Pop Top".
D	Leo sieht	wegen	/ trotz	vieler Hausaufgaben	die Nachrichten im Fernsehen.
E	Jakob hört immer	wegen	/ trotz	des guten Programms	Radio Energy.
F	Sarah liest täglich	wegen	/ trotz	der geringen Freizeit	die Zeitung.

A+	B+	C–	D–	E+	F
?	?	?	?	?	?	= 8

Lösung:

e) **Hältst du Informationen über das Tagesgeschehen für wichtig? Wie informierst du dich?**

Oskar surft	**wegen** seiner Freundin	regelmäßig im Internet.	*wegen / trotz*
Sarah liest	**trotz** ihres Sporttrainings	täglich die Zeitung.	**+ Genitiv**

2 Spiel: Der lange Satz

Verwende in den Sätzen *trotz* und *wegen*.

> **Spieler 1:** Ich –
> **Spieler 2:** Ich gehe –
> **Spieler 3:** Ich gehe heute –
> **Spieler 4:** Ich gehe heute trotz –
> **Spieler 5:** Ich gehe heute trotz des –
> **Spieler 6:** Ich gehe heute trotz des Regens –
> usw.

3 Informationsquellen

Das schnellste Medium der Welt

Was die Reporterin Claudia Steinsberger am Morgen aufgenommen hat, geht mittags schon auf Sendung. – Das Radio ist ein sehr schnelles Medium. Bei wichtigen Anlässen genügt den Reportern sogar ein Telefon, um mitten in eine laufende Sendung ihren Bericht zu übermitteln. Das Fernsehen muss hier schon mehr Aufwand betreiben. Das Radio ist aber nicht einfach Fernsehen ohne Bildschirm, genauso wie das Fernsehen nicht einfach nur Radio mit Bildschirm ist. Der Hörer muss sich mehr konzentrieren, wenn etwas berichtet oder, wie beim Hörspiel, erzählt wird, da die erklärenden Bilder fehlen. „Beim Rundfunk muss ich anders arbeiten als beim Fernsehen",

erklärt Claudia Steinsberger auf dem Weg ins Funkhaus. „Ich muss exakter formulieren und kurze Sätze bilden, um nicht missverstanden zu werden."

Die Welt im Wohnzimmer

Das Medium mit dem höchsten Zuwachs ist das Internet: ein weltweites Netz, in dem Millionen von Computern miteinander verbunden sind. Vom heimischen Computer aus können sich Internetnutzer bequem in die weltgrößte Informationsdatenbank einloggen, das World Wide Web (www). Unzählige Webseiten bieten Informationen und Links zu allen möglichen Themen. Texte, Bilder, Videosequenzen und Musik lassen sich auf den Computer des Nutzers herunterladen.

a) **Beantworte die Fragen.**
1. Wann kann man Beiträge im Rundfunk senden, die morgens aufgenommen wurden?
2. Warum muss sich der Radiohörer bei einem Bericht mehr konzentrieren als der Fernsehzuschauer?
3. Was muss die Reporterin beim Rundfunk machen, damit man sie nicht missversteht?
4. Warum ist das Internet ein „bequemes" Medium?
5. Wozu bietet das Internet Infos?

b) **Mach so eine Tabelle. Such die Informationen in den beiden Texten und füll die Tabelle aus.**

Rundfunk	Fernsehen	Internet
✸✸	*langsamer*	✸✸
schwierig ohne Bilder	✸✸	✸✸
✸✸	✸✸	*sehr viele Informationen*

c) **Vergleicht die verschiedenen Informationsmöglichkeiten.**

d) **Sammelt Argumente für und gegen die verschiedenen Informationsmöglichkeiten.**

4 Notizen zu einer Radiosendung

Macht aus den Notizen
a) eine Radiomeldung für die Lokalnachrichten.
b) eine Reportage. (Der Reporter steht am nächsten Tag vor der Villa.)
c) ein Hörspiel. Lasst die Personen sprechen und denkt auch an Geräusche.
Nehmt die verschiedenen Sendungen auf.

> *gestern Abend – Villa eines Popstars – ein Dieb – verkleidet – in ein offenes Fenster einsteigen – Lärm machen – Hausbesitzer hören – Täter festhalten – Polizei rufen – die Tat nur begangen, weil ...*

Lektion

47

5 Das stand in der Presse

1

1 Für Katzen in den USA gibt es seit einiger Zeit eine neue Beschäftigung: Statt Mäuse zu jagen oder mit „ihren" Menschen zu spielen, können sie zum Zeitvertreib – fernsehen!
5 Ein amerikanischer Sender strahlt regelmäßig die Show „Meow TV" aus; in Deutschland würde sie „Miau-TV" heißen. Eine Folge dauert 30 Minuten. Gezeigt werden vor allem Tiere wie Fische oder eben andere Katzen.

2

1 Auf der Ludwigstraße ereignete sich letzte Nacht um 24 Uhr ein schwerer Unfall. Ein offenbar betrunkener Autofahrer überfuhr beim Einbiegen in eine Seitenstraße einen Fußgänger, der gerade dabei
5 war, die Straße zu überqueren. Der Fußgänger wurde auf den Bürgersteig geschleudert und blutete stark aus einer Wunde am Bein. Einem aufmerksamen Zeugen, der sofort über Notruf die Polizei verständigte, war es zu verdanken, dass der Verletz-
10 te umgehend in die Notaufnahme des nächsten Krankenhauses kam. Der Autofahrer, der selbst unter Schock stand, bekannte sich sofort schuldig. Wieder einmal war Alkohol leider die Unfallursache. Alkohol vermindert die Reaktion, und Sekunden
15 können über ein Unglück entscheiden. Wann verstehen Verkehrsteilnehmer endlich, dass Alkohol und Straßenverkehr nicht zusammenpassen?

3

1 In San Felipe finden an diesem Sonntag die ersten demokratischen Wahlen seit der Unabhängigkeit des mittelamerikanischen Inselstaates statt. Mehrere Parteien, darunter die konservative Partei des regieren-
5 den Ministerpräsidenten und die liberale Partei des Reformpolitikers Averaz kämpfen um die staatliche Macht in der jüngsten Demokratie der Karibik. Das Interesse der ausländischen Öffentlichkeit an der Wahl ist groß. Wegen ihres Einflusses auf andere karibische
10 Staaten berichten seit zwei Wochen zahlreiche Reporterteams täglich aus der Hauptstadt. Das offizielle Wahlergebnis wird am Dienstag bekannt gegeben.

4

1 Beim gestrigen Viertelfinalspiel des UEFA-Pokals reichte Werder Bremen im Rückspiel gegen Dynamo Bukarest ein 1:0 zum Weiterkommen in die nächste Runde aus. Das einzige Tor des Tages schoss Rein-
5 hold Kowalski in der 27. Minute. Leider wurde ausgerechnet der Bremer Torschützenkönig kurz darauf bei einem Foul verletzt und musste das Spielfeld vorzeitig verlassen. Der rumänische Verteidiger sah für sein Foul die rote Karte, wogegen er heftig
10 protestierte. Die Bremer konnten das knappe Ergebnis bis zum Schluss gegen zehn rumänische Spieler halten.
Anmerkung der Redaktion: Die Ergebnisse der heutigen Spiele sind noch nicht bekannt.

5

1 Ein ungewöhnlicher Streik findet seit vorgestern in Kleve statt. Die Erzieherinnen des privaten Kindergartens „Gänseblümchen" haben die Arbeit niedergelegt, weil dem Kindergarten gekündigt wurde.
5 Das Haus, das Eigentum der Stadt ist, soll bald abgerissen werden. Wie die Leiterin des Kindergartens mitteilte, erfuhr sie von der Kündigung erst vor drei Tagen durch den Bürgermeister.
Die Eltern, die die streikenden Erzieherinnen unter-
10 stützen, haben bereits eine Bürgerinitiative gegründet, um den Kindergarten zu erhalten.

a) **Finde zu jedem Text eine Überschrift.**

b) **Eine Zeitung besteht aus verschiedenen Rubriken.**
In welchen Rubriken kannst du die Texte finden?

A Politik   B Wirtschaft   C Feuilleton /Kultur
D Lokales   E Sport   F Vermischtes

	1	2	3	4	5
Lösung:	?	?	?	?	?

c) **Stell Fragen zu den Texten. Verwende die berühmten Reporterfragen:**

Wer? Was (geschieht)? Wann? Wo? Warum? **und** Wie?

d) **In welchen Texten steht das? Such die Textstellen.**

A Der Mann gab zu, dass er Schuld hatte.
B Zwei Tage nach der Wahl wird das Ergebnis veröffentlicht.
C Der Spieler beschwerte sich, weil er glaubte, dass er zu streng bestraft wurde.
D Die Mitteilung der Kündigung kam vom Bürgermeister.
E Die Bürger wählen ein neues Parlament.
F In den USA werden Katzen mit einem Spezial-Fernsehprogramm unterhalten.

e) **Setze die Satzteile richtig zusammen.**

	Wann?	Warum?	Wie?	Wo?/Wohin?
Ein Fußgänger kam	seit zwei Wochen	wegen eines Unfalls	vorzeitig	in Kleve.
Der Spieler musste	seit vorgestern	wegen der Wichtig-keit der Wahlen	sofort	in San Felipe.
Reporter sind	letzte Nacht	wegen einer Verletzung	zusammen mit den Eltern	ins Krankenhaus.
Erzieherinnen streiken	gestern	wegen der Kündigung	ständig	in die Kabine.

f) **Zu welchen Artikeln gehören die Sätze von Aufgabe e?**

	Wann?	*Warum?*	*Wie?*	*Wo?/Wohin?*
Der Spieler musste	gestern	wegen der Verletzung	vorzeitig	in die Kabine.
Der Mann kam	letzte Nacht	wegen eines Unfalls	sofort	ins Krankenhaus.
	Zeit	Grund	Art/Weise	Ort

6 Schreibspiel

Jeder Mitspieler hat ein Blatt. Satzteile schreiben, falten, weitergeben, schreiben, falten, ...

Nomen + Verb	Wann?	Warum?	Wie?	Wohin?
Josef geht	heute	trotz seiner Bauchschmerzen	mit dem Hund	ins Kino.
Papa fährt	morgen	wegen ...	schnell	

7 Der Satzakzent – Wie betont man das?

a) **Lies die Hauptsätze laut. Betone die unterstrichenen Satzteile.**

1 Werder Bremen gewann <u>gestern</u> im UEFA-Pokal gegen Dynamo Bukarest mit 1:0.
2 Werder Bremen gewann gestern im UEFA-Pokal gegen <u>Dynamo Bukarest</u> mit 1:0.
3 Werder Bremen gewann gestern im UEFA-Pokal gegen Dynamo Bukarest <u>mit 1:0</u>.

b) **Zu welchen Hauptsätzen aus Aufgabe a passen diese Ergänzungen?**

A ..., nicht gegen Real Madrid, ...   B ..., nicht am Sonntag, ...
C ..., nicht 2:0,

	1	2	3
Lösung:	?	?	?

c) **Lies die Sätze laut. Achte auf die Betonung. Hör die Sätze dann zur Kontrolle.**

1 Jan geht heute mit Eva ins Kino, nicht mit Lisa.
2 Jan geht heute mit Eva ins Kino, nicht ins Schwimmbad.
3 Jan geht heute mit Eva ins Kino, nicht morgen.

8 Schlagzeilen

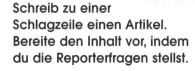

Hilfe! Krokodil im Schwimmbad!

1:0! Hund schießt Tor

Schreib zu einer
Schlagzeile einen Artikel.
Bereite den Inhalt vor, indem
du die Reporterfragen stellst.

Popstar bei Konzert von der Bühne gefallen

L47/2

Computer & Co

1 Im Jugendcafé

1 2 3 4 5

MOP Jugendtreff

Integratives Jugendcafé

für Jugendliche mit und ohne
körperliche Behinderung

Kostenloser Fahrdienst für
behinderte Jugendliche
täglich zwischen 13 und 15 Uhr
Ihr könnt euch abholen und
nach Hause bringen lassen.

Öffnungszeiten:

Mo., Di., Do., Fr.	16 – 21 Uhr
Mi.	14 – 19 Uhr

Die Woche

Mo. Gemütlicher Cafébetrieb
Di. 16 – 19 Uhr Computer ➤ Spiele
Mi. 15 – 17 Uhr Computer ➤ Spiele
17 – 19 Uhr Chatroom
➤ Chatten, Newsgroup, Mailen
17.30 – 19 Uhr Mädchengruppe
Do. 17 – 19 Uhr Computerwerkstatt
➤ Grafik-Software, Cliparts,
Scannen
Fr. 17 – 18 Uhr Surfen im www
18 – 21 Uhr Chatten auf dem
Jugendserver

**a) Lies das Programm von MOP und schau die Bilder an.
Was passt zusammen?**

L48/1

b) Hör zu. Worüber unterhalten sich das Mädchen und der Junge?

   A über eine Verabredung   B über die Behinderung des Jungen

c) Hör noch einmal zu und beantworte die Fragen.

  1 Wann wollte das Mädchen   2 Wann treffen sich die beiden?
     eigentlich ins MOP gehen?   3 Wie kommt der Junge ins MOP?

d) Woran möchtest du teilnehmen und warum?   **e) Entwirf eine Homepage für das MOP.**

2 Der neue Computer

**a) Lies den Text. Bist du ein Computerfreak? Dann kannst du den Text sicher selbstständig
ergänzen. Zu schwer? Dann such im Bild oben rechts die passenden Wörter.**

Eva schreibt zum ersten Mal ihre Hausaufgaben
auf dem neuen Computer. Zuerst liest sie die
Gebrauchsanweisung und stellt fest, dass die
Bedienung ganz einfach ist. Also los!
Der Computer ist installiert. Eva drückt die
Power-(1) und schaltet den (3) ein. Aus dem (4)
ertönt die Erkennungsmelodie, und auf dem (3)
erscheint das Start-Menü. Als Nächstes stellt
Eva die Verbindung zum Internet her, denn sie
braucht Informationen zu ihren Hausaufgaben.

Sie öffnet dabei eine Webseite, die informative
Daten liefert. Sie markiert mit der (5) eine interessante Textstelle und kopiert sie auf eine Datei
des (7). Nun schließt Eva das Internet. Dann
klickt sie auf die Datei, um sie zu bearbeiten.
Dabei vergrößert sie ein Bild und tippt einen
passenden Text dazu. Zum Schluss macht sie
den (8) an und druckt die Hausaufgabe zweimal aus. Eine Kopie behält sie für sich, die
andere steckt sie in die Schultasche.

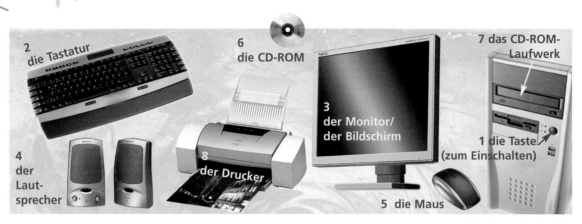

2 die Tastatur

6 die CD-ROM

7 das CD-ROM-Laufwerk

3 der Monitor/
der Bildschirm

1 die Taste
(zum Einschalten)

4 der Lautsprecher

8 der Drucker

5 die Maus

b) Was macht man mit den Teilen eines Computers? Macht Sätze mit den Wörtern oben.
Beispiel: Man muss den Computer einschalten. Mit der Maus kann man …

3 Computer früher und heute

Winzling
Mikrochip

Einer der ersten Computer der Welt, der ENIAC, füllte 1945 einen Raum, so groß wie ein Klassenzimmer. Der 30 Tonnen schwere Koloss bestand aus 18000 Elektronenröhren, die zwei zehnstellige Zahlen immerhin in weniger als drei Millisekunden multiplizieren konnten.

Heute sind Computer, die wesentlich leistungsstärker sind, durch die Mikroprozessortechnik kleiner als ein Aktenkoffer. Dabei können sie weitaus mehr als nur Rechenaufgaben lösen. Auf

Niemand hätte den Rechenmaschinen anfangs zugetraut, dass sie sich eines Tages zu solchen Alleskönnern entwickeln würden.

ihnen lassen sich Texte schreiben und anschließend verschicken. Man kann mit Computern malen, Musik machen oder einfach nur spielen. Der Computer ersetzt das Videogerät, weil er Filme digital speichern und wieder abspielen kann. Urlauberinnerungen, die mit einer digitalen Videokamera gedreht wurden, lassen sich auf dem PC schneiden und mit Ton unterlegen. Popstars produzieren ihre Hits auf dem Computer. Der Computer erzeugt die Melodien, die digital mit allen möglichen Geräuschen gemischt werden.

a) Wie steht es im Text? Verbinde Haupt- und Nebensatz und such die Textstelle.

1 1945 gab es einen Computer,
2 ENIAC hatte 18000 Elektronenröhren,
3 Heutzutage gibt es kleine Computer,
4 Man kann digital Filme drehen,
5 Der Computer produziert Musik,

A die man dann auf dem PC bearbeiten kann.
B die man digital mit Geräuschen mischen kann.
C der gerade mal in ein Klassenzimmer passte.
D die aber sehr stark und schnell sind.
E mit denen man schon schnell rechnen konnte.

	1	2	3	4	5
Lösung:	?	?	?	?	?

b) Vergleiche die Rechner früher und heute. Sprich so:

Heute kann ein Computer sowohl rechnen als auch …
Früher konnte ein Computer nur …
Heute kann man mit einem Computer sowohl
    schreiben als auch …
Früher konnte man auf einem Rechner weder
    schreiben noch …

Man kann auf dem PC Filme **sowohl** abspielen **als auch** bearbeiten.

Früher konnte man auf dem Computer Filme **weder** abspielen **noch** bearbeiten.

4 Computer-witze

Ergänze die Sätze:

Toni macht am Computer sowohl Aufgaben als ...

Eine Münze kann sowohl auf Kopf fallen als auch ..., aber selten ...

Die Affen können sowohl ...

Der Zoodirektor glaubt, dass die Affen weder ...

Das Witze-Forum

1 Verkäufer: „Dieser Computer nimmt Ihnen die Hälfte der Arbeit ab."
Kunde: „Dann packen Sie mir zwei davon ein."

2 Der Lehrer fragt Toni, der einen neuen PC hat, warum er in letzter Zeit kaum noch die Hausaufgaben macht. Da erklärt ihm Toni: „Ich werfe immer eine Münze. Fällt sie auf Zahl, dann spiele ich mit dem Computer. Fällt sie auf Kopf, dann schaue ich mir Videos an. Und wenn die Münze auf den Rand fällt, mache ich meine Aufgaben."

3 Der Zoodirektor lässt seine Affen mit den Computern spielen. Eines Tages liefert der Gemüsehändler zehn Tonnen Bananen. Der Direktor schreit den Händler an: „Sie müssen sich irren! Ich habe niemals zehn Tonnen Bananen bestellt!" Da sagt der eine Affe zum anderen: „Über das Internet kommt das Futter viel schneller als früher."

Bewerte die Witze mit Schulnoten:
1 = sehr gut   2 = gut   3 = befriedigend
4 = ausreichend   5 = mangelhaft 6 = ungenügend

5 Computer sind alltäglich

1 PCs gehören für die meisten Jugendlichen in Deutschland mittlerweile zum Alltag. Nach einer aktuellen Studie, bei der rund 1200 Jugendliche und junge Erwachsene befragt wurden, können inzwischen drei Viertel aller 13- bis 24-Jährigen zu Hause auf einen PC zugreifen. Beinahe die Hälfte der Befragten gab an, einen eigenen Computer zu besitzen. Nur noch jeder sechste Jugendliche hat weder privat noch am Arbeitsplatz die Möglichkeit, einen Computer zu nutzen.

2 Fast alle Jugendlichen, die auf einen PC zugreifen können, nutzen diesen auch, um ins Internet zu gehen. Lediglich 13% von ihnen bleibt der Zugriff auf das weltweite Datennetz versperrt. Nahezu ein Viertel der Befragten mit PC geht sogar täglich oder fast jeden Tag ins Web. Sogenannte „Heavy-Users", die sechs Stunden oder mehr pro Woche im Netz sind, machen inzwischen einen Anteil von 27% aus.

3 Jungen gehen dabei deutlich häufiger ins Internet als Mädchen. Das Netz nutzen beide Gruppen vor allem zum Verschicken von E-Mails und zur gezielten Informationssuche. Vor allem bei männlichen Surfern hat das Herunterladen von Audio- und Videodateien an Bedeutung gewonnen.

 **Strategie**

Sieh nach, ob in einem Text Zahlen oder internationale Wörter vorkommen. Das hilft dir beim Verstehen.

a) Finde eine Überschrift zu dem Text.

b) Beantworte die Fragen zu dieser Studie.

1 In wie viel Prozent der Haushalte gibt es einen Computer?
2 Wie viel Prozent der Jugendlichen haben einen eigenen Computer?
3 Wie viele Jugendliche surfen täglich im Internet?
4 Wie viel Zeit verbringen die „Heavy-Users" durchschnittlich im Internet?
5 Wer nutzt das Internet häufiger, Mädchen oder Jungen?

6 Was Jugendliche mit dem Computer machen

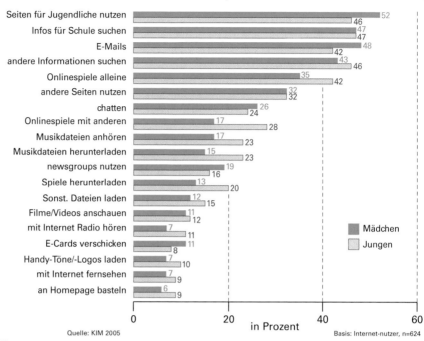

Internet-Tätigkeiten
– mindestens einmal pro Woche –

Tätigkeit	Mädchen	Jungen
Seiten für Jugendliche nutzen	52	46
Infos für Schule suchen	47	47
E-Mails	48	42
andere Informationen suchen	43	46
Onlinespiele alleine	35	42
andere Seiten nutzen	32	32
chatten	26	24
Onlinespiele mit anderen	17	28
Musikdateien anhören	17	23
Musikdateien herunterladen	15	23
newsgroups nutzen	19	16
Spiele herunterladen	13	20
Sonst. Dateien laden	12	15
Filme/Videos anschauen	11	12
mit Internet Radio hören	7	11
E-Cards verschicken	11	8
Handy-Töne/-Logos laden	7	10
mit Internet fernsehen	7	9
an Homepage basteln	6	9

0   20   40   60
in Prozent

Quelle: KIM 2005   Basis: Internet-nutzer, n=624

a) Wie nutzen Jungen und Mädchen den PC? Vergleiche. Sprich so:

... % der Jungen/ Mädchen, und/ aber nur ... % der Mädchen/ Jungen nutzen suchen/ senden/...

b) Beantworte die Fragen.
1 Was macht etwa die Hälfte der Mädchen?
2 Was macht knapp die Hälfte aller Jugendlichen?
3 Was macht etwa ein Drittel der Jugendlichen?
4 Was macht etwa ein Viertel der Jungen und Mädchen?
5 Was macht knapp ein Viertel der Jungen?

c) Lies noch einmal den dritten Textabschnitt aus Übung 5 und vergleiche ihn mit der Statistik. Stimmen die Aussagen?

d) Wie nutzt du den Computer? Ergänze auch weitere Möglichkeiten.

e) Wozu kann man deiner Meinung nach in Zukunft einen Computer benutzen? Schreib auf. Es können auch witzige Ideen sein.

7 Brief

Beantworte den Brief. Beschreib Florian die Vorteile eines Computers.

Mannheim, 1. Mai 20..

Hallo Maja,

meine Eltern wollen mir zum Geburtstag unbedingt einen Computer schenken. Das ist ja nett, aber ich will gar keinen. Diese technischen Sachen interessieren mich einfach nicht so. Gut, viele in meiner Klasse haben schon einen eigenen PC. Aber muss ich deshalb auch einen haben? Was sagst Du dazu?

Liebe Grüße
Dein Florian

8 Was dann?

Stell dir vor, vier Wochen lang würde es keine Computer geben. Wie würde sich unsere Welt verändern? Schreib auf: Ohne Computer würde/könnte/müsste ...

Chat (von engl. to chat – sich unterhalten) ist die Bezeichnung für eine innerhalb des Internets weitverbreitete Art der schriftlichen Kommunikation zwischen zwei oder mehreren Personen, eine Art Computerkonferenz.

9   Heute im Forum: Chatten – ja oder nein?

Der Spaß am Chatten kann für Kinder und Jugendliche – aber auch für Erwachsene – zu einer Chatsucht werden. Dies wird häufig bei Personen beobachtet, die gerade begonnen haben zu chatten. Begünstigt wird dies dadurch, dass man sich anderen Teilnehmern gegenüber als Persönlichkeit ausgeben kann, die man im tatsächlichen Leben nicht ist.
Dr. W. Ganz, Facharzt für Psychologie und Psychiatrie

In unserer Computer-AG an der Schule war ich ein paar Mal im Internet unterwegs und habe mit einem ganz netten Jungen gechattet. Das dachte ich wenigstens. Wir tauschten Telefonnummern aus, und er erzählte mir, dass er demnächst eine Tante besuchen möchte, die wie ich in Hamburg wohnt. Ich war schon ganz aufgeregt vor unserem Treffen, weil er im Chat so lustig gewesen war. Als ich ihn dann zum ersten Mal gesehen habe, konnte ich kaum glauben, dass er es wirklich ist. Er sah nicht besonders gut aus, aber das war nicht mal das Schlimmste. Er konnte mir einfach nicht in die Augen schauen, hat gestottert und keinen ganzen Satz herausgebracht. Ich hatte keine Ahnung, wie wir den Nachmittag verbrin-

gen sollten. Darum habe ich vorgeschlagen, ihm den Computerraum in der Schule zu zeigen und zu chatten. Das war das erste Mal, dass ich ihn lächeln sah. Kaum saß er an der Tastatur, war er plötzlich der Alte. Wir saßen fast zwei Stunden nebeneinander und unterhielten uns online. Aber wenn ich ihn mal ansprach, dann zuckte er jedes Mal fast zusammen.
Marion 17

Seit Volkers Vater einen Computer mit Internet hat, hat Volker kaum noch Zeit für mich. Früher haben wir viel unternommen; wir waren oft beim Skaten oder beim Eisessen, aber jetzt chattet er die halbe Nacht. Und wenn wir uns mal sehen, ist er müde. Ich verstehe gar nicht, was er davon hat. Er behauptet immer, dass man da so witzige Leute trifft, aber das kann er doch auch, wenn wir miteinander weggehen. Volker hat schon ein paar Mal gesagt, ich soll doch mitchatten. Aber ich mag das nicht, mit fremden Leuten reden, die ich gar nicht sehe. Außerdem habe ich immer Angst, etwas Falsches zu sagen. Ich habe Volker wirklich gern, aber vielleicht mache ich trotzdem mit ihm Schluss, wenn das so weitergeht.
Sibylle 16

a) Beantworte die Fragen.

1 Bei welchen Personen wird die Chatsucht vor allem beobachtet?
2 Was schlug Marion für den Nachmittag vor?
3 Wofür hatten Volker und Sibylle früher Zeit?
4 Wovor hat Sibylle Angst?

b) Lies die Aussagen. Was ist richtig? Was ist falsch?

1 Der Spaß am Chatten kann zu Chatsucht führen.
2 Marion hat mit einem netten Mädchen gechattet.
3 Sie hatte Angst vor dem Treffen mit dem Jungen.
4 Sie wollte sich mit dem Jungen vor dem Computerraum treffen.
5 Marion konnte kaum direkt mit dem Jungen sprechen.
6 Sibylle ärgert sich nicht über die Chatsucht ihres Freundes.
7 Volker kümmert sich nicht mehr um seine Freundin.
8 Sibylle fürchtet sich vor Leuten, die sie nicht sehen kann.
9 Sie wird sich eventuell von Volker trennen.

c) Antworte auf eine Zuschrift aus dem Chat-Forum.

Chatten kann **zu** einer Chatsucht werden.	**Wozu** kann Chatten werden?
Sibylle hat Angst **vor** Fehlern beim Chatten.	**Wovor** hat sie Angst?
Sie wird sich **von** ihrem Freund trennen.	**Von wem** wird sie sich trennen?

10 Virtuelle Welt

a) Ergänze: Text 1 handelt von ...
Text 2 handelt von ...

b) Setze die Satzteile zusammen.
Wie steht es in Text 2?
Gib die Zeilen an.

1 Der Datenhelm gehört
2 Fortbewegung im virtuellen
  Raum hängt
3 Man setzt Computersimulation auch
4 Piloten in der Ausbildung fangen

A zur Ausbildung ein.
B mit virtuellen Flügen an.
C zu einem dreidimensionalen
  Computerspiel.
D vom Datenhandschuh ab.

c) Stell Fragen zu den Sätzen
in Aufgabe b:
Wozu ...? Wovon ...? Womit ...?

d) Finde die passenden Stellen in Text 1.

1 Davon „träumen" Cyber-Models.
2 Dazu passt ein gut aussehender
  Cyber-Mann.
3 Damit kann ein Programmierer
  5000 Dollar gewinnen.

1 Avatare – digitale Menschen

1 Der Computer kann nicht nur auf Fotos alle vermeintlichen Körperfehler retuschieren und so Wahrheit manipulieren, er kann noch viel mehr: Er kann Menschen „schaffen". Diese sogenannten

5 Avatare, wie Lara Croft, sind fast perfekt und schon heute kaum von wirklichen Menschen zu unterscheiden. Inzwischen gibt es sogar einen eigenen Schönheitswettbewerb für die Cyber-Models. Aus der ganzen Welt treten sie im

10 Internet gegeneinander an, laufen auf einem Cyber-Catwalk. Die Show moderiert ein attraktiver Cyber-Mann, und die Gewinnerin, „Miss digital World", beziehungsweise ihr Programmierer erhält 5000 Dollar.

2 Computersimulation

1 Mit „virtueller Realität" kann man Computerspiele dreidimensional erleben. Die über den Datenhelm sichtbare Szene verändert sich, wenn der Spieler den Kopf bewegt. Um dem Computer zu

5 sagen, in welche Richtung man gehen möchte, oder um Gegenstände zu berühren, benutzt man einen Datenhandschuh.
Virtuelle Welten dienen jedoch nicht nur zur Unterhaltung, sondern werden auch zur Ausbil-

10 dung eingesetzt. So trainieren z.B. angehende Flugzeugpiloten in den von Computern erzeugten Welten. Sie sitzen in voll ausgestatteten Cockpits und rasen auf dem Monitor über täuschend

15 echte Landschaften, ohne einen Tropfen Sprit zu verbrauchen. Computersimulationen, also die Nachbildung der Wirklichkeit durch moderne Rechner, werden auch in der Medizin eingesetzt.

11 Wie sieht die Zukunft aus?

➤ Prognosen ➤

L. Roth, Ingenieur: Alles geht rasend schnell, und was heute noch Zukunftsmusik ist, ist schon morgen veraltet. Doch ob und wie das Internet sich ausbreitet, zu einem Supernetz, in dem Computer, denkfähige Kühlschränke und intelligente Autos miteinander in Verbindung stehen - wer weiß?

Theresa, 15: Ich glaube, die Leute werden immer mehr miteinander kommunizieren. Wahrschein- *lich fängt das irgendwann schon im Kindergarten an, dass die Kleinen ihre eigenen Handys im Brotbeutel spazieren tragen und direkt am Computer lesen lernen.*

Jens, 16: Ich könnte mir vorstellen, dass irgendwann herauskommt, dass Computer und Handys irgendwelche Strahlen absondern, die total gefährlich sind. Und dann ist es ganz schnell vorbei mit der modernen Technologie.

a) Lies die Texte. Wer sieht die Zukunft
der Technologie eher optimistisch,
wer eher pessimistisch?

b) Sammelt Argumente für und gegen
Computer und moderne Technologie.
Diskutiert in der Klasse.

Das kann ich schon:

Sätze und Wörter:

- vergleichen · Ein Computer von heute kann sowohl ... als auch ... Früher konnte ein Computer weder ... noch ... – ... Prozent der Jungen/Mädchen, aber nur ... Prozent der Mädchen/Jungen ...

- eine Vermutung äußern · Ich glaube, / Ich könnte/kann mir vorstellen, dass ... – Wahrscheinlich ...

- rund um Presse und Rundfunk · Presse, Rundfunk, Beitrag, Schlagzeile, Notiz, Mitteilung, Öffentlichkeit – berichten, veröffentlichen, sich beschäftigen mit, bekannt geben, mitteilen

- rund um die Politik · Demokratie, Reform, Politiker, Staat, Bürgermeister, Streik, Kündigung, Bürgerinitiative, Bürger – demokratisch, konservativ, liberal, offiziell, staatlich – regieren, kündigen, streiken

- rund um den Straßenverkehr · Zeuge, Unglück, Ursache, Reaktion, Notruf, Notaufnahme, Alkohol, Schuld, sich ereignen, überfahren, bluten, bestrafen, schuldig, betrunken

- rund um den Computer · Gebrauchsanweisung, Bedienung, Taste, Tastatur, Monitor, Lautsprecher, Bildschirm, Maus, CD-ROM, Laufwerk, Drucker, Datei, Daten, Kopie, einschalten, markieren, klicken, drucken

GRAMMATIK

1. Präposition – *wegen/trotz* + Genitiv

Oskar surft **wegen** seiner Freundin regelmäßig im Internet.
Sarah liest **trotz** ihres Sporttrainings täglich die Zeitung.

2. Satzbau

	Wann?	*Warum?*	*Wie?*	*Wo?/Wohin?*
Der Spieler musste	gestern	wegen der Verletzung	vorzeitig	in die Kabine.
Der Mann kam	letzte Nacht	wegen eines Unfalls	sofort	ins Krankenhaus.
	Zeit	**Grund**	**Art/Weise**	**Ort**

3. Satzteile verbinden

Man kann auf dem PC Filme sowohl abspielen als auch bearbeiten.

Früher konnte man auf dem Computer Filme weder abspielen noch bearbeiten.

4. Verben mit Präpositionalobjekt

werden/passen/gehören/dienen	**zu**	⎫
Angst haben / sich fürchten	**vor**	⎬ + Dativ
sich trennen / abhängen/träumen	**von**	⎪
sich treffen / anfangen/aufhören	**mit**	⎭

Chatten kann **zu einer Chatsucht** werden.
Sibylle **hat Angst vor Fehlern** beim Chatten.
Sie wird **sich von ihrem Freund trennen**.
Marion **trifft sich mit dem Jungen**.

Frage: Wozu/Wovor/Wovon/Wo...? – zu wem / vor wem / von wem / ... wem?

Antwort: Dazu/Davor/Davon/Da... – zu dem / vor dem / von dem / ... dem

Aber:
sich ärgern/aufregen/freuen	**über**	⎫ + Akk.
sich kümmern	**um**	⎭

Sibylle ärgert sich **über ihren Freund**.
Volker **kümmert sich um seine Freundin**.

...

1 Lesen

Einkaufen mit dem Fernseher

1 „Bist du fertig?", meldet sich Mutter auf Olivers Bildschirm. „Wir müssen noch etwas zu essen besorgen und dir eine Regenjacke kaufen." Die beiden treffen sich im Wohnzimmer und machen es sich vor dem Wandschirm bequem. Mutter steckt ihre Kreditkarte in die Medienstation und legt den Zeigefinger auf den Sensor. Ein Summton zeigt, dass die Karte akzeptiert wurde. Mit der Fernbedienung klicken sie nun in der Themenübersicht das Feld „Einkauf" an und setzen die Monitorbrillen auf. Vor sich sehen die beiden den weiten Gang einer Ladenpassage. Rechts ist der Eingang zum Kleidergeschäft. Mit dem Datenhandschuh steuert Frau Korte durch das künstliche Kaufhaus. Schwerelos schweben sie über eine Treppe in die Jungenabteilung. An einer Wand sind die Jacken aufgereiht. Frau Korte zeigt mit dem Finger auf verschiedene Modelle, und sofort werden Preis, Lieferzeit, Material und Ausstattung des Kleidungsstücks eingeblendet. „Die hier in Blau und Rot wäre doch schön." Oliver ist begeistert. Seine Mutter markiert die Angaben im Bestellschein, den sie am Bildschirm aufruft, trägt noch Olivers

Größe ein und bestätigt die automatische Abbuchung des Kaufpreises vom Bankkonto.
2 „Lass uns noch ein bisschen in Urlaubskatalogen blättern", sagt Olivers Mutter. Sie gehen ein Stück weiter in das Reisebüro. Verschiedene Ferienmotive hängen an den Wänden. Mutter deutet auf ein Strandmotiv. Sie schauen sich verschiedene Reiseangebote an. Bei einigen lassen sie sich einen Videoclip von der Ferienanlage, dem Strand und den Sehenswürdigkeiten der Umgebung zeigen. „Vielleicht sollten wir doch einmal verreisen", seufzt Olivers Mutter und lässt sich die Beschreibung der Urlaubsorte ausdrucken.
3 Jetzt noch schnell in den Lebensmittelladen. Mit einem Knopfdruck auf die Fernbedienung erscheint auf dem Bildschirm eine Einkaufsliste. Einige Posten wie Butter und Milch sind rot unterlegt. So erinnert der Computer Frau Korte daran, was sie unbedingt nachbestellen muss. Sie klickt die Dinge an, die sie braucht. „Was wollen wir denn heute Abend essen?", fragt sie Oliver. „Pizza", ruft der, „mit Salami."
Jetzt noch schnell bei Oma reingeschaut. Die alte Frau Korte wohnt eigentlich nicht weit weg, nur ein paar Kilometer entfernt im Nachbarort. Früher sind sie öfter bei ihr vorbeigefahren und ... Aber in letzter Zeit ...

a) Welche Überschriften passen zu den drei Abschnitten?

A Computerkontrolle im Kühlschrank
B Im virtuellen Kaufhaus
C Besuch bei Oma
D Ferienträume
E Eine Reise wird bezahlt

1	2	3
?	?	?

Lösung:

Strategie

Fasse längere Textabschnitte in einem Satz zusammen. Das hilft dir, die wichtigsten Aussagen zu verstehen.

b) Was ist richtig?

1 Mutter und Sohn treffen sich
M auf dem Bildschirm.
H in der Medienstation.
G im Wohnzimmer.

2 Um ins Kleidergeschäft zu kommen,
A muss man durch einen Gang gehen.
E muss man einen Katalog ansehen.
U muss man die Kreditkarte zeigen.

3 Im Reisebüro lassen sie sich
T einen Videoclip ausdrucken.
L eine Reise bestätigen.
N Reiseangebote zeigen.

4 Der Computer erinnert daran,
K eine Einkaufsliste zu erstellen.
G Lebensmittel nachzubestellen.
R Pizza zu bestellen.

1	2	3	4
?	?	?	?

Lösung:

c) Wie geht die Geschichte weiter? Schreib auf.

2 Landeskunde

2.1 Schule und Zeitung

Einstieg in den Journalismus

Lediglich zwei Prozent der Zeit, die sie täglich fernsehen, im Internet surfen, Radio hören oder lesen, verbringen Jugendliche im Alter zwischen 14 und 19 Jahren mit einer Zeitung. Warum die Tageszeitungen im Vergleich zu den audiovisuellen Medien schlechter abschneiden, lässt sich leicht erklären. „Fernsehen ist angeboren, Zeitunglesen muss man lernen", sagt Angelika Sauerer.

Die Journalistin, die bei der *Mittelbayerischen Zeitung* in Regensburg arbeitet und dort auch das Projekt „Zeitung in der Schule" betreut, hat die Erfahrung gemacht, dass Jugendliche durchaus Interesse an der Zeitungslektüre haben, aber eben erst an sie herangeführt werden müssen. Seit mehr als 25 Jahren gibt es das Projekt „Zeitung in der Schule" bereits. Dabei handelt es sich um eine Zusammenarbeit zwischen einer Tageszeitung und den Schulen. Zwölf Wochen lang erhalten die Schüler kostenlose Freiexemplare der Zeitung, um damit im Unterricht und unter Anleitung ihrer Lehrer zu arbeiten.

Das Projekt basiert auf drei Säulen: Zeitung als Unterrichtsmaterial, Langzeitarbeiten mit der Zeitung sowie selbst recherchieren und schreiben. Das heißt, im Unterricht werden Artikel besprochen; gleichzeitig durchsuchen die Schüler selbstständig zu Hause die Zeitungen täglich nach Artikeln, um diese aufzubereiten. Großes Interesse haben die Schüler aber auch an eigenen Recherchen und am Verfassen eigener Texte. Wichtig ist dabei die Möglichkeit, die Texte zu veröffentlichen. Bei der *Mittelbayerischen Zeitung* erscheinen die Artikel der Schüler einmal pro Woche auf einer eigenen Seite.

Was man mit der Zeitung alles machen kann

Zeitungen kann man lesen. Doch Mode daraus machen?

Schülerinnen des Münchner Bertolt-Brecht-Gymnasiums zeigten, dass so etwas möglich ist. Zum Start ihres Projektes „Zeitung in der Schule" präsentierten sie auf einer Modenschau Fransenröcke, Cocktailkleider und Abendroben. Die Schuldirektorin war vom Ergebnis positiv überrascht. „Ich wusste zwar, dass man die Zeitung lesen und viel daraus lernen, sich manchmal auch über den Inhalt ärgern kann. Aber dass man sich damit so schöne neue Kleider machen kann, das ist mir neu!"

„Das Letzte" zuletzt

Buchstäblich in allerletzter Sekunde traf Anfang April die Bewerbung der Schülerzeitung „Das Letzte" vom Bergstadt-Gymnasium in Lüdenscheid bei der Jury ein. „Wir haben es einfach nicht früher geschafft", erklärt Stefanie Gerdes, 13 Jahre alt und in der achten Klasse, auf Nachfrage. Danach ging nichts mehr. „Das Letzte" war die 953. und letzte Schülerzeitung im Wettbewerb.

Die Sieger des Wettbewerbs werden schriftlich benachrichtigt und zur Sieger-ehrung nach Hamburg eingeladen. Auf die Besten warten Geldpreise von 600 bis 1200 Euro. Außerdem werden die Gesamtsieger für eine Woche nach Madrid eingeladen.

a) **Was interessiert dich am meisten: in einer richtigen Zeitung zu schreiben, Mode aus Papier herzustellen oder an einem Wettbewerb für Schülerzeitungen teilzunehmen?**

b) **Gibt es bei euch auch solche Wettbewerbe? Informier dich im Internet.**

c) **Habt ihr an eurer Schule eine Schülerzeitung? Zu welchem Thema würdest du gern einen Artikel schreiben?**

2.2 Verkehrszeichen und Schilder

a) **Was bedeuten die Schilder?**

I   Kängurus kreuzen

C   Angeln verboten

H   Krötenwanderung

S   Achtung, Elefanten!

D   Vorsicht, Kamele!

L   Viehtrieb, Tiere (Vorsicht,
     Vieh kreuzt die Straße)

1	2	3	4	5	6
?	?	?	?	?	?

Lösung:

b) **Welche dieser Verkehrszeichen und Schilder gibt es in Deutschland?**
   Woher kommen deiner Meinung nach die anderen?
   Gibt es bei euch auch Verkehrszeichen und Schilder mit Tieren? Welche?

3 Gemeinschaftsarbeit – Roboter-Collage

**Arbeitet in kleinen Gruppen. Schneidet aus
Zeitungen, Zeitschriften und Katalogen Bilder
von Elektrogeräten (Kühlschrank, Herd usw.)
und elektronischen Geräten (Computer,
Handys usw.) aus und baut daraus einen
Roboter. Klebt ihn auf ein Plakat und
schreibt dazu, was euer Roboter alles kann.**

4 Wiederholung

4.1 E-Mail an Tante und Onkel

a) **Onkel Timo möchte
   wissen, was Annika
   schreibt. Tante Lisa sagt:**
   Annika findet es schön,
   dass wir jetzt auch ...
   Sie fragt, wie wir ... und ob ...
   Sie möchte wissen, ...
   **Schreib auf, was Tante
   Lisa sagt.**

b) **Schreib eine E-Mail-
   Antwort an Annika.**

Liebe Tante Lisa, lieber Onkel Timo,
schön, dass ihr jetzt auch einen Internet-Anschluss habt. Wie
kommt ihr denn mit eurem neuen PC zurecht? Surft ihr oft im
Internet? Wie lang sitzt Du, Onkel Timo, vor dem Computer?
Spielst Du alle Spiele, die auf dem Computer sind? Wie gut
bist Du? Möchtest Du einmal gegen mich spielen? Und Du,
Tante Lisa, machst Du Deine Einkäufe jetzt per Internet?
Lest ihr auch regelmäßig eure E-Mails? Und schreibt ihr auch
manchmal welche?
Ich warte auf jeden Fall auf eure Antwort. Bis dahin liebe
Grüße
eure Annika

Zum Schluss

4.2 Dialoge

a) Bilde aus den unterstrichenen Nomen Adjektive und setz diese im zweiten Satz ein. Denk an die richtige Endung. Zu schwer? Dann lies diese Adjektive.

1 Machst du das jeden Tag? Brauchst du wirklich ✳✳ eine Stunde zur Schule?

3 Kennst du dich mit Technik aus? Also ich verstehe von ✳✳ Dingen überhaupt nichts.

2 Warum bist du so in Eile? Hast du es wirklich so ✳✳?

4 Hast du so eine Angst? Bist du so ein ✳✳ Typ?

5 Interessierst du dich für Politik oder bist du ✳✳ nicht interessiert?

6 Was ist denn das für eine Farbe? Ich mag keine ✳✳ Jeans.

politisch – täglich – farbigen – eilig – technischen – ängstlicher

b) Ordne die Aussagen den Teilen oben zu und ergänze sie. Schreib die kompletten Dialoge auf.

A Man muss nur ein wenig üben, um/damit ...

B Ich muss schon um sechs Uhr aufstehen, um/damit ...

C Ja, ich muss unbedingt etwas tun, um/damit ...

D Ich muss mich beeilen, um/damit ...

E Na ja, ich lese jeden Tag die Zeitung, um/damit ....

F Das muss man aber jetzt tragen, um/damit ...

1	2	3	4	5	6
?	?	?	?	?	?

Lösung:

5 Lernen lernen

Im Deutschen kann man ganze Wortfamilien aufbauen. Das geht durch das Zusammensetzen von Nomen, Adjektiven und Präpositionen und durch Vor- und Nachsilben. Dabei entstehen neue Nomen, Verben und Adjektive, die man leicht ableiten kann.

a) Bilde Wörter, die du im Wortstern finden kannst.

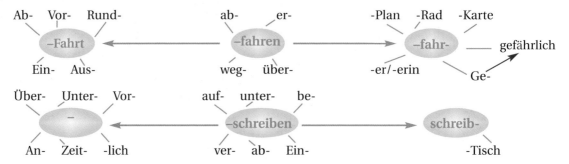

b) Manche Vorsilben passen zu vielen Verben.

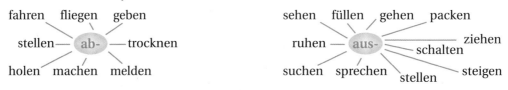

c) Verwende die Verben von Aufgabe b in Sätzen.

Begegnungen
und
Beziehungen

Bei euch ...   Bei uns ...
    Mit uns ...   Mit euch ...

Das lernst du:

- Ratschläge geben
- etwas begründen
- argumentieren
- jemanden/etwas beschreiben
- eine Meinung äußern
- eine Absicht ausdrücken und etwas ablehnen

- rund um Freundschaft und Beziehungen
- Dinge des Alltags
- rund um Nationalitäten
- rund um das Wetter

Freundschaft

1 Lied: Freundschaft

Ich habe eine/n gute/n Freundin/Freund,
wir verstehen uns gut.
So eine/n Freundin/Freund zu haben,
ach, wie gut das tut!
Wir kennen uns schon lange,
seit ich denken kann.
Wie lange eigentlich wirklich,
seit wir Kinder war'n?

Wir sind stets zusammen, überall
im Kino, auf dem Sportplatz
und beim Basketball.
Wir haben auch ganz viele,
viele gleiche Interessen,
Lesen oder Schwimmen
oder Pizza essen.

Aber das Wichtigste ...
Ich kann immer zu ihm/ihr kommen.
Ich kann reden, er/sie hört zu.
Und wenn ich ganz schlecht drauf bin,
lässt er/sie mich auch in Ruh'.

Tipp!
*Lerne Sätze, die sich
reimen, auswendig.
Diese Sätze kannst
du besser behalten*

a) Hör das Lied
und lies oder
sing mit.

b) Mach neue Strophen.
Verändere die gekenn-
zeichneten Textteile.

seit +
Nebensatz

2 Was gehört zu Freundschaft?

a Wenn man jemandem etwas erzählt,
muss man sicher sein, dass es geheim
bleibt und nicht weitererzählt wird.

b Um Missverständnisse zu vermeiden,
sollte man in einer Freundschaft offen
über Probleme reden.

c Schon der kleinste Verdacht kann
eine Freundschaft zerstören.

d In einer Freundschaft muss man Fehler
auch mal verzeihen können.

e Humor und Fröhlichkeit tun einer
Freundschaft gut. Es ist schön, wenn man
jemanden zum Lachen bringen kann.

f Ein Freund / Eine Freundin muss
zuverlässig sein. Wenn er/sie etwas
verspricht, muss er/sie es auch halten.

g In einer Freundschaft muss man einander
vertrauen können. Keiner darf lügen.

h Niemand freut sich über Misserfolge.
Der Trost eines Freundes /einer Freundin
tut dann gut.

a) Lies die Aussagen und schau die Fotos an. Zu welchen Aussagen passen die Fotos?

b) Welche Aussagen sind für dich besonders wichtig?

c) Hör die Szenen. Zu welchen Aussagen passen sie? Lösung:

1	2	3
?	?	?

Nominativ	jemand	niemand	einer	keiner	alle
Dativ	jemandem	niemandem	einem	keinem	allen
Akkusativ	jemanden	niemanden	einen	keinen	alle

d) Hör noch einmal zu. Lies die Sätze. Was ist richtig? Was ist falsch?

1 Jemand hat Leos Füller kaputt gemacht.
2 Lisa fällt nicht mehr ein, warum sie zu Franziska gekommen ist.
3 Keiner darf wissen, was Eva passiert ist.
4 Eva hört still zu, als alle von dem Kinobesuch erzählen.

3 Sprüche und Sprichwörter

1 Ein✳✳ für all✳✳, all✳✳ für ein✳✳.
2 Immer all✳✳ recht getan, ist eine Kunst, die nie✳✳ kann.
3 Trau kein✳✳ über 30.
4 Da hat dich wohl je✳✳ auf den Arm genommen.
5 Ich lasse mir von nie✳✳ einen Bären aufbinden.

a) Ergänze die Wörter von oben mit den richtigen Endungen.

b) Was bedeuten die Sprüche und Sprichwörter?

U Man kann es nicht allen recht machen.
H Wir halten fest zusammen!
R Mich kann keiner belügen.
O Jemand hat sich über dich lustig gemacht.
M Das sagen Jugendliche respektlos von Erwachsenen.

	1	2	3	4	5
Lösung:	?	?	?	?	?

4 Satzmelodie

a) Wie passen die Sätze zusammen? Ordne zu.

beschuldigen: 1 Das hast du doch gemacht.
vermuten: 2 Das hast du wohl gemacht.
erstaunt sein: 3 Das hast du ja gemacht.

a Schon fertig. Bravo!
b Gib's doch zu!
c Das ist ganz nett.

	1	2	3
Lösung:	?	?	?

Hör die Sätze. Achte auf die Betonung. Sprich nach.

b) Ordne die Sätze den Fragen zu.

1 Warum bist du eigentlich gekommen?
2 Warum bist du denn gekommen?
3 Warum bist du nur gekommen?

a Besser, du bleibst weg.
b Du sagst ja sowieso nichts.
c Brauchst du irgendetwas?

	1	2	3
Lösung:	?	?	?

Hör die Sätze zur Kontrolle. Sprich nach.

c) Sprich die Fragen und ergänze eine passende Antwort.
Was hast du denn/eigentlich/nur gegessen? ...

5 Hörspiel: Die verschwundene Taschenuhr

a) Hör das Hörspiel. Welches Problem haben die beiden Freunde miteinander?

b) Hör noch einmal zu.
Wie findest du Nikos Verhalten?

Wie geht die Geschichte weiter? Schreibt einen Schluss und nehmt das ganze Hörspiel auf.

c) Fass die Geschichte zusammen. Schreib auf. Die Stichpunkte helfen dir.

Taschenuhr geklaut – beweisen – welcher Beweis – richtig gehen – seit dieser Zeit Uhr weg – verdächtigen – Zweifel – Misstrauen – Mädchen – nicht fair – vielleicht in den Sitz gerutscht – hinterher beim Saubermachen gefunden – beim Fundbüro anrufen – vorigen Dienstag – auf einem vorderen Platz

6 Wie gut kennst du deinen Freund?

Urlaub auf einer einsamen Insel.
Welche Gegenstände
nimmst du mit?

1 ein Feuerzeug oder eine Schachtel Streichhölzer
2 eine Glocke
3 einen Kompass zur Bestimmung der Himmelsrichtungen
4 ein Kissen
5 eine Klimaanlage
6 einen Kriminalroman als Taschenbuch
7 einen Werkzeugkasten mit Hammer, Nägel und Haken
8 Nähzeug
9 eine Puppe
10 Sonnencreme
11 ein Fernrohr, um die Sterne am Himmel zu beobachten
12 Waschmittel
13 einen Wecker
14 eine Reiseapotheke mit Salbe, Pflaster und Tropfen
15 ein Fernsehgerät

a) Stell dir vor, du machst zwei Wochen Urlaub auf einer einsamen Insel. Lies die Liste und schreib die Nummern und die Gegenstände auf, die du mitnehmen würdest.

b) Was würde dein Freund / deine Freundin mitnehmen? Was glaubst du?
Schreib die Nummern auf. Nun tauscht die Blätter und vergleicht.

7 Meine besten Freundinnen

Julia *Freundschaft*

Meine beiden besten Freundinnen sind Griechinnen. Ich bin mit Ausländern aufgewachsen. Obwohl ich selbst Deutsche bin, hatte ich nie deutsche Freunde. Schon komisch. Wenn überhaupt, dann waren es nur oberflächlich Bekannte; man kannte sich so vom „Hallo"-Sagen. Aber richtig gute deutsche Freunde – nein, hatte ich nicht. Italiener, Türken, Griechen, nur keine Deutschen.
Ja, warum? Weiß ich nicht. Oder doch: Ich fühlte mich zum Beispiel zu Griechen hingezogen, weil sie gastfreundlicher sind als manche Deutsche. Das muss man jetzt ehrlicherweise mal sagen. Viele Ausländer sind warmherzig und freundlich. Man fühlt sich dort wie zu Hause. Ich bin – so könnte man sagen – eine von denen. Ich wurde schon sehr häufig auf Griechisch angesprochen. Das ist für mich so eine Bestätigung, denn ich gehöre irgendwie dazu. Sogar auf griechischen Hochzeiten, Festen oder anderen Veranstaltungen war ich schon. Einfach toll, kann ich nur sagen.

a) Wie steht Julia zu Ausländern?

b) Stell deinem Partner Fragen zum Text:
Wer? Woher? Warum/Wieso/Weshalb? Wie? ...

c) Wer wird nicht zu einer griechischen Hochzeit eingeladen?
Eltern und Schwiegereltern, Großeltern und Geschwister, Bundeskanzler und Bundespräsident, Tanten und Onkel, Neffen und Nichten, Cousins und Kusinen, Nachbarn und Bekannte

8 Wie werde ich beliebt?

Sieben Tipps, die beliebt machen.

In welcher Reihenfolge sind sie für dich wichtig?

a Kritisiere mit Charme!
Auch wenn dein Freund/deine Freundin mal ein komisches Outfit anhat, sag ihm/ihr nicht, dass er/sie echt doof aussieht, sondern gib ihm/ihr einen Tipp.

b Sei nicht immer nett!
Okay, wer immer süß lächelt und zu allem ja sagt, erspart sich Kritik. Das wird für andere aber furchtbar schnell langweilig, weil alles oberflächlich bleibt.

c Lach auch mal über dich selbst!
Wenn du dich beim Reden vertust oder in eine total peinliche Situation gerätst, macht dich ein „Uuups, wie peinlich" wesentlich sympathischer, als wenn du wütend davonläufst.

d Ohren auf!
Gute Zuhörer/innen sind immer unheimlich beliebt. Aber schweig nicht einfach, sondern zeig dein Interesse mit kurzen Zwischenfragen, Kopfnicken – statt dauernd ähnliche Storys zu erzählen, die dir selbst mal passiert sind.

e Positive Stimmung
Nichts ist wichtiger als Loben. Sag deinen Freunden, wenn du etwas an ihnen toll findest. Interessiere dich für Freunde und für Fremde!

f Finde dich ruhig selbst richtig toll!
Vergleiche dich nicht ständig mit anderen. Erkenne deine eigenen Stärken!

g Sag ruhig mal „Verzeihung"!
Es ist wichtig, auch mal Fehler zuzugeben. Wenn du Mist gemacht hast, steh ehrlich dazu und entschuldige dich. So haben die anderen überhaupt keine Chance, dir schrecklich böse zu sein.

a) Leg deine persönliche Reihenfolge fest.

b) Zu welchen Tipps passen diese Dialoge? Wer hat den Tipp nicht befolgt?

1 ▲ Du siehst heute wahnsinnig gut aus.
  ● Ehrlich? Ich war ja auch beim Friseur.

2 ▲ Guck mal, meine neue Frisur.
  ● Du siehst ganz schön doof aus.

3 ▲ Oh Gott, wer hat sich auf meine Brille gesetzt?
  ● Tut mir furchtbar leid, das war ich.

4 ▲ Ich finde mich schrecklich dick.
  ● Ach was, du siehst doch gut aus.

1	2	3	4
?	?	?	?

Lösung:

9 Komplimente?

Mach weitere Sprachspiele:

(ganz) schön	doof
	dumm
	langweilig
	hässlich

schrecklich	hübsch
furchtbar	schön
unheimlich	lustig
wahnsinnig	klug
total/echt	intelligent
richtig	lieb
	freundlich

Lektion 50

Schülerbegegnungen

1 Holländisch-deutscher Schüleraustausch

a) **Hör den ersten Teil des Interviews und beantworte die Fragen.**

1 Wie stand Sophie zu dem Schüleraustausch?
2 Wie lange sind die deutschen Schüler geblieben?
3 Woher kamen die Deutschen?
4 Woran haben die Deutschen teilgenommen?

b) **Schau die Fotos an und lies die Auszüge aus Sophies Tagebuch. Zu welchen Abschnitten passen die Fotos?**

1 (Am Abend vor der Ankunft der deutschen Gruppe)

Morgen kommen die Deutschen – und ich habe überhaupt keine Lust darauf. Warum habe ich mich bloß für diesen blöden Austausch angemeldet? Ich kann nicht mal vernünftig Deutsch, und diese Vanessa scheint mir auch nicht genial. Ich habe echt keine Lust – heute Morgen musste ich sogar weinen. Aber ich kann mich jetzt nicht mehr davor drücken.

2 (Nach dem ersten Vormittag)

Gerade sind sie angekommen, die Deutschen. Wir mussten so eine Art Spiel zum Kennenlernen machen. Es war nicht richtig lustig, und es war auf Deutsch, also habe ich nicht mal alles mitgekriegt. Meine Befürchtungen Vanessa gegenüber stimmen: Genial ist sie nicht.

3 (Nach dem ersten Abend)

Vanessa ist schon eingeschlafen. Wir waren mit der ganzen Gruppe auf der Bowlingbahn in Utrecht. Es war eigentlich ganz lustig, auch mit Vanessa. Vielleicht wird es doch nicht so schlimm wie erwartet. Sie versteht, was ich sage, und ich verstehe sie auch. Vielleicht wird's doch noch nett?

4 (Vor der Abfahrt nach Gelsenkirchen)

Morgen fahren wir nach Gelsenkirchen. Ich habe richtig Lust auf diese Reise, aber ich bin auch richtig nervös. Ich frage mich, wie Vanessas Eltern wohl sind.

5 (Nach dem ersten Vormittag in Gelsenkirchen)

Es macht Spaß, alle wieder zu sehen. Vanessas Eltern sind sehr freundlich. Zum Mittag haben wir zu Hause warm gegessen, weil die Schule schon sehr früh zu Ende ist (viel früher als bei uns). Nach dem Essen passierte etwas Lustiges. Vanessas Vater sagte: „Ich bin satt" – und alle mussten lachen, als ich erklärte, dass das bei uns im Niederländischen bedeutet, dass man betrunken ist.

6 *(Nach dem Fußballspiel von Schalke 04)*

7 *(Zurück in Holland)*

Heute war ich beim Fußballspiel von
Schalke 04. Die ganze Stadt war blau!
Es war ein wichtiges Spiel, da Schalke
die Möglichkeit hatte, Landesmeister
zu werden. Die Atmosphäre war toll,
es waren auch Freunde von Vanessa
im Stadion. Obwohl Schalke gesiegt hat,
haben sie den Titel nicht gewonnen. Viele
hatten Tränen in den Augen, aber aggressiv reagierte eigentlich niemand.

Wir sind gerade aus Deutschland
zurück, und alle sind schrecklich
müde. Heute Morgen haben wir noch
mit der ganzen Gruppe in der Schule
in Gelsenkirchen gefrühstückt.
Danach mussten wir uns verabschieden.
Und fast alle mussten weinen.
Ich auch: Ich wollte gar nicht weg.

da + Nebensatz = *weil* + Nebensatz

c) Vergleiche Sophies Gefühle am Anfang und am Ende. Ihre Einstellung zu dem
Schüleraustausch ändert sich. Bei welchem Tagebucheintrag fängt das an?

d) Setze die Satzteile zusammen und ordne sie den Abschnitten zu.

1 Weil Sophie gar nicht wegwollte,
2 Da die Schule schon früh aus war,
3 Weil sie keine Lust auf den Austausch hatte,
4 Da Sophie Vanessas Eltern noch nicht kannte,
5 Da das Anfangsspiel auf Deutsch war,
6 Obwohl Schalke den Titel nicht gewonnen hat,
7 Obwohl Sophie das Schlimmste befürchtete,

a musste Sophie schon vorher weinen.
b kam sie mit Vanessa ganz gut zurecht.
c musste sie beim Abschied weinen.
d war die Atmosphäre im Stadion toll.
e gab es bei Vanessa warmes Mittagessen.
f war sie ziemlich aufgeregt.
g hat Sophie wenig verstanden.

1	2	3	4	5	6	7
?	?	?	?	?	?	?

Lösung:

e) Hör den zweiten Teil des Interviews und beantworte die Fragen.

L50/2

1 Wie hat sich Sophies Einstellung zum Fach Deutsch verändert?   2 Wozu hat sie jetzt Mut?

2 Schüleraustausch – schwierig oder ganz einfach?

Eine oder zwei Wochen in
einem anderen Land,
in einer anderen Schule, bei einer
fremden Familie, mit einer fremden Sprache:
Welche positiven, aber auch welche nega-
tiven Erlebnisse kann es da geben? Welche
guten Erfahrungen kann man machen?
Welche Schwierigkeiten können entstehen?
Sammelt Argumente in der Klasse und diskutiert darüber.

positiv	negativ
Neue Freunde finden	Der Partner passt vielleicht nicht.
Andere ... kennen- lernen	Das Essen ...

3 Schulpartnerschaft

Deine Klasse sucht eine Partnerschule in Deutschland, Österreich oder der Schweiz. Schreib die erste E-Mail, damit ihr euch besser kennenlernt.
Schreib, warum ihr eine Partnerschule sucht, wo und wie eure Schule ist und was ihr in der Schule macht, z.B. Arbeitsgruppen usw. Beschreib auch deine Stadt und erkläre, warum eine Freundschaft mit eurer Schule sicher ganz toll ist.
Und was möchtest du von einer Partnerschule erfahren? Stell auch Fragen.

4 Besuch aus Afghanistan

Austausch der Kulturen

Neun Schülerinnen der Aisha-i-Durani-Schule und zehn Schüler der Amani-Oberrealschule für Jungen aus Kabul in Afghanistan kamen für drei Wochen nach Sachsen. Dabei erlebten sie und ihre deutschen Gastgeber manche Überraschung.

Walid, 16, wurde in Kabul gut auf die weite Reise nach Deutschland vorbereitet. „Der Lehrer hat uns Filme und Fotos gezeigt und viel über Deutschland erzählt", berichtet er. In Deutschland wird für den jungen Afghanen dennoch vieles zum Erlebnis: die erste Zugfahrt seines Lebens, der gemeinsame Unterricht von Jungen und Mädchen, Frauenfußball, Mineralwasser mit Kohlensäure, alte Burgen und Schlösser, der Wald, die grüne Landschaft – und nicht zuletzt der viele Regen, der ihn vom Wetter in Deutschland schwärmen lässt.
Walid wohnt bei Matthias, 16, in Elsterberg. Das ist ein

3000-Einwohner-Ort in Sachsen. Auch Matthias wurde in der Schule gut auf den Besuch vorbereitet. Er wusste: Die Afghanen essen wegen ihres muslimischen Glaubens kein Schweinefleisch, und sie trinken keinen Alkohol, die Mädchen und Frauen tragen Kopftuch, in Afghanistan isst man nicht mit Messer und Gabel, und sein Gastschüler steht morgens vielleicht etwas früher auf, um zu beten. „Man muss andere Menschen mit Respekt behandeln", sagt Matthias, „egal, wo sie herkommen, wie sie aussehen, wie sie sprechen oder wie sie gekleidet sind." Kein Wunder, dass er sich mit Walid gut versteht.
Wolfram Markert ist der Direktor der Elsterberger Mittelschule, auf die Matthias geht. Er sagt: „Gelebte Beziehungen mit anderen Völkern sind Grundlage unserer Erziehung." Schließlich ist die Mittelschule Elsterberg eine von zwölf UNESCO-Schulen in Sachsen, die ihre Schüler zur „Offenheit und Toleranz gegenüber anderen Menschen und Kulturen" erziehen wollen.

a) Lies den Text und erklär dann die Überschrift „Austausch der Kulturen".

b) Was ist richtig?

1 Das ist für Walid neu:
   O Mineralwasser ohne Kohlensäure
   R Mädchen spielen Fußball.
   M braune Felder
   P getrennter Unterricht von Jungen und Mädchen

2 Walid findet den Regen in Deutschland
   EU zu trocken   AU zu grün
   AI typisch deutsch   EI fantastisch

3 Walids Religion ist
   S der Islam   E das Christentum
   R das Judentum   A der Hinduismus

4 Walid steht morgens früher auf,
   M um Deutsch zu lernen.
   P um mit Messer und Gabel essen zu üben.
   E um zu beten.
   O um die Schule zu besuchen.

c) Wozu wollen die UNESCO-Schulen ihre Schüler erziehen? In Mathias' Äußerung kann man dieses Erziehungsziel erkennen. Such die Stelle im Text.

1	2	3	4
?	?	?	?

Lösung:

5 Sprachenwettbewerb

Eindrücke in Deutschland

Dafni, Fotini, Christos und Ioannis (16 bzw. 17 Jahre alt) gewannen in Griechenland den internationalen Wettbewerb ausländischer Schüler in der deutschen Sprache, der in insgesamt 60 Ländern ausgeschrieben wurde. Die Preisträger konnten im Sommer einen Monat lang in einer internationalen Gruppe die Städte Köln, Bonn, Berlin und München kennen lernen. Zwei Wochen davon waren die Schüler und Schülerinnen bei deutschen Gasteltern untergebracht, belegten Sprachkurse und besuchten dort auch die Schule zusammen mit ihren „Gastgeschwistern".

Christos aus Serres war nicht nur vom Kölner Dom begeistert. Er schrieb: „Schon am Anfang war ich begeistert von dem netten Empfang am Kölner Flughafen. Ich habe mich gleich wohl gefühlt. Besonders beeindruckend fand ich das Schulsystem in Deutschland. Das Lernen hat viel Spaß gemacht."

Fotini aus Drama fand ihre Betreuer sehr nett und hilfsbereit. „Auch meine Gastfamilie war wunderbar. Ich habe nicht nur viel über Deutschland erfahren, sondern habe auch viele Jugendliche aus anderen Ländern und Kontinenten kennengelernt, und wir haben alle zusammen einen unvergesslichen Monat erlebt", schrieb sie.

Ioannis aus Kavala schrieb: „Die Reise, die ich im letzten Sommer nach Deutschland gemacht habe, bleibt mir unvergesslich. Das Wichtigste war meiner Meinung nach die Gelegenheit, Jugendliche aus allen Erdteilen kennenzulernen. All das hat mich so positiv beeinflusst, dass ich nun den Wunsch habe, ein Aufbaustudium in Deutschland zu machen."

Auch **Dafni aus Alexandroupolis** war dankbar für „die Chance", wie sie sich ausdrückte. Sie schrieb: „Dieses Programm hat mir die deutsche Kultur gezeigt, und ich war begeistert von allem, was ich während dieses Monats erfahren habe. Diese Reise war die beste Gelegenheit, Leute aus der ganzen Welt kennenzulernen, meine Deutschkenntnisse zu verbessern und, was am Wichtigsten ist, die deutsche Mentalität und Kultur zu verstehen. In Berlin habe ich das Pergamon-Museum am interessantesten gefunden."

a) **Vergleiche die Aussagen der vier griechischen Schüler. Was fanden die vier besonders wichtig?**

> **Präposition**
> *während* + Genitiv

b) **Lies die Sätze. Was ist richtig? Was ist falsch?**

1 Der Wettbewerb in der deutschen Sprache wurde von sechzehn griechischen Schülern gewonnen.
2 Während der zwei Wochen bei Gastfamilien besuchten sie auch den deutschen Unterricht.
3 Christos wurde am Kölner Flughafen herzlich begrüßt.
4 Fotini fand die Betreuer, die ihnen während ihrer Zeit in Deutschland halfen, sehr nett.
5 Sie lobte die Gastfreundschaft ihrer Gastfamilie.
6 Ioannis hat während seines Aufenthalts in Deutschland viele andere Kontinente kennengelernt.
7 Dafni war dankbar für die Gelegenheit, nach Deutschland zu reisen.
8 Sie hat während dieses Monats vor allem negative Erfahrungen gemacht.

c) **Was würde dich am meisten während eines Aufenthalts in Deutschland, Österreich oder der Schweiz interessieren? Sprich so:** Während meiner Zeit / meines Aufenthalts in …

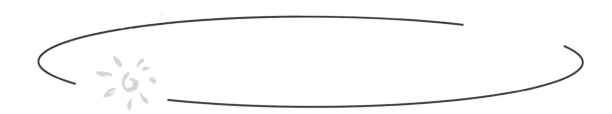

6 Ein Austauschjahr

a) Hör zu. Welchen Eindruck haben die Austauschschüler von ihrem Aufenthalt?
   Mehr positiv oder mehr negativ?

b) Hör noch einmal zu. Wer spricht welche Themen an? Sprich so:
   Nummer 1 redet/spricht über ... das Essen – das Wetter – Religion – Feste – die Leute –
   den Verkehr – die Landschaft – die Sprache.

c) Woher kommen die Austauschschüler? Sprich so: Nummer 1 kommt aus ... / ist ...

d) Beantworte die Fragen:
   1 Wer muss regelmäßig
      abtrocknen?
   2 Wer interessiert sich für
      den Unterschied zwischen
      katholischer und
      evangelischer Religion?
   3 Wer war am Tag der
      Deutschen Einheit
      in Berlin?
   4 Wer macht sich Gedanken
      über Kernenergie und
      Umweltschutz?
   5 Wer erinnert sich an
      das Zusammenleben
      in der Familie?

e) Ergänze die Tabelle.

Ländername	Person: ein/eine	Nationalität/ Staatsangehörigkeit
Deutschland	Deutscher/Deutsche	deutsch
✳✳✳	Österreicher/Österreicherin	österreichisch
✳✳✳	Schweizer/Schweizerin	schweizerisch
✳✳✳	Chinese/Chinesin	chinesisch
Mexiko	Mexikaner/Mexikanerin	✳✳✳
Brasilien	✳✳✳	brasilianisch
✳✳✳	Grieche/✳✳✳	✳✳✳
Polen	Pole/✳✳✳	polnisch
✳✳✳	✳✳✳	italienisch
Indien	Inder/Inderin	✳✳✳
Spanien	Spanier/Spanierin	✳✳✳
Europa	Europäer/Europäerin	europäisch

7 Vorurteile

a) Lies die Aussagen. Nun hör noch einmal die Texte von Übung 6.
   Welche Vorurteile oder Behauptungen kommen vor?

Alle Deutschen
trinken Bier.

Alle
deutschen
Männer
tragen
Lederhosen.

In Deutsch-
land regnet
es immer.

In Deutschland fahren
sehr viele Leute mit
dem Fahrrad.

Alle Deutschen
essen Kartoffeln
und Sauerkraut.

Die Deutschen
sind pünktlich und
ordnungsliebend.

In allen deutschen
Gärten stehen
Gartenzwerge.

In jeder deutschen
Stadt gibt es eine
Fußgängerzone.

In Deutschland ist
Umweltschutz wichtig.

In Deutschland gibt es nur lange Nudeln und süßes Brot.

b) Welche Aussagen sind wahr, welche sind nur Vorurteile? Diskutiert in der Klasse.

c) In manchen Vorurteilen steckt ein bisschen Wahrheit. Was macht ein Vorurteil zum Vor-Urteil?

d) Kennst du Vorurteile über dein eigenes Land oder über andere Länder?
   Beispiel: Alle Amerikaner tragen Cowboyhüte. oder Alle Spanier können Flamenco tanzen.

Das kann ich schon:

Sätze und Wörter:

- Ratschläge geben

    Auch wenn ..., sag nicht, dass ... – Sprich/Erzähl/... nicht einfach ...! – Es ist wichtig, auch mal ... – Nichts ist wichtiger als ...

- jemanden/ etwas beschreiben

    Du bist / ... ist schrecklich nett. / furchtbar nervös. / unheimlich langsam. / wahnsinnig schön. / total doof. / echt lustig. / richtig hässlich. Ich finde ... schön blöd. / ganz schön dumm.

- argumentieren

    Positiv/Negativ ist/finde ich ...

- rund um die Freundschaft

    vertrauen, lügen, verzeihen, loben, verdächtigen, beweisen, Humor, Fröhlichkeit, Verdacht, Missverständnis, Beweis, Zweifel, Misstrauen, Beziehung, Gastfreundschaft – geheim, zuverlässig, fair, getrennt

- Dinge des Alltags

    Hammer, Nagel, Haken, Kissen, Waschmittel, Feuerzeug, Schachtel, Streichhölzer, Glocke, Klimaanlage, Creme, Pflaster, Salbe, Tropfen

- rund um Nationalitäten

    Deutschland – ein Deutscher / eine Deutsche – deutsch
    Österreich – ein Österreicher / eine Österreicherin – österreichisch
    Griechenland – ein Grieche / eine Griechin – griechisch
    Spanien – ein Spanier / eine Spanierin – spanisch

 GRAMMATIK

1. Indefinitpronomen

Nominativ	jemand	niemand	einer	keiner	alle
Dativ	jemandem	niemandem	einem	keinem	allen
Akkusativ	jemanden	niemanden	einen	keinen	alle

2. Satz

a) Nebensatz mit *da/weil* (kausal)

Da die Schule schon früh aus war, gab es bei Vanessa warmes Mittagessen.

Sophie war ziemlich aufgeregt, *weil* sie Vanessas Eltern noch nicht kannte.

b) Nebensatz mit *seit* (temporal)

Wir kennen uns, *seit* ich denken kann.

3. Präposition *während*

Sie hat *während* dieses Monats vor allem positive Erfahrungen gemacht.

Fotini fand die Betreuer, die ihnen *während* ihrer Zeit in Deutschland halfen, sehr nett.

Während der zwei Wochen bei Gastfamilien besuchten sie auch den deutschen Unterricht.

während + Genitiv

4. Deklination *ein Deutscher / der Deutsche*

	Nominativ	Genitiv	Dativ	Akkusativ
Singular	ein Deutscher	eines Deutschen	einem Deutschen	einen Deutschen
	eine Deutsche	einer Deutschen	einer Deutschen	eine Deutsche
	der Deutsche	des Deutschen	dem Deutschen	den Deutschen
	die Deutsche	der Deutschen	der Deutschen	die Deutsche
Plural	die Deutschen	der Deutschen	den Deutschen	die Deutschen
	Deutsche	von Deutschen	Deutschen	Deutsche

Flirten

1 Verliebt

a) Zu welchen Texten passen die Bilder?

A

1 Wenn ich sie sehe,
denke ich:
Sie ist schöner als alle.
Wenn ich sie höre,
denke ich:
Die Stimme eines Engels!

Wenn ich an sie denke,
denke ich:
Wie klug ist sie doch!
Wenn ich mit ihr rede,
sage ich:
„Du hast einen Fleck auf der Bluse."
(Hans Manz)

B

2 Also, das war an einem Freitag. Ich bin in die Stadt gefahren, und da habe ich ihn im Bus stehen sehen. Er hat mich die ganze Zeit so angegrinst. Ich wusste nicht, dass er Italiener ist. Auf jeden Fall habe ich zurückgelächelt. Irgendwie haben wir uns dann verloren. Aber als ich wieder nach Hause gefahren bin, stieg er tatsächlich wieder ein, und dadurch merkte ich, dass er bei mir fast nebenan wohnt. Als wir beide ausgestiegen waren, sprach er mich an. Nur so: „Hi, wie geht's dir?" Und ich konnte nur ziemlich schüchtern antworten: „Ja, ganz gut." Mehr war da nicht. Wir gingen jeder für sich nach Hause. Und am Sonntag habe ich ihn wieder gesehen. Da sind wir schon miteinander spazieren gegangen und haben so geredet und geredet, und ab dem Tag waren wir eben zusammen.
Er wohnt erst seit ungefähr einem Monat hier, sonst wäre er mir vielleicht schon früher aufgefallen. Er sieht schön aus. Schwarze Haare, braune Augen, ganz gut gebaut, groß und kräftig. Zuerst dachte ich, er ist Grieche. Dann erst habe ich erfahren, dass er Italiener ist. Mir wäre beides recht gewesen. Mir ist völlig egal, woher einer kommt, da habe ich keine Vorurteile.

C

3 Ich war schon lange in ein Mädchen aus meiner Parallelklasse verknallt. Sie wohnte nur ein paar Straßen weiter. Zufällig hatte ich gehört, wann sie Geburtstag hat. An dem Tag stand ich ganz früh auf und legte einen riesigen Blumenstrauß in den Korb an ihrem Fahrrad. Unter dem Blumenstrauß versteckte ich ein Gedicht, das ich für sie geschrieben hatte. Als ich sie dann in der Schule traf, schlug mir das Herz bis zum Hals. Das Mädchen kam gleich auf mich zu. Ich stand stumm da. Sie bedankte sich lächelnd und sagte dann: „Übrigens, mein Geburtstag ist erst im nächsten Monat." Ihre Freundinnen standen dabei und prusteten vor Lachen.
Paul, 16

4 *Münster*
Ein schwarzer Schwan hat sich am Aasee in Münster in ein Tretboot verliebt, das die Form eines weißen weiblichen Schwans hat. Jeden Tag zieht der Jungschwan vom frühen Morgen bis spät in den Abend seine Kreise um die Schwanendame, beobachtet und beschützt sie. „Dieses Verhalten weist darauf hin, dass der Schwan eine tiefe Zuneigung zu dem Tretboot aufgebaut hat", sagt ein Verhaltensbiologe vom Zoo Münster. Der Vogel ist ganz einfach verliebt.

5 In der siebten Klasse habe ich mich zum ersten Mal in einen Jungen verliebt, wenn ich mich recht erinnere. Das Problem war: Auch meine Freundin hatte sich in ihn verknallt. Aber er hat sich für keine von uns beiden entschieden. Er hieß Felix. Schade. Er konnte so schön lächeln, und er war so nett. Er hatte blonde lange Haare und wunderschöne grüne Augen. Er war der hübscheste Junge in unserer Klasse. Vielleicht habe ich ihn auch deswegen nicht gekriegt. Na ja.

6 Eines Tages kam sie in unsere Klasse in Bielefeld und hat gleich viel Staub aufgewirbelt. In der Pause kamen alle auf mich zu, total aufgeregt und sagten: „Kevin, guck mal, da ist eine Neue. Ein wunderschönes Mädchen!" Alle Jungs haben sich über sie unterhalten und verhandelt. „Wer spricht sie jetzt an?" Wir wollten das eigentlich für meinen Freund klarmachen. Der ist voll schüchtern. Ich bin also zu den Mädchen hingegangen und habe gesagt: „Könnt ihr mal die Neue rufen?" Während eine loslief, um sie zu holen, hielt ich meinen Freund fest. „Du bleibst hier. Ich mach' das für dich klar."
Dann stand sie auf einmal vor uns und fragte: „Wer wollte mich sprechen?" Ich schaute zu meinem Freund rüber, der guckte still zu Boden und war knallrot. Der hat sich immer so geschämt; er war wirklich total schüchtern. Also wollte ich ihm das nicht antun und habe gesagt: „Das war ich." Dann fingen wir so ein Gespräch an: Du bist neu auf der Schule? Woher kommst du? Wie alt bist du? Solches oberflächliches Gerede. Dann habe ich mich vorgestellt, und zum Schluss habe ich sie nach ihrer Handy-Nummer gefragt. „Wenn du neu bist, kann ich dir helfen. Ich kenne mich hier aus. Ich kann dir die Stadt zeigen, wenn du willst." Und sie sagte wirklich ja.
Als sie weggegangen war, hatte ich die Jungs irgendwie gegen mich. Die guckten mich so wütend an. „Du Egoist, du gemeiner ..." – so ungefähr. Klar, die waren neidisch.

b) Zu welchen Texten passen die Überschriften?

L   Eine Busbekanntschaft
R   Vergebliche Liebe
N   Verliebt in einen Blumenstrauß
S   Falsche Hilfe
A   Die Geschichte vom verliebten Tretboot

I   Ein Missverständnis
F   Sprachschwierigkeiten
T   Doppelt bittere Enttäuschung

1	2	3	4	5	6
?	?	?	?	?	?

Lösung:

c) In welchen Texten steht das?

1   Das einzige Thema, worüber sich die Jungen in der Pause unterhielten, war die Neue.
2   Für das Mädchen ist es nicht wichtig, woher jemand kommt.
3   Das Wichtigste, was er wissen wollte, war natürlich ihre Handy-Nummer.
4   Wenn er sie sieht, kann er nichts von dem sagen, was er fühlt.
5   Sie hatten sich aus den Augen verloren, bis sie ihn auf der Rückfahrt wieder sah.
6   Der Schwan schwimmt überallhin, wohin das Tretboot fährt.
7   Während die Freundinnen lachten, ging das Mädchen auf ihn zu.
8   Alles, wovon die beiden anfangs redeten, war rein oberflächlich.
9   Er war schon lang in das Mädchen verliebt, bis er ihr ein Geschenk machte.
10 Während sie miteinander spazieren gingen, haben sie sich viel erzählt.
11 Zwei Mädchen hatten sich in denselben Jungen verliebt, aber er wollte sie beide nicht.
12 Alles, was sie antworten konnte, war „Ja, ganz gut".

während
bis } + Nebensatz

Alles, worüber die beiden redeten, war oberflächlich.
Nichts von dem, **was** er fühlt, kann er sagen.

d) Stell deinem Partner Fragen zu den Texten.

e) Welcher Text gefällt dir am besten? Und warum?

Alles,	was sie antworten konnte, ...
Nichts,	wovon sie sprachen, ...
Überall,	wohin das Tretboot fährt, ...
Das Einzige,	worüber sich die Jungen unterhielten, ...
Das Wichtigste,	was er wissen wollte, ...

2 Die deutsche Schnulzen-Hitparade

a) Ergänze die Texte.

Alles, ✶✶ ich sagen kann:
Du bist mein Glück. Komm bald zurück.

Das Einzige, ✶✶ ich denken kann,
wie ich mein Herz dir schenken kann.

Nur du, du, du allein,
da, ✶✶ du bist, will ich auch sein.

✶✶ ich träume, das ist wahr,
bist du. Du bist so wunderbar.

Überall, ✶✶ ich gehe,
dein Gesicht ich vor mir sehe.

Seit ich dich kenne, das ist klar,
ist alles vergessen, ✶✶ früher war.

b) Diese blöden Texte kann man noch blöder machen. Verändere eine Zeile.
Finde lustige Texte. Beispiel: Alles, was ich sagen kann: Du bist mir Wurst, ich habe Durst.

3 Wie bereitest du dich auf ein Date vor?

L51/1

a) Hör die Umfrage. Wer hat positive, wer hat negative Erfahrungen gemacht?

b) Was ist richtig? Was ist falsch?

1 Das Mädchen hat sich vorhin die Haare gewaschen.
2 Das Mädchen sagt: „Ich wünsche mir ein tolles Date."
3 Der Reporter fragt: „Warum notierst du dir das Date?"
4 Der Junge besorgt sich Eintrittskarten für ein Rockkonzert.
5 Die beiden Mädchen haben sich eine Creme in der Drogerie gekauft.
6 Ein Junge hat sich die Zähne nicht gut geputzt.
7 Die zwei Mädchen sagen: „Wir haben uns in dem Lokal eine Pizza bestellt."

c) Hör noch einmal alle drei Interviews.
Wer hat sich deiner Meinung nach am besten vorbereitet? Begründe dein Urteil.

Ich	kaufe/besorge	mir	neue Sachen.	Wir	kaufen/besorgen	uns	neue Sachen.
Du	kaufst/besorgst	dir		Ihr	kauft/besorgt	euch	
Er/Es/Sie	kauft/besorgt	sich		Sie (die zwei)	kaufen/besorgen	sich	
				Sie	kaufen/besorgen	sich	

4 Sein erstes Date

Schreib die Geschichte. Du kannst die Handlung
weiter ausbauen und den Jungen auch noch
mehr sprechen lassen. Du kannst auch erzählen,
wie die Geschichte weitergehen könnte.

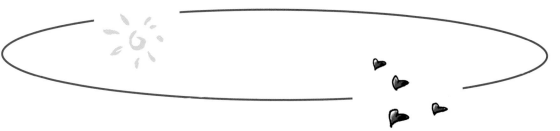

Lektion
51

5 Traumpartner gesucht

Partnerschaftstest:

Was ist mir an meinem Traumpartner wichtig?

	sehr wichtig	nicht so wichtig	völlig egal
1. Aussehen			
a Größe			
b Alter			
c schöne Augen			
d tolle Figur			
e Frisur			
f Kleidung			
2. Charakter			
a nett, höflich			
b romantisch			
c nicht schüchtern			
d nicht eifersüchtig			
e treu			
f ehrlich			
h großzügig			
i Freund			
k Beschützer			
3. Mein Partner soll			
a mit mir über alles reden können.			
b mich nie auslachen.			
c sich nicht alles gefallen lassen.			
d mir helfen.			
e mir Mut machen.			
f mich nie belügen.			

Mach den Test:	sehr wichtig	2 Punkte
	nicht so wichtig	1 Punkt
	völlig egal	0 Punkte

a) Zählt für jede Aufgabe die Punktzahlen aller Jungen und aller Mädchen zusammen, aber nach Jungen und Mädchen getrennt. Beispiel Mädchen:
1 a: 2 + 2 + 1 + 0 + ... =
1 b: 1 + 2 + 0 + 1 + ... =

b) Vergleiche die Summen der einzelnen Aufgaben. Diskutiert in der Klasse: Gibt es Eigenschaften, die für Mädchen wichtiger sind, und Eigenschaften, die für Jungen wichtiger sind?

c) Aus den Ergebnissen kann man sehen, wie sich im Durchschnitt die Mädchen und die Jungen ihren Traumpartner bzw. ihre Traumpartnerin vorstellen. Beschreibe ihn/sie. Versuche, die Aufgaben mit vielen Punkten genauer auszuführen (Alter, Aussehen, ...).
Schreib so: Der Traumpartner / Die Traumpartnerin soll ... sein. Er/Sie soll ... haben/tragen/...
Bei den Aufgaben mit wenig Punkten genügt:
... ist nicht so wichtig / spielt keine Rolle / ist völlig egal.

d) Lest eure Beschreibungen vor und vergleicht.

einhunderteinunddreißig **131**

Schön war's bei euch!

1 Das Ausland lockt

1

Bist du in einer Krise, weil du in Französisch nicht weiterkommst? Das hilft: In den Ferien Französisch lernen – 2 Wochen Lyon. Besuch einer Sprachenschule, Unterkunft bei einer Familie
lyonvacances@online.de

2

Sich wie ein Familienmitglied fühlen, gratis gegen kleine Arbeiten z.B. Kinderbetreuung; dazu einen Sprachkurs machen. Seriöse Agentur vermittelt Aupair-Stellen in FR/GB/USA
vermittlung@aupair.de

3

Gebrauchtes, original schwedisches Upsala-Zelt, leicht beschädigt aber sehr haltbar zu verkaufen; realistischer Preis! Tel. 05743/8114

4

Liebst du italienische Barockmusik? Spielst du ein Instrument und möchtest dich weiter verbessern? Mit der Musikschule „bella musica" kannst du eine wunderbare Woche in Venedig verbringen und mit anderen jungen Leuten musizieren. Unterbringung in einer Pension unter deutscher Führung. Einzelheiten unter www.bella-musica.it

5

Faul und passiv in der Sonne liegen? Das ist Vergangenheit. Aktiv-Ferien sind in! Sportcamp auf Rhodos bietet Jugendlichen von 14 – 17 Jahren drei Wochen Aufenthalt. Dazu: Surfen, Kytesurfen aber auch Team-Sport wie Beach-Volleyball, denn Teamgeist hebt die Stimmung! Preis incl. Vollpension 600.– €
rhodos-sport@net.gr

7

Ein Erlebnis in d. Gegenwart f. d. Zukunft – Fortschritte beim Sprachenlernen erfahren – ein Gewinn f. d. ganze Leben! 1 Jahr als Austauschschüler/in in England; Leben bei einer ausgewählten Nichtraucher-Familie
englandaustausch@gx.com

6

Agentur Holiday organisiert Ferienaustausch f. Jugendl. von 12 bis 15 J. Du verbringst 2 Wochen bei einer Familie in Dänemark o. Schweden. Der Sohn / Die Tochter d. Familie kommt f. 2. Wo. zu dir. Mach mit! Wer hindert dich daran? Ein Griff z. Tel. genügt: 011/284356

Nachricht
Senden · Speichern · · · · Datei einfügen... · Priorität · Optionen...
Diese Nachricht wurde noch nicht gesendet.

Sehr geehrte Damen und Herren,
unser Sohn Felix möchte für ein Jahr ins Ausland und dort die Schule besuchen. Können Sie uns bitte Informationen zukommen lassen?
Vielen Dank im Voraus

a) Lies die Anzeigen. Worum geht es? Welche Anzeige passt nicht dazu?

a Sprachferien   b Au-pair-Aufenthalt   c Schüleraustauschjahr
d Sportcamp   e Musikwoche   f Ferienaustausch

1	2	3	4	5	6	7
?	?	?	?	?	?	?

Lösung:

b) Lies die Situationen. Zu welchen Anzeigen passen sie?

a Sven möchte Ferien in Nordeuropa verbringen.   b Elsa mag kleine Kinder und ist gern im Ausland.
c Vera spielt Geige und möchte sich verbessern.   d Luis möchte auf eine griechische Insel fahren.

c) Mach eine Tabelle.

Anzeige	Was?	Wo?	Wann?	Für wen?	Warum?
1					
2					
3					

d) Wofür interessierst du dich und warum? Sprecht in der Klasse darüber. Sprich so: Ich würde gern / am liebsten ..., weil/da/denn ... Vielleicht wollt ihr auch lieber in ein anderes Land fahren.

e) Lies die Anzeigen noch einmal und lies die E-Mail. Auf welche Anzeige schreibt die Familie?

f) Schreib eine E-Mail auf die Anzeige, die dich am meisten interessiert.

2 Wohin im Urlaub?

▲ Ich möchte so gern mal in den
Norden fahren.

● Nein, bloß nicht!
Im Norden ist es immer so kalt.

▲ Das stimmt zwar oft, aber diesmal ...
Lies doch mal die Wettervorhersage.

● Ja, richtig. Dieses Jahr soll es ...

a) **Mach den Dialog fertig.**

b) **Mach weitere Dialoge:**
nach Österreich – schlechtes Wetter
ans Mittelmeer – heiß – im Mai/September

So wird der Sommer!

Deutschland und Österreich
In Norddeutschland wird es nass. Wer an Nord-
oder Ostsee Urlaub machen will, sollte einen
Regenschirm einpacken. Die Temperaturen sind
für die Jahreszeit zu niedrig. Im Süden
Deutschlands und in Österreich regnet es weniger, dabei ist es wärmer, mit Temperaturen bis
27° Celsius.

Skandinavien
In Norwegen, Schweden und Finnland wird es
von Juli bis August viel Sonne geben. Das
Thermometer steigt auf 25°, über Null, wohl-
gemerkt.

Mittelmeer
Wer im Urlaub eine Garantie auf Sonne haben
möchte, findet sie am Mittelmeer. Von Juni bis
August ist es heiß, an vielen Tagen mehr als 30°.

---

3 Richtig Urlaub machen

Antons gute Vorsätze

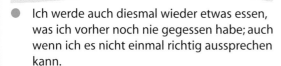

● Ich werde auch diesmal wieder etwas essen,
was ich vorher noch nie gegessen habe; auch
wenn ich es nicht einmal richtig aussprechen
kann.

● Ich werde viel öfter im Meer schwimmen;
auch wenn es eigentlich zu kalt ist.

● Ich werde vorher einen Sprachführer kaufen.

● Ich werde mehr sprechen; auch wenn mich
am Anfang keiner versteht.

● Statt eines T-Shirts mit blödem Text werde
ich überhaupt keine T-Shirts mit Aufschrift
tragen.

● Ich werde nur innerhalb eines Campingplatzes mit Badehose herumlaufen, außerhalb des Zeltplatzes nie.

● Ich werde im Ausland nie über fürchterlich
hohe Preise klagen.

● Ich werde statt zehn Büchern, die ich schon
seit Monaten lesen wollte, lieber zwei
mitnehmen, auf die ich richtig Lust habe.

● Ich werde mein Mobiltelefon nur ein einziges
Mal einschalten: um mit dem eingebauten
Mikrofon ein paar Minuten Meeresrauschen
für den Winter aufzunehmen.

statt
innerhalb/außerhalb } + Genitiv

a) **Lies die guten Vorsätze. Welche findest du richtig? Welche fehlen deiner Meinung nach?**

b) **Stimmen die Aussagen?**   Ja   Nein

1 Statt der dortigen Kost wird er nur von zu Hause mitgebrachte Speisen essen.   ?   ?
2 Er wird einen Sprachführer kaufen, um schneller die Sprache zu lernen.   ?   ?
3 Statt eines T-Shirts wird er nur Hemden tragen.   ?   ?
4 Er wird innerhalb eines Ortes, überhaupt außerhalb des Campingplatzes
   immer ordentlich gekleidet herumlaufen.   ?   ?
5 Um sich richtig zu erholen, wird er mindestens zehn Bücher lesen.   ?   ?
6 Er wird sein Handy eingeschaltet lassen, um immer erreichbar zu sein.   ?   ?

Lektion

52

sobald/solange/sodass
+ Nebensatz

L52/1

4 Meine Ferien

a) **Hör jeden Text einzeln und lies die Aussage dazu. Richtig (+) oder falsch (-)?**

1 Sie haben eine Mischung aus Kultur- und Surfferien gemacht.
2 In verschiedenen Gegenden spricht man die gleichen Sprachen.
3 Das Kamel hat furchtbar geschaukelt, sodass ihm schlecht wurde.
4 Sinn und Zweck dieser Reise war es, das Land ein wenig kennenzulernen.
5 Sobald sie in Wien auf dem Schiff waren, konnte die Reise beginnen.

b) **Hör noch einmal zu. Zu welchen Texten gehören diese Sätze?**

a Solange man sich im Westen der Schweiz aufhält, hört man fast nur Französisch.
b Nach ein paar Tagen in der Stadt sind sie ans Meer
gefahren, sodass sie noch viel Zeit zum Schwimmen hatten.
c Sobald sie außerhalb der Städte waren,
begegneten ihnen manchmal auch Bären.

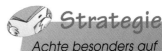

Strategie

Achte besonders auf Wörter, die du schon kennst. Die anderen kannst du oft aus dem Kontext erschließen.

5 Jugendliche im Ausland

Eine lange Zeit!

*In unserer Reihe „Jugendliche im Ausland"
bringen wir heute drei Berichte unserer Leser.*

Lena, 19 Jahre
Als ich sechzehn Jahre alt war, verbrachte ich ein Jahr als Austauschschülerin in einem kleinen Ort an der Westküste Englands. Eigentlich hätte ich eine mittlere oder größere Stadt vorgezogen. Aber je länger ich da war, desto wohler fühlte ich mich. Ich habe schnell Freunde gefunden.
Die Landschaft ist herrlich. Und über das englische Wetter kann ich nicht klagen. Es regnet zwar oft, aber es ist nie zu kalt oder zu heiß, ein angenehm gleichmäßiges Klima.
Am besten hat mir die Schule gefallen. Von außen sieht sie wie ein altmodisches College aus, aber innen sind ganz moderne Räume. Es gibt weniger Fächer als in Deutschland, sodass man sich besser auf die eigenen Lieblingsfächer konzentrieren kann. Die Lehrer sind sehr nett und kümmern sich um jeden einzelnen Schüler. Jedes Mal wenn ich einen falschen Ausdruck verwendete, haben sie mich höflich korrigiert. Mit meinen Freunden bin ich immer noch in Kontakt. Wir haben sogar den Plan, in diesem Sommer zusammen nach Australien zu fliegen.

Daniel, 18 Jahre
Seit vielen Jahren verbringen wir unsere Sommerferien in Griechenland. Früher haben wir am Meer gezeltet. Das war toll: immer schönes Wetter, ein herrlicher Strand und unsere Schildkröte. Sie kam jeden Morgen zur selben Zeit, während wir beim Frühstück saßen, und ließ sich füttern, und das jahrelang! Wir haben sie nämlich auf dem Panzer mit einem roten Punkt gekennzeichnet. Wir nannten sie Klytämnestra.
Seit einigen Jahren mieten wir ein Haus in einem Bergdorf. Anfangs war ich gar nicht so begeistert, weil wir eine halbe Stunde brauchen, um ans Meer zu kommen. Aber je öfter wir da sind, umso besser gefällt es mir dort. Die Leute sind nämlich sehr nett.
In unserem Dorf gibt es, wie überall in Griechenland, einen „Periptero". Das ist ein Kiosk, wo man von der Schokolade bis zu den Streichhölzern fast alles kaufen kann. Man kann da sogar telefonieren. Dort habe ich mir als Kind immer meine Kaugummis gekauft und oft etwas geschenkt bekommen.
Ich fahre immer noch gern hin. Als ich dieses Jahr mit meiner Band dort Ferien gemacht habe, haben wir manchmal abends in der Dorfkneipe gespielt. Den Griechen scheint unsere Musik gefallen zu haben. Sie haben uns dafür griechische Tänze zu Bouzouki-Klängen beigebracht. Wir hatten viel Spaß.

Frauke, 17 Jahre

Als ich acht Jahre alt war, sind wir nach Spanien umgezogen, da mein Vater eine Stelle als Lehrer in Valencia angenommen hatte.

Wir wohnten außerhalb der Stadt, in einem Dorf, umgeben von Orangen- und Zitronenbäumen. Der Weg zur Schule war jeden Morgen ein Erlebnis, vor allem im Frühjahr, wenn die Bäume gleichzeitig blühten und Früchte trugen. Dieser Duft! Und die Apfelsinen frisch vom Baum waren so gut. Je mehr man davon aß, umso besser schmeckten sie. In dieser Gegend wird auch viel Gemüse angebaut. Während der Erntezeit haben wir oft direkt vom Feld unser Mittagessen eingekauft.

Apropos Essen: Einmal im Jahr fand bei spanischen Freunden ein großes Paella-Essen statt. Paella ist ein typisches Reisgericht aus der Gegend. Zuerst wird aus Orangenholz ein Feuer angezündet und dann eine große, runde Pfanne darauf gestellt, in der die Paella zubereitet wird. Das schmeckt lecker!

Ab und zu haben wir Wochenendausflüge gemacht. Da wir samstags keinen Unterricht hatten, fuhren wir oft freitags schon los, sobald die Schule aus war. Spanien hat herrliche Landschaften und wunderbare Küsten. Bei einem dieser Ausflüge saßen wir am Strand und schauten den Surfern zu. Und je länger ich zuschaute, desto mehr Lust bekam ich, das auch zu lernen. Als ich dann schon richtig gut surfen konnte, sind wir in den Weihnachtsferien quer durch Spanien an die Straße von Gibraltar gefahren, weil es dort immer viel Wind gibt. Aber wegen der Kälte mussten wir Surfanzüge tragen. Das Wasser ist nämlich gar nicht warm in dieser Jahreszeit. Aber wir schoben unsere Bretter ins Wasser – und los ging's.

Sieben Jahre haben wir in Spanien gelebt. Und was bleibt? Erinnerungen an ein Land, in das ich sicher immer wieder zurückkehre, spanische Freunde und die spanische Sprache, die ich heute noch gut spreche.

a) **Lies die Texte. Welche Themen sprechen die drei an? Leute, Wetter, ...**

b) **Lies die Aussagen. Was ist richtig? Was ist falsch?**

1 Lena hätte lieber in einem größeren Ort gewohnt.
2 Je länger sie in England war, desto mehr klagte sie über das gleichmäßige Klima.
3 Wenn Lena einen falschen Ausdruck benutzte, wurde sie nie korrigiert.
4 Die Schildkröte, die sie Klytämnestra nannten, bekam immer Wasser zum Frühstück.
5 Daniel muss stundenlang fahren, um vom Bergdorf ans Meer zu kommen.
6 Je länger er in den Bergen war, umso mehr liebte er das Meer.
7 Je mehr Orangen Frauke aß, desto lieber mochte sie sie.
8 Die Paella wurde angezündet.
9 In Spanien gibt es viele Küsten, wo man ausgezeichnet surfen kann.

> **Je** länger Lena in dem kleinen Ort war, **desto** wohler fühlte sie sich.
>
> **Je** mehr man von den Orangen aß, **umso** besser schmeckten sie.

6 Kartenspiel: Was passt?

Spielt in Gruppen zu vier bis fünf Spielern. Jeder Spieler schreibt vier Sätze mit *je – desto/umso* auf Karten, den *je*-Teil auf eine weiße Karte, den *desto/umso*-Teil auf eine gelbe Karte. Mischt die Karten, legt sie nach Farben getrennt verdeckt auf und spielt Memory.

Das kann ich schon:

Sätze und Wörter:

- Meinung äußern
  ... ist mir sehr / nicht so wichtig / völlig egal. – .... soll sein. –
  Ich würde gern / am liebsten ..., weil/da ..., ... spielt keine Rolle.

- eine Absicht ausdrücken –
  etwas ablehnen
  Ich werde ..., auch wenn ... – Ich möchte mal ... –
  Bloß nicht! – Das stimmt zwar, aber ...

- rund um Beziehungen
  Herz, tief, treu, großzügig, vergeblich, bitter

- rund um das Wetter
  nass, Kälte, Temperatur, niedrig, Celsius, über/unter Null

GRAMMATIK

1. **Satz**

   a) **Nebensatz mit** *während/bis/sobald/solange* **(temporal)**
   Während sie miteinander spazieren gingen, redeten sie viel.
   Sie hatten sich verloren, **bis** sie ihn auf der Rückfahrt wieder sah.
   Solange man im Westen der Schweiz ist, hört man fast nur Französisch.
   Sobald sie außerhalb der Städte waren, begegneten ihnen manchmal Bären.

   b) **Nebensatz mit je – desto/umso (modal)**
   Je länger Lena in dem kleinen Ort war, desto wohler fühlte sie sich.
   Je mehr man von den Orangen aß, umso besser schmeckten sie.

   c) **Nebensatz mit** *sodass* **(konsekutiv)**
   Sie sind gleich ans Meer gefahren, **sodass** sie viel Zeit zum Schwimmen hatten.

2. **generalisierende Relativpronomen**
   Alles, **worüber** die beiden redeten, war oberflächlich.
   Nichts von dem, **was** er fühlt, kann er sagen.

Alles,	was sie antworten konnte, ...
Nichts,	wovon sie sprachen, ...
Überall,	wohin das Tretboot fährt, ...
Das Einzige,	worüber sich die Jungen unterhielten, ...
Das Wichtigste,	was er wissen wollte, ...

3. **reflexive Verben**

		Dativ	Akkusativ	
ich	kaufe	mir	neue Sachen.	Bei reflexiven Verben mit
du	kaufst	dir		Akkusativobjekt steht das
er/es/sie	kauft	sich		Reflexivpronomen im Dativ.
wir	kaufen	uns		
ihr	kauft	euch		
sie/Sie	kaufen	sich		

4. **Präpositionen** *statt/außerhalb/innerhalb* + Genitiv
   Statt eines T-Shirts wird er nur Hemden tragen.
   Er wird **innerhalb** eines Ortes immer ordentlich gekleidet herumlaufen.
   Er wird **außerhalb** des Campingplatzes nicht in Badehosen herumlaufen.

1 Lesen

Der Duft des Abenteuers

1 Mein Name ist Zuzana, und ich komme aus Tschechien. Ich bin 17 Jahre alt und nun schon vier Monate in Deutschland, jetzt nicht mehr in einem fremden Land, sondern in meiner neuen Heimat.

2 Wie hat alles angefangen?
Es war erst fünf Uhr morgens, und ich stand auf dem Prager Flughafen zusammen mit etwa 15 weiteren Leuten. Der Augenblick näherte sich, in dem wir uns von unseren Familien verabschieden mussten. Es war für mich und auch für alle anderen ein bisschen merkwürdig, zu winken und zu sagen: „Tschüs bis nächstes Jahr!" Dann verschwand ich im Flugzeug, und von da an war ich nur noch gespannt und voller Erwartungen, Vorstellungen und Träume.

3 Der Flug gehörte zu meinen ersten großen Erlebnissen, weil ich vorher noch nie geflogen war und auch noch nie für ein Jahr von zu Hause fort war. Die Entfernung von Prag nach Frankfurt beträgt etwa 530 km. Daher dauerte der Flug nur kurze Zeit, aber trotzdem gefiel er mir, und ich war echt begeistert. Es tat mir sogar ein bisschen leid, dass er so kurz war. Ich flog einer neuen Welt entgegen, einem neuen Leben. Ich versuchte mir vorzustellen, wie alles wird und was dort irgendwo auf mich wartet. Ich hatte Angst vor Enttäuschungen und andererseits Träume, die hoffentlich erfüllt würden.

4 Ich stieg aus dem Flugzeug, und überall um mich herum war plötzlich ein fremdes Land – Deutschland. Ich dachte nur: „Jetzt bin ich hier! Jetzt gibt es keinen Schritt zurück, jetzt musst du vorwärts!" Und das freute mich, weil alles nach Abenteuer duftete. Frankfurt ist ein internationaler Treffpunkt für alle Austauschschüler, die nach Deutschland kommen. Ich traf dort viele Leute aus verschiedenen Ländern und hatte auch die Möglichkeit, mit ihnen zu sprechen. Und ich muss sagen, dass es sehr interessant war. Das waren auch die letzten Minuten, in denen ich Tschechisch hören und sprechen konnte. In meinem Kopf ging alles durcheinander, und ich hatte auch ein bisschen Angst vor dem, was in ein paar Stunden passieren würde.

5 Die Fahrt mit dem Zug schien ewig lang zu dauern, weil ich diese dumme Angst hatte und ziemlich nervös war. Dann, in Freiburg angekommen, musste ich nur die drei Stufen aus dem Zug hinuntersteigen und ... erst jetzt fing alles richtig an. Auf dem Bahnsteig im Freiburger Bahnhof fand das schon lange erwartete Treffen statt – das Treffen mit meiner neuen Familie. Alle waren so nett und freundlich. Ich war so froh, dass ich endlich angekommen war.

6 Woran ich mich noch immer ziemlich gut erinnere, ist die große Müdigkeit, die mich nach diesem langen Tag überfiel. Irgendwann träumte ich dann nur noch von einem Bett. Von Freiburg fuhren wir in mein neues Heim. Beim ersten Blick auf meinen neuen Wohnort fühlte ich mich wie im Märchen. Ein kleines Dorf, ein großes Haus, viele Bäume und Tiere, ziemlich ungewohnt für jemanden wie mich, die aus der Stadt kommt. Ich war von diesem Ort begeistert (das bin ich immer noch). Alles war so schön! Ich bekam ein eigenes Zimmer. Das Schönste war in diesem Augenblick natürlich mein Bett. Ich schlief sofort ein und wachte am nächsten Tag in einem neuen Leben auf.

7 Seitdem lief die Zeit wahnsinnig schnell, und es gab immer mehr „gestern" und weniger „morgen". Am Anfang war alles ziemlich anstrengend, denn überall hörte ich nur die deutsche Sprache. Ich musste immer aufpassen, mich konzentrieren und überlegen, was wer gesagt hat und noch mehr, wie ich dieses oder jenes sagen soll. Aber jeden Tag lernte ich etwas dazu, und es ging immer besser.

8 Deutschland und Tschechien sind Nachbarländer in Mitteleuropa, und ich erwartete nicht, dass ich eine ganz neue Kultur entdecken würde, dass ich in den Unterschieden ertrinken würde. Auf meinem Weg durch den Alltag traf ich dennoch auf viele Überraschungen.

9 Ich hatte bisher keine Zeit, Heimweh zu haben. Natürlich vermisse ich meine Familie und Freunde und manche Kleinigkeiten, aber auf keinen Fall möchte ich jetzt gleich zurück nach Hause fahren. Ich weiß, dass ich noch viel lernen muss und vieles erleben möchte. Es gefällt mir hier, und ich will es noch genießen. Ich habe sogar Angst, dass dieses Jahr zu kurz wird und zu schnell vorbei ist. Schon jetzt kann ich kaum glauben, dass schon fast die Hälfte hinter mir liegt! Ich bin zufrieden und dankbar für alles, was ich hier habe. Für meine Familie, meine nette Betreuerin, für die schöne Landschaft und die Möglichkeit, alles, was ich will, zu machen ... Noch fünf Monate!!!

a) **Ordne die richtigen Überschriften den Abschnitten zu.**

a Mein neues Zuhause
b Ankunft in Deutschland
c Ein langer Flug
d Abschied von der Familie

e Ich möchte mich vorstellen.
f Immer nur Tschechisch
g Mein erster Flug
h So nah und doch anders

i Bald ist Halbzeit
j Empfang durch die Gastfamilie
k Aller Anfang ist schwer
l Hoffentlich bald zurück!

1	2	3	4	5	6	7	8	9
?	?	?	?	?	?	?	?	?

Lösung:

b) **Was ist richtig?**

1 Zuzana verabschiedet sich
   a von fünfzehn Leuten.
   b vom Prager Flughafen.
   c von ihren Eltern und Geschwistern.

2 Ihr erstes großes Erlebnis war
   a die Entfernung von Prag nach Frankfurt.
   b der Flug nach Frankfurt.
   c der Abschied von der Heimat.

3 Frankfurt ist der Treffpunkt
   a für alle, die nach Deutschland kommen.
   b für Schüler, die Tschechisch sprechen.
   c für Austauschschüler aus verschiedenen Ländern.

4 Ihre Gastfamilie erwartete sie
   a auf dem Bahnsteig.
   b im Zug.
   c auf den Stufen.

5 Ihr neues Heim liegt
   a im Märchen.
   b in einem Dorf.
   c in der Stadt.

6 Anfangs war es schwierig,
   a sich in der deutschen Sprache auszudrücken.
   b aufzupassen.
   c etwas Neues zu lernen.

7 Deutschland und Tschechien
   a haben eine neue Kultur.
   b haben den gleichen Alltag.
   c sind mitteleuropäische Staaten.

8 Zuzana möchte
   a jetzt gleich zurück.
   b noch Vieles erleben.
   c keine Angst mehr haben.

1	2	3	4	5	6	7	8	9
?	?	?	?	?	?	?	?	?

Lösung:

Zum Schluss

2 Landeskunde

Wann sagt man das?

1 Gute Besserung!
2 Herein!
3 Viel Glück!
4 Herzlich willkommen!
5 Alles Gute!
6 Viel Spaß!
7 Prost! / Zum Wohl!
8 Ein gutes neues Jahr!
9 Frohe Weihnachten!
10 Guten Appetit!
11 Frohe Ostern!
12 Herzlichen Glückwunsch!

Tipp!
Schreibe Beispielsätze mit den Redemitteln. So lernst du sie besser.

Ordne die Aussagen den Gelegenheiten zu.

E an Ostern
F wenn man etwas trinkt
S wenn jemand krank ist
N wenn jemand Geburtstag hat
C wenn es klopft
E wenn jemand ausgehen will

I zum Essen
H vor einer Prüfung
E an Silvester
Ö wenn ein Gast angekommen ist
R an Weihnachten
N wenn jemand Geburtstag hat, wegfährt oder etwas vorhat

1	2	3	4	5	6
?	?	?	?	?	?

7	8	9	10	11	12
?	?	?	?	?	?

Lösung:

3 Lernen lernen

Wortnetz

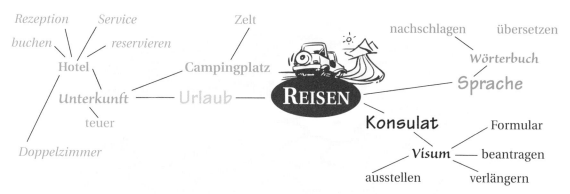

a) **Ergänze das Wortnetz „Reisen" mit weiteren Wörtern, die du schon kennst. Es können Nomen, Verben, Adjektive und andere Wörter sein.**

b) **Bau ein Wortnetz „Wohnen" auf. Verwende diese Wörter:**
WC, Aufzug, Ofen, Hocker – Nebenkosten, Vermieter, Quadratmeter, Vorhang, Wohnblock, Lage – einziehen, heizen – renovieren, vermieten, kündigen, ausziehen – möbliert, netto

**Schlag Wörter, die du nicht ableiten kannst, im Wörterbuch nach.
Ergänze das Wortnetz mit weiteren Wörtern, die du schon kennst.**

c) **Aus dem Wortnetz „Krankheit" kennst du schon viele Wörter. Hier sind noch ein paar neue, die du zum Teil ableiten kannst:**
Krankenkasse, Krankenschein, Pille, Spritze – operieren, versichern, Fieber messen

Bau das Wortnetz „Krankheit" auf. Schau in den Wortlisten nach.

Zum Schluss

4 Wiederholung

4.1 Au-pair-Mädchen gesucht

> **Au-pair–Mädchen**
> **nach Wien gesucht**
> *Junges Ehepaar mit zwei*
> *Kindern (4 u. 6 J.) sucht zum*
> *1. 8. Au-pair-Mädchen.*
> *Kinderbetreuung und leichte*
> *Arbeit im Haushalt; eigenes*
> *Zimmer mit TV; gutes*
> *Taschengeld; werktags ab 16*
> *Uhr frei, Wochenenden eben-*
> *falls. Interessiert? Dann*
> *schreiben Sie eine Mail an*
> *frank–meinert@online.at*

Nachricht

Senden | Speichern | | Datei einfügen... | Priorität ▾ | Optionen...

Diese Nachricht wurde noch nicht gesendet.

Liebe Familie Meinert,
mit Interesse habe ich Ihre Anzeige im Kurier vom 15. April gelesen. Ich bin 18 Jahre alt, komme aus Lausanne in der französischen Schweiz und mache (1) Sommer die Matura, wie Sie in Österreich sagen. Ich habe schon in der Schule Deutsch gelernt, suche aber jetzt eine Au-pair–Stelle, (2) meine Deutschkenntnisse zu verbessern. Eigentlich (3) ich dazu auch in der Schweiz bleiben. Aber ich möchte (4) ins Ausland. Und Wien hat mich immer schon interessiert.
Als Au-pair–Mädchen, glaube ich, eigne ich mich gut, (5) ich mag Kinder sehr gern. Ich habe Erfahrung mit kleinen Kindern. Meine Neffen, mit (6) ich gern und oft spiele, sind nämlich drei und fünf Jahre alt. Außerdem macht mir Hausarbeit nichts aus. Da meine Eltern beide berufstätig sind, (7) ich regelmäßig im Haushalt helfen. Besonders wichtig ist für mich, dass ich am Nachmittag und Abend möglichst oft frei habe, (8) ich unbedingt (9) meines Aufenthalts eine Sprachenschule besuchen möchte. Und am Wochenende hätte ich Zeit, Museen und Schlösser (10) besichtigen. Ich freue mich schon auf Ihre – hoffentlich positive – Antwort.
Ihre Josephine Dumont

Welches Wort passt in die Lücken? Du kannst jedes Wort nur einmal verwenden. Nicht alle Wörter passen.

a) damit   b) denen   c) denn   d) deshalb   e) die
f) könnte   g) lieber   h) im   i) muss   j) ob
k) um   l) viel   m) während   n) weil   o) zu

Lösung:

1	2	3	4	5	6	7	8	9	10
?	?	?	?	?	?	?	?	?	?

4.2 Ferienaustausch

Köln, 17. 7. 20..

Hallo Sigi,
ich (1) Dir unbedingt erzählen, was für Probleme ich zur Zeit habe. Du weißt doch, dass ich an (2) Ferienaus-tausch mit England teilnehme. Ein englisches Mädchen kommt für zwei Wochen zu uns, und dann fahre ich mit (3) England und bleibe zwei Wochen bei ihr. Das (4) ich mir ganz toll vorgestellt. Aber es ist ziemlich schwierig. Beryl, so heißt meine Partnerin, ist ja (5) nett, und wir kommen gut miteinander aus. Aber sie isst nichts! Sie ist jetzt schon vier Tage bei (6), und außer Kaffee und etwas Brot hat sie noch nichts (7). Wenn ich sie frage, (8) ihr das deutsche Essen nicht schmeckt, sagt sie, sie macht Diät. Dabei ist sie so schlank. Ich glaube, dass sie (9) Essen nicht mag. Was soll ich nur machen? Sie muss doch Hunger (10)! Hast Du nicht irgendeinen Tipp?
Liebe Grüße
Deine Gaby

Welches Wort passt in die Lücken?

1   a) muss
   b) darf
   c) kann

2   a) ein
   b) einem
   c) einen

3   a) aus
   b) in
   c) nach

4   a) bin
   b) hatte
   c) war

5   a) ganz
   b) viel
   c) nicht

6   a) euch
   b) mich
   c) uns

7   a) essen
   b) gegessen
   c) isst

8   a) was
   b) dass
   c) ob

9   a) unser
   b) euer
   c) ihr

10 a) hatten
   b) hat
   c) haben

Lösung:

1	2	3	4	5	6	7	8	9	10
?	?	?	?	?	?	?	?	?	?

Wortliste

Die chronologische Wortliste enthält die Wörter dieses Buches mit Angabe der Seiten, auf denen sie zum ersten Mal vorkommen. Nomen mit der Angabe (Sg.) verwendet man nur oder meist im Singular. Nomen mit der Angabe (Pl.) verwendet man nur oder meist im Plural. *Passiver Wortschatz = kursiv gedruckt*

Themenkreis 9

Lektion 33:
Was möchtest du werden?

Seite 6
Vorbild, das, -er
Physiker, der, -
Jahrhundert, das, -e
sterben
Nobelpreis, der, -e
Relativitätstheorie, die (Sg.)
studieren
Textilkunde, die (Sg.)
Moderedakteurin, die, -nen
Kollektion, die, -en
Stil, der, -e
Modedesignerin, die, -nen
Südtirol
Bergsteigen, das (Sg.)
besteigen
zahlreich
Himalaya-Expedition, die, -en
durchqueren
Arktis, die (Sg.)
zu Fuß
Gabun
aufhalten (sich)
Friedensnobelpreis, der, -e
damalig
Punk, der, -s
Aussehen, das (Sg.)
Ingenieur, der, -e
Maschinenbau, der (Sg.)
Studium, das (Sg.)
konstruieren
entwickeln
nebenher
Automobil, das, -e

Seite 7
Abenteuer, das, -
Traumberuf, der, -e
Genie, das, -s
Karriere, die, -n

Seite 8
Medizin, die (Sg.)
blass
Polizist, der, -en
Polizistin, die, -nen
Verkäufer, der, -

Verkäuferin, die, -nen
Bauer, der, -n
Bäuerin, die, -nen
Pilot, der, -en
Pilotin, die, -nen
erlernen
Wunsch, der, ⸚e
Beruf, der, -e
Berufswunsch, der, ⸚e
Tierärztin, die, -nen

Seite 9
Augenblick, der, -e
Automechaniker, der, -
reparieren
darum
Automechanikerin, die, -nen

Seite 10
Technik, die, -en
Gefühl, das, -e
logisch
lösen
Gerechtigkeit, die (Sg.)
einsetzen (sich)
beruflich
kämpfen
Armut, die (Sg.)
Frieden, der (Sg.)
Krieg, der, -e
fliehen
eher
zurückgezogen
Porträt, das, -s
irgendwo
Designer, der, -
künstlerisch
Bereich, der, -e

Seite 11
Informatiker, der, -
möglich
alle möglichen

Lektion 34:
Musik ist mein Leben

Seite 12
Leben, das (Sg.)
Chef, der, -s
Keyboarderin, die, -nen

Schlagzeuger, der, -
proben
Probe, die, -n
auftreten
musikalisch
Auftritt, der, -e

Seite 13
Stadtanzeiger, der, -
Turbo-Abend, der, -e
Thüringen
sicherlich
Jugend, die (Sg.)
Highlight, das, -s
Tournee, die, -n
Station, die, -en
Stadthalle, die, -n
Kasse, die, -n
erwischen
Erfolg, der, -e
Riesenerfolg, der, -e
beitragen
Vorprogramm, das, -e
Swing, der (Sg.)
Fall, der, ⸚e
auf jeden Fall
Mischung, die, -en
Saxophon, das, -e
Trompete, die, -n
Akkordeon, das, -s
Keyboard, das, -s
Reisebüro, das, -s
Wochenende, das, -n
Fischmarkt, der, ⸚e

Seite 14
Musical, das, -s
wählen
Song, der, -s
basieren
Erlebnis, das, -se
Anreise, die (Sg.)
zauberhaft
Ticket, das, -s
verbinden
Erkundung, die, -en
Tour, die, -en
Entdecker, der, -
Entdeckertour, die, -en
Hafen, der, ⸚en
Frühaufsteher, der, -
erleben

HSV (Hamburger Sportverein), der (Sg.)
informieren (sich)
Übernachtungsmöglichkeit, die, -en
Anreisemöglichkeit, die, -en

Seite 15
Musikerin, die, -nen
Profimusikerin, die, -nen
unterwegs
Geige, die, -n
Fingerübung, die, -en
gemeinsam
dabei
Künstlername, der, -n
Wirklichkeit, die (Sg.)
vorwärts
rückwärts
Niederrhein, der (Sg.)
beschließen
Geigerin, die, -nen
elfjährig
Bühne, die, -n
begeistern
seitdem
lohnen (sich)
Preis, der, -e
musizieren
Bundesjugendorchester, das (Sg.)
Nachwuchsmusiker, der, -
Musikhochschule, die, -n
Jungstudentin, die, -nen
aufnehmen
Wahnsinnsgefühl, das, -e
Konzertsaal, der, -säle
Hall, der (Sg.)
Ton, der, ⸚e
Mühe, die, -n
wert sein
Japan
Cello, das, Celli
gründen

Seite 16
überhaupt
Panflöte, die, -n
Alphorn, das, ⸚er
Bouzouki, die, -s
Dudelsack, der, ⸚e
Didgeridoo, das, -s

Wortliste

Lektion 35:
Mein Hobby – mein Beruf?

Seite 18
Motorsporttalent, das, -e
ADAC (Allgemeiner
    Deutscher Automobil-
    Club), der (Sg.)
Meisterschaft, die, -en
Nachwuchspilot, der, -en
Rennen, das, -
Gokart, das, -s
Meister, der, -
Europameister, der, -
bereits
PS (Pferdestärke)
km/h (Kilometer pro
    Stunde)
Wagen, der, -
Fahrer, der, -
prominent
Helfer, der, -
Seite, die, -n
kümmern (sich)
träumen
davon
irgendwann
steinig
erfolgreich
Menge, die, -n
eineinhalb
Geburtsort, der, -e
obwohl
Spaß machen
zwischen
Hochbett, das, -en
Pokal, der, -e
Wand, die, ⸚e
Kartzeit, die (Sg.)
Automobilsport, der (Sg.)
Kartmeister, der, -
Kartweltmeisterschaft, die,
    -en
Belgien
Weltmeister, der, -
Titel, der, -
Weltmeistertitel, der, -
Rekord, der, -e

Seite 20
Arbeitsplatz, der, ⸚e
Schritt, der, -e
Gymnasiast, der, -en
Job, der, -s
Software, die, -s
Experte, der, -n
Software-Experte, der, -n
Umgebung, die (Sg.)
entwerfen

Abrechnungsprogramm,
    das, -e
Homepage, die, -s
auskennen (sich)
Handwerksbetrieb, der, -e
Ort, der, -e
Nachbarort, der, -e
Auftrag, der, ⸚e
erstellen
gestalten
schaffen
technisch
Voraussetzung, die, -en
knüpfen
Link, der, -s
einrichten
E-Mail-Adresse, die, -n
Kundendienst, der (Sg.)
gesamt
Internet, das (Sg.)
Präsentation, die, -en
Internet-Präsentation, die,
    -en
inzwischen
erhalten
Ersatzteil, das, -e
zusammenbauen
Zeitschrift, die, -en
Wissen, das (Sg.)
befragen
Mitschüler, der, -
Altgriechisch, das (Sg.)

Seite 21
Werkstatt, die, ⸚en
Autowerkstatt, die, ⸚en
Erstellung, die (Sg.)
programmieren
Dateimanager, der (Sg.)
elektronisch
Webseite, die, -n
Scanner, der, -
einscannen
verschwinden
Rechner, der, -
abstürzen
unterstützen
Klo, das, -s
Klopapier, das (Sg.)
Tetris-Spiel, das (Sg.)

Seite 22
Olympia
Eisprinzessin, die, -nen
Märchen, das, -
beispielsweise
ungefähr
vergangen sein
erwachsen

Jugendolympiade, die (Sg.)
Olympische Spiele, die (Pl.)
täglich
mehrere
trainingsfrei
Profi, der, -s
Sportprofi, der, -s
verdienen
Meisterin, die, -nen
Weltmeisterin, die, -nen
Goldmedaille, die, -n
Star, der, -s
zu Ende

Seite 23
Druck, der (Sg.)
Verein, der, -e
Spielsaison, die (Sg.)
Sieg, der, -e
Mannschaft, die, -en
Kontakt, der, -e
ehrgeizig
überzeugt
Spielfeldrand, der, ⸚er
schreien
Anweisung, die, -en
ähnlich
Form, die, -en
analysieren
endlos
dauernd
spüren
kritisch
Blick, der, -e
Verhalten, das (Sg.)
schließlich
überraschen
Mut, der (Sg.)
Leistungssport, der (Sg.)
schaden
Gesundheit, die (Sg.)

Lektion 36: Auf dem Weg
zum Superstar?

Seite 24
Zukunft, die (Sg.)
Model, das, -s
Filmfestival, das, -s
begeistert

Seite 25
bewerben (sich)
Soap-Casting, das, -s
Erfahrung, die, -en
Schauspielerfahrung, die,
    -en
dialektfrei

Aussprache, die (Sg.)
Ausstrahlung, die (Sg.)
ideal
Lebenslauf, der, ⸚e
Video, das, -s
beilegen
reichen
Porträtfoto, das, -s
Trendgesicht, das, -er
Zeug, das (Sg.)
Anforderung, die, -en
unkonventionell
spontan
weiblich
männlich
Gewinner, der, -
Agentur, die, -en
professionell
Mode-Shooting, das, -s
Trendmetropole, die, -n
Bewerbung, die, -en
per
verraten
Körper, der, -
Kleidergröße, die, -n
Kategorie, die, -n
aufteilen
Ausbildung, die, -en
Ausbildungsfinanzierung,
    die, -en
Musikrichtung, die, -en
einzig
Talent, das, -e
Vertrag, der, ⸚e
Tonstudio, das, -s
Kandidatin, die, -nen
Kandidat, der, -en
sowohl ... als auch
Laufsteg, der, -e
Foto-Shooting, das, -s
Pilot-Sendung, die, -en
Modeln, das (Sg.)

Seite 26
Casting, das, -s
Rolle, die, -n
Regisseur, der, -e
aufregen (sich)
konzentrieren (sich)
beruhigen (sich)
vorstellen (sich)
verabschieden (sich)
Vorgespräch, das, -e
irgendein
Begebenheit, die, -en
Darstellerin, die, -nen
Auswahl, die (Sg.)
Szene, die, -n
Darsteller, der, -

Wortliste

coachen
durchgehen (einen Text)
versprechen (sich)
Panne, die, -n
ausrechnen (sich etwas)
Zusage, die, -n
Produktion, die, -en
Zuschauer, der, -
Gesangskunst, die, ⸚e
Tanzkunst, die, ⸚e
beurteilen
ursprünglich
Bewerber, der, -
antreten
übrig
Künstler, der, -
Zweitplatzierte, der, -n
Drittplatzierte, der, -n
Publikum, das (Sg.)

Seite 27
real
organisieren
Testshooting, das, -s
feststellen
fotogen
Kosten, die (Pl.)
übernehmen
seriös
Agentur, die, -en
verlangen
anfallen
selbst
Nachwuchs, der (Sg.)
Elternteil, der, -e
wovon
Mitarbeiter, der, -
Glanz, der (Sg.)
Ruhm, der (Sg.)
Semester, das, -
Betriebswirtschaft, die (Sg.)
Stimme, die, -en
immerhin
Live-Auftritt, der, -e
Abteilung, die, -en
Lesesaal, der, -säle
Bücherei, die, -en
Stand, der, ⸚e

Zum Schluss

Seite 29
Studio, das, -s
Komparse, der, -n
Alltag, der (Sg.)
Komparsenalltag, der (Sg.)
Rampenlicht, das (Sg.)
Nobody, der, -ies

Held, der, -en
zumindest
handeln (sich ... um)
Outfit, das, -s
Kneipe, die, -n
Flipper, der, -
rennen
Folge, die, -n
ständig
umziehen (sich)
dadurch
auffallen
Bildschirm, der, -e
derselbe
herumsitzen
ablaufen
profimäßig
mitkriegen
Einstellung, die, -en
umarmen
nachfüllen
allmählich
Stimmung, die, -en
vorgesehen
überschreiten
anschreien
Motto, das, -s
verdammt
abdrehen (Film)
kriegen
Flieger, der, -
Nebenrolle, die, -n

Seite 30
Trompeter, der, -
seit
damals
regelmäßig
mittlerweile
Orchester, das, -
Veranstaltung, die, -en
Jazzband, die, -s
Vokabel, die, -n
Vokabeltrainer, der, -
speichern
Clou, der, -s
häufig
Lösung, die, -en
forschen
Naturwissenschaft, die, -en
Juniorsparte, die (Sg.)
experimentieren
Forschung, die, -en
Forschungsthema, das, -themen
Fachgebiet, das, -e
Arbeitswelt, die (Sg.)
Geowissenschaft, die (Sg.)
Raumwissenschaft, die (Sg.)

Aufenthalt, der, -e
Forschungsaufenthalt, der, -e
Studienreise, die, -n
bedeutend
austragen
Schirmherrschaft, die (Sg.)
Bundespräsident, der, -en
musikbegeistert
jährlich
Altersgrenze, die, -n
Instrumentalfach, das, ⸚er
Regionalwettbewerb, der, -e
Landeswettbewerb, der, -e
Bundeswettbewerb, der, -e
qualifizieren (sich)
motivieren
Weise, die (Sg.)
fördern
Musikrat, der (Sg.)

Seite 31
verwenden
benutzen
Pinnwand, die, ⸚e

Seite 32
klingeln
stecken
Fernsehsender, der, -
übrigens
Ring, der, -e

Themenkreis 10

Lektion 37:
Das mache ich gern

Seite 34
Neigungsfach, das, ⸚er
Arbeitsgemeinschaft, die, -en
Umweltkunde, die (Sg.)
Werken, das (Sg.)
Notenheft, das, -e
Material, das, Materialien
stellen (zur Verfügung)

Seite 36
Bundesland, das, ⸚er
Bundeskanzler, der, -
Bundeskanzlerin, die, -nen
bilden
Regierung, die, -en
Parlament, das, -e
Bundestag, der (Sg.)
Landtag, der, -e

Partei, die, -en
Präsident, der, -en
Minister, der, -

Seite 37
retten
Urwald, der, ⸚er
Trinkwasser, das (Sg.)
Klimawandel, der (Sg.)
Luft, die (Sg.)
Luftverschmutzer, der, -
Tanker, der, -
Unglück, das, -e
Tankerunglück, das, -e
Mittelmeer, das (Sg.)
Katastrophe, die, -n
Hochwasser, das (Sg.)
Hochwasserkatastrophe, die, -n
alternativ
Energie, die, -n
leisten
riechen
schmutzig
lauter
Smog, der (Sg.)
atmen
Kraftwerk, das, -e
Industrie, die, -n
verursachen
Schadstoff, der, -e
giftig
Stoff, der, -e
brausen
Karibik, die (Sg.)
zerstören
Gebäude, das, -
Meeresnähe, die (Sg.)
Bevölkerung, die (Sg.)
Gefahr, die, -en
schützen
Innere, das (Sg.)
einmalig
Ereignis, das, -se
Gegenteil, das (Sg.)
Wissenschaftler, der, -
Zusammenhang, der, ⸚e
Stärke, die (Sg.)
Sturm, der, ⸚e
Klimaerwärmung, die (Sg.)
heftig
auslösen
Welle, die, -n
Wärme, die (Sg.)
Oberflächenwasser, das (Sg.)
tropisch
Atlantik, der (Sg.)
Milliarde, die, -n

Wortliste

weltweit
Explosion, die, -en
Umweltverschmutzung, die
  (Sg.)
Hauptgrund, der, -̈e
Region, die, -en
Erde, die (Sg.)
Abgas, das, -e
Dose, die, -n
Strom, der (Sg.)
sparsam
Recycling, das (Sg.)
wegwerfen
brennen

Seite 38
Verzeihung, die (Sg.)
Zigarette, die, -n
Umweltsünder, der, -
Steckdose, die, -n
Stecker, der, -

Seite 39
testen
Umweltengel, der, -
Ware, die, -n
Verpackung, die, -en
öfter
Tüte, die, -n
Plastiktüte, die, -n
Sonnenenergie, die (Sg.)
Plastikfolie, die, -n
Alufolie, die, -n
verpacken
Umweltschützer, der, -
blind
taub
notwendig
Batterie, die, -n
Akku, der, -s
Mülltonne, die, -n
Botschafter, der, -
Kid, das, -s
Greenteam, das, -s
Protest, der, -e
ausdrücken
zurzeit
Aktion, die, -en
Schutz, der (Sg.)
Kopierladen, der, -̈
werben
unglaublich
uralt
verarbeiten
Organisation, die, -en

Lektion 38: Wandertag

Seite 40
Ostsee, die (Sg.)
Sächsische Schweiz, die
  (Sg.)
Saurierpark, der, -s
Figur, die, -en
Porzellan, das (Sg.)
abstimmen
Erlaubnis, die (Sg.)
allein
Wanderweg, der, -e
Großstadt, die, -̈e
Stein, der, -e
Ausstellung, die, -en
Eintrittskarte, die, -n
Eintritt, der (Sg.)
Tal, das, -̈er
Natur, die (Sg.)
Picknick, das, -s

Seite 41
Zwinger, der (Sg.)
Taschenbergpalais, das (Sg.)
Residenzschloss, das (Sg.)
Semperoper, die (Sg.)
Kultur, die, -en
Gemäldegalerie, die, -n
nachdem
Mülleimer, der, -
zu viert
Vergnügen, das (Sg.)
Stelle, die, -n

Seite 42
Start, der, -s
verlassen
abbiegen
steil
ansteigen
steigen
abwärts
Ufer, das, -
link-
aufwärts
Aufstieg, der, -e
Aussicht, die, -en
überqueren
Schneise, die, -n
senkrecht
aufragen
Felswand, die, -̈e
Schlucht, die, -en
km (Kilometer, der, -)
Gaststätte, die, -en
schwitzen
Schatten, der, -
warm

vernünftig
Gras, das, -̈er
bevor
hinsehen
Hitze, die (Sg.)
nass

Seite 43
zweieinhalb
hungrig
ausruhen
zugeben (etwas)
Einkaufsbummel, der, -
Shopping-Meile, die, -n
Turm, der, -̈e
Souvenir, das, -s

Seite 44
reichhaltig
kulturell
Angebot, das, -e
Innenstadt, die, -̈e
husten
Verbindung, die, -en
Vorort, der, -e
öffentlich
Miete, die, -n
Diskothek, die, -en
Gesamtschule, die, -n
Landei, das, -er
Kindheit, die (Sg.)
Sachsen-Anhalt
überreden
mieten
frustriert
ausgehen
feststehen
mittlere Reife, die (Sg.)
imponieren
Hochhaus, das, -̈er
riesig
grüßen
wundern
Alter, das (Sg.)
wohlfühlen (sich)
Menschenmasse, die, -n
vorkommen
seltsam
anscheinend
dringend
Termin, der, -e

Lektion 39: Man lernt nicht
nur in der Schule

Seite 46
Berufswahl, die (Sg.)
Handwerker, der, -

Kellner, der, -
Beamte, der, -n
Briefträgerin, die, -nen
Krankenpfleger, der, -
Lehre, die (Sg.)
Berufsschule, die, -n
Praktikum, das, Praktika
Automechanikermeister,
  der, -
Praktikant, der, -en
Bericht, der, -e
Umgang, der (Sg.)
aufrufen
Karteikarte, die, -n
Patient, der, -en
ordnen
zukommen (auf jemanden)
entscheiden
Arztpraxis, die, -praxen
sozial
Reparatur, die, -en

Seite 47
pflegebedürftig
Bewohner, der, -
Altenheim, das, -e
Rollstuhl, der, -̈e
herrichten
bereitlegen
Senior, der, -en
positiv
beeinflussen
zur Seite stehen
behandeln
Abschlussfüllung, die, -en
bohren
trocknen
einstellen (sich ... auf)
Gerät, das, -e
Medikament, das, -e
Wahl, die, -en
Angestellte, der/die, -n
öffnen
stempeln
sortieren
Kunde, der, -n
eingeben
erledigen
gelingen
einbeziehen
selbstständig
Wunde, die, -n
versorgen
verbinden (Wunden)
Akupunktur, die (Sg.)
Nadel, die, -n
ziehen
Erwartung, die, -en
geeignet sein

Wortliste

ausführen
Tätigkeit, die, -en
Reifenwechsel, der (Sg.)
Reinigung, die, -en
Werkzeug, das, -e
zerlegen
Lager, das, -
Bezeichnung, die, -en
Unterschied, der, -e
Ottomotor, der, -en
Dieselmotor, der, -en
Haarspray, das, -s
Shampoo, das, -s
Haarefärben, das (Sg.)
beobachten
nötig
selber
mischen

Seite 48
Schulabschluss, der, ‥e
Lehrberuf, der, -e
Schulabgänger, der, -
Abiturient, der, -en
Industriekaufmann, der,
   Industriekaufleute
Industriekauffrau, die, -en
Bankkaufmann, der,
   Bankkaufleute
Bankkauffrau, die, -en
Handel, der (Sg.)
Handwerk, das (Sg.)
Groß- und
   Außenhandelskaufmann,
   der, Groß- und
   Außenhandelskaufleute
Groß- und
   Außenhandelskauffrau,
   die, -en
Steuerfachangestellter, der, -
   angestellten
Steuerfachangestellte, die, -
   angestellten
Kraftfahrzeugmechatro-
   niker, der, -
Kraftfahrzeugmechatro-
   nikerin, die, -nen
Einzelhandelskaufmann,
   der,
   Einzelhandelskaufleute
Einzelhandelskauffrau, die,
   -en
Friseurin, die, -nen
Fachverkäufer, der, -
Fachverkäuferin, die, -nen
Bürokaufmann, der,
   Bürokaufleute
Bürokauffrau, die, -en
Arzthelfer, der, -

Arzthelferin, die, -nen
Zahnmedizin, die (Sg.)
Fachangestellter, der, -ange-
   stellten
Fachangestellte, die, -ange-
   stellten
Maler, der, -
Malerin, die, -nen
Lackierer, der, -
Lackiererin, die, -nen
Metallbauer, der, -
Metallbauerin, die, -nen
Tischler, der, -
Tischlerin, die, -nen

Seite 49
Unfallschutz, der (Sg.)
Betrieb, der, -e
Schutzbrille, die, -n
erforderlich
Notausgang, der, ‥e
Pflicht, die, -en
Helm, der, -e
Rauchverbot, das (Sg.)
Verbot, das, -e
Vorsicht, die (Sg.)
anfassen
Stellenanzeige, die, -n
Unternehmen, das, -
Informationstechnik, die
   (Sg.)
Auszubildende, der/die, -n
Fachinformatik, die (Sg.)
winken
Unterlagen, die (Pl.)
Stadtwerke, die (Pl.)
bieten
vielfältig
kaufmännisch
handwerklich
Chance, die, -n
aufspringen
Azubi, der/die, -s
Verstärkung, die, -en
attraktiv
Kenntnis, die, -se
erwünschen
Metzgerei, die, -en
Lehrling, der, -e
Aushilfe, die, -n
Laden, der, ‥

Lektion 40: „Tierschutz"

Seite 50
Tierschutz, der (Sg.)
Eisbär, der, -en
Tiger, der, -

Elefant, der, -en
Nashorn, das, ‥er
Bär, der, -en
Hirsch, der, -e
Orang-Utan, der, -s
Lama, das, -s
Giraffe, die, -n
Löwe, der, -n
Pinguin, der, -e
Krokodil, das, -e
Känguru, das, -s
Nordamerika
Europa
Asien
Südamerika
Afrika
Australien
Antarktis, die (Sg.)
Kontinent, der, -e
asiatisch
Stoßzahn, der, ‥e
Wilderei, die (Sg.)
Elfenbein, das (Sg.)
Elfenbeinhandel, der (Sg.)
verantwortlich
Elefantenbulle, der, -n
Geburt, die, -en
kostbar
jagen
zahnlos
Minderheit, die, -en
verschonen
Raubkatze, die, -n
Feind, der, -e
gefährden
Tierschützer, der, -
Alarm, der (Sg.)
Verlust, der, -e
Lebensraum, der, ‥e
Beutetier, das, -e
Bedingung, die, -en
Lebensbedingungen, die
   (Pl.)
extrem
verschlechtern

Seite 51
Nepal
Panzernashorn, das, ‥er
aussterben
töten
wertvoll
Horn, das, ‥er
Tourismus, der (Sg.)
Sandstrand, der, ‥e
bedrohen
unecht
Karettschildkröte, die, -n
ablegen

Lichtreklame, die, -n
Stranddisco, die, -s
Orientierung, die (Sg.)
erschweren
wagen (sich)
schlüpfen
Richtung, die, -en
lenken
Borneo
Flucht, die (Sg.)
Waldbrand, der, ‥e
Nahrung, die (Sg.)
treiben
Plantage, die, -n
skrupellos
Affe, der, -n
anbieten
Versuch, der, -e
Labor, das, -s
hingegen
Verbrecher, der, -
lebend
örtlich
befreien
medizinisch
liebevoll
pflegen
Nationalpark, der, -s
reich
engagieren (sich)
Gebiet, das, -e
Flusspferd, das, -e
entstehen
verhindern
Parkgrenze, die, -n
festlegen
Wildhüter, der, -
ausgebildet
Ökotourismus, der (Sg.)
ausbauen
Projekt, das, -e
verbessern

Seite 52
erholen (sich)
selten
Gründung, die, -en
bemühen (sich)
Erhaltung, die (Sg.)
Art, die, -en
negativ
Tierpark, der, -s
laufend
Verantwortung, die (Sg.)
zeitgemäß
Arterhaltung, die (Sg.)
gezielt
Tradition, die, -en
Züchtung, die, -en

Wortliste

Züchtungsprojekt, das, -e
Przewalski-Pferd, das, -e
China
Kasachstan
realisieren
sichern
Brutapparat, der, -e
madagassisch
Strahlen-Schildkröte, die, -n
Mhora-Gazelle, die, -n
Wildbahn, die (Sg.)
ausrotten
arabisch
transportieren
Freiheit, die, -en
entlassen
Zoodirektor, der, -en
seit
Kooperation, die, -en
ausländisch
Bestandteil, der, -e
finanziell
Mittel, das, -
Sponsorengelder, die (Pl.)
freiwillig
Spende, die, -n
Besucherzahl, die, -en
durchschnittlich
merken
zentral
Anliegen, das, -
betreuen
vorhanden

Seite 53
Wiederansiedlung, die (Sg.)
Abkürzung, die, -en
Haut, die, ⸚e
Merkmal, das, -e
Rüssel, der, -
Indien
Savanne, die, -n
dicht
weich
Fell, das, -e
Sumatra
Panzer, der, -
spitz
Flügel, der, -
Schwanz, der, ⸚e
rund
Schnabel, der, ⸚
scharf
Maul, das, ⸚er
Flussufer, das, -
kräftig
Hinterbein, das, -e
Vorderbein, das, -e
Beuteltier, das, -e

Seite 54
Frack, der, ⸚e
stehlen

Seite 55
Gorilla, der, -s
Schimpanse, der, -n
Menschenaffe, der, -n
deutlich
unterscheiden
auffällig
ausgewachsen
Männchen, das, -
Backe, die, -n
Südostasien
malaiisch
Regenwald, der, ⸚er
Zweig, der, -e
Blatt, das, ⸚er
Nest, das, -er
gelangen
Frucht, die, ⸚e
Insekt, das, -en
Vogelei, das, -er
Vorfahr(e), der, -(e)n
Ähnlichkeit, die, -en
Gehirn, das, -e
aufrecht
Haltung, die (Sg.)
Daumen, der, -
greifen
Holzstock, der, ⸚e
graben
Schirm, der, -e
Regenschirm, der, -e
Sonnenschirm, der, -e
reif
behüten
Einzelgänger, der, -
fällen
roden
Fläche, die, -n
Landwirtschaft, die (Sg.)
betreiben
einfangen
Transport, der, -e
Gefangenschaft, die (Sg.)
Rettung, die, -en
zoologische Gesellschaft, die
    (Sg.)
Wiederansiedlungsprojekt,
    das, -e
ausgewildert
Beitrag, der, ⸚e
Konto, das, Konten
Sparkasse, die, -n

Zum Schluss

Seite 57
Babysitter, der, -
Terror, der (Sg.)
Geldnot, die (Sg.)
Babysitten, das (Sg.)
amüsieren (sich)
Abendbrot, das (Sg.)
absitzen
folgend-
erleiden
Vermittlung, die, -en
Wartezeit, die, -en
Vorstellungsgespräch, das,
    -e
Eindruck, der, ⸚e
brüllen
Schwierigkeit, die, -en
wiederum
Erziehung, die (Sg.)
Methode, die, -n
Erziehungsmethode, die, -n
Jungs, die (Pl.)
abbauen
toben
angenehm
Hindernis, das, -se
pädagogisch
Laufbahn, die, -en
Trickfilm, der, -e
auskriegen
Rache, die (Sg.)
verdutzt
wütend
prügeln (sich)
gegenseitig
unschuldig
stottern
zurechtkommen
nicken
Schock, der, -s
überstehen
Katastrophenerfahrung, die
    (Sg.)
bereit
merkwürdig
abschließen

Seite 58
Projekttag, der, -e
stattdessen
allgemein
Thema, das, Themen
Aktivität, die, -en
auswählen
beteiligen (sich)
Redaktion, die, -en
durchführen

Dschungel, der, -
einigen (sich)
loslegen
Fähigkeit, die, -en
Moderator, der, -en
Geräusch, das, -e
aufschlagen
ankündigen
fantasiereich
ideenreich
Waffel, die, -n
herstellen
Teig, der, -e
schneiden
Spieß, der, -e
lecker
jedenfalls

Seite 60
Hoffnung, die, -en
erziehen
reinigen
Krankheit, die, -en
Möglichkeit, die, -en

Themenkreis 11

Lektion 41:
trendy – in – modern

Seite 62
trendy
in sein
Werbung, die (Sg.)
Handtasche, die, -n
Schmuck, der (Sg.)
Parfüm, das, -s
Geldbörse, die, -n
altmodisch
Velo, das, -s
zwar
optimal

Seite 63
kürzlich
Schrei, der, -e
stolz
anders
sonst
Artikel, der, -
Bekleidung, die (Sg.)
Haarpflege, die (Sg.)
Gesichtspflege, die (Sg.)
Armbanduhr, die, -en

Seite 64
ausschließen

Wortliste

einsam
folgen
richten (sich nach etwas)
Ausnahme, die, -n
drehen (sich um etwas)
Hauptsache, die (Sg.)
sichtbar
abhängen von
Persönlichkeit, die, -en
entdecken
Vorstellung, die, -en
verwirklichen
ablehnen
abhängig
zornig
fürchten (sich)
ängstlich sein

Seite 65
Behauptung, die, -en
Schülerforum, das, -foren
Clique, die, -n
unterhalten (sich)
prahlen
sinnvoll
ausgeben
Ding, das, -e
angemacht werden
angesagt sein
Aufsehen, das (Sg.)
klug
Charakter, der, -e
mittendrin
Tastendruck, der (Sg.)
Mobiltelefon, das, -e
zunehmen
besitzen
Modell, das, -e
glitzern
Oberschale, die, -n
Logo, das, -s
küssen
Klingel, die, -n
Klingelton, der, ̈-e
out sein
neuerdings

Seite 67
ausschalten
widersprechen
möglichst
Laune, die, -n
unternehmen
weigern (sich)
aussuchen
modisch
bedanken (sich)
Schaufenster, das, -
Großverdiener, der, -

Kaufrausch, der (Sg.)
zustecken (jemandem etwas)
außer der Reihe
Drumherum, das (Sg.)
herausrücken
draufgehen
herunterladen
zahlen
Rest, der, -e
fließen
unterschiedlich
Kosmetik, die (Sg.)

Lektion 42: Mode

Seite 68
gestreift
kariert
gemustert
halbblang
oberflächlich
worauf
achten
signalisieren
Aufmachung, die, -en
bewusst sein
unmodisch
Äußerlichkeit, die, -en
völlig
unabhängig
aufmerksam
Label, das, -s
Erwachsene, der/die, -n
Sicherheit, die, -en
erscheinen
einkleiden (sich)
auf keinen Fall
herumexperimentieren
Darstellung, die, -en
Selbstdarstellung, die, -en

Seite 69
unbewusst
Äußere, das (Sg.)

Seite 70
worüber
worum
woran
wofür
Kummerkasten, der, ̈
Rat, der (Sg.)
zweijährig
neulich
farbig
wahnsinnig
bitten

berufstätig
Wert legen (auf etwas)
Garderobe, die, -n
Aufmerksamkeit, die (Sg.)
Verständnis, das (Sg.)
Vorschrift, die, -en
Standpunkt, der, -e

Seite 71
Dame, die, -n
Damenoberbekleidung, die (Sg.)
Kunststoff, der, -e
rein
Wolle, die (Sg.)
Kabine, die, -n
Umkleidekabine, die, -n
Ecke, die, -n
eventuell
umtauschen
selbstverständlich
Quittung, die, -en
aufheben
Bekleidungsabteilung, die, -en

Seite 72
Leder, das (Sg.)
Lederwaren, die (Pl.)
Einführung, die, -en
Einführungspreis, der, -e
Socke, die, -n
Strumpf, der, ̈-e
Rabatt, der, -e
Unterwäsche, die (Sg.)
Kette, die, -n
Strickkleid, das, -er
modernisieren

Lektion 43: Körperkult

Seite 74
Körperkult, der (Sg.)
Piercing, das (Sg.)
Tattoo, das, -s
fett
Körperschmuck, der (Sg.)
tätowieren
Steinzeit, die (Sg.)
ägyptisch
Priesterin, die, -nen
Römer, der, -
markieren
Sklave, der, -n
Archäologe, der, -n
Indianermumie, die, -n
kunstvoll
Muster, das, -

aufweisen
Volk, das, ̈-er
verbreitet sein
Tätowierung, die, -en
Mittelalter, das (Sg.)
europäisch
Seefahrer, der, -
bemalen
Engländer, der, -
Tahiti
hämmern
Gegensatz, der, ̈-e
Lippenstift, der, -e
Make-up, das (Sg.)
stechen
entstammen
Träger, der, -
Zeichen, das, -
Kraft, die, ̈-e
Zugehörigkeit, die (Sg.)
Stamm, der, ̈-e
Naturvolk, das, ̈-er
fern
Amazonas
rituell
durchbohren
Gold, das (Sg.)
Jade, der/die (Sg.)
Edelstein, der, -e

Seite 75
Frühzeit, die (Sg.)
Menschheit, die (Sg.)
ausüben (etwas)
Samoaner, der, -
Kunstwerk, das, -e
auftragen
neuseeländisch
Maori
tabu
unantastbar
Angehörige, der/die, -n
Herrscherfamilie, die, -n
prunkvoll
nackt
verzieren
Himalaya, der (Sg.)
Stolz, der (Sg.)
Nasenschmuck, der (Sg.)
allerdings
Generation, die, -en
üblich

Seite 76
hassen
Genehmigung, die, -en
ernst
entschließen (sich)
endgültig

Wortliste

warnen
achtgeben
Verletzung, die, -en
gesundheitlich
anfangs
gewöhnen (sich daran)
Vorurteil, das, -e
heutzutage
behaupten
angeblich
Lüge, die, -n
aufpeppen
ärmellos
abwaschbar
Motiv, das, -e
aufkleben
ausschneiden
Folie, die, -n
abziehen
kleben
anfeuchten
anheben

Seite 77
Fitness, die (Sg.)
Junkie, der, -s
amerikanisch
Spitzname, der, -n
süchtig
Bewegung, die, -en
verausgaben (sich)
Leistung, die, -en
nirgends
Foltermaschine, die, -n
Muskelpakete, die (Pl.)
züchten
durchgestylt
Dress, der (Sg.)
schief
auftauchen
einschreiben (sich)
Kampf, der, ⸚e
genügend
Muskel, der, -n
mancher/s/e
Droge, die, -n
wenige
Schönheitsideal, das, -e
Gemeinschaft, die, -en
Freizeitbeschäftigung, die, -en
Bodybuilding, das (Sg.)
außer Form
Rollenspiel, das, -e
Diskussion, die, -en
Schlaffi, der, -s
äußern
Ansicht, die, -en
Stellung nehmen

recht geben (jemandem)
Vorteil, der, -e
Nachteil, der, -e
Kritik, die, -en
beleidigen
rechtfertigen (sich)
verteidigen (sich)
ewig
unmöglich

Lektion 44:
Essen ist gesund?

Seite 78
Ernährungswissenschaftler, der, -
preiswert
nährstoffreich
meistens
satt
Aussage, die, -n
Langeweile, die (Sg.)
Nervosität, die (Sg.)
zählen
Kalorie, die, -n
Auswertung, die, -en
Apfelsine, die, -n
Snack, der, -s
Süßigkeit, die, -en
Vollkornprodukt, das, -e
mager
Getreide, das (Sg.)
vegetarisch
Geschmack, der, ⸚e
knapp
Viertel, das, -

Seite 79
Industrieland, das, ⸚er
reichlich
paniert
Currywurst, die, ⸚e
herunterspülen
rasch
fein
benehmen (sich)
Mahlzeit, die, -en
auftischen
Tiefkühltruhe, die, -n
knabbern
Fingernagel, der, ⸚
Salzstange, die, -n
Schokohappen, der, -
Gummibärchen, das, -
hineinstopfen
verwandeln
körpereigen
Fett, das, -e

Bauchring, der, -e
Gewohnheit, die, -en
ansetzen (Fett)
ungesund
Rind, das, -er
Hackfleisch, das (Sg.)
Schwein, das, -e
Zwieback, der (Sg.)
Mehl, das (Sg.)
Sojamehl, das (Sg.)
Rinderfett, das (Sg.)
Gewürz, das, -e
chemisch
Geschmacksverstärker, der, -
Farbstoff, der, -e
Phosphat, das, -e
Konservierungsmittel, das, -

Seite 80
Diät, die, -en
funktionieren
Pfund, das, -e
loswerden
Magen, der, ⸚en
zunächst
nachdenken
aufschreiben
schließen
magisch
ändern
unternehmen
Idealgewicht, das (Sg.)
selbstsicher
verstecken

Seite 81
Schlankheitswahn, der (Sg.)
abnehmen
nerven (jemanden)
wiegen
ermutigen
übertreiben
konfrontieren
abdrucken
unter Druck setzen
Medien, die (Pl.)
dürr
orientieren (sich)
hungern
unsicher
Idol, das, -e
zujubeln
garantieren
ehrlich
auffordern
auseinanderbrechen

Seite 82
begegnen

vorstellen (sich etwas)
Gramm, das, -
Streifen, der, -
vierblättrig
Kleeblatt, das, ⸚er
ernähren (sich)
entweder
Zentimeter, der, -
höchstens
Pfanne, die, -n
zwingen (sich)
Portion, die, -en
Misserfolg, der, -e
Wirkung, die, -en
anhalten (= andauern)
entschlossen sein
roh
nebenbei
fröhlich

Seite 83
Ernährungspyramide, die (Sg.)
Aprikose, die, -n
Bonbon, das, -s
Gebäck, das (Sg.)
Pfannkuchen, der, -
Pflaume, die, -n
Hörnchen, das, -
Margarine, die (Sg.)
Pilz, der, -e
Zitrone, die, -n
Kloß, der, ⸚e
Huhn, das, ⸚er
Steak, das, -s
Milchprodukt, das, -e
Fett, das, -e
Lebensmittelladen, der, ⸚
Beratung, die, -en
Sonderangebot, das, -e
empfehlen
jeweils
Kilogramm, das, -
erkundigen (sich)
je
Liter, der/das, -

Zum Schluss

Seite 85
organisiert sein
Innentür, die, -en
kombinieren
entsprechen
Billigladen, der, ⸚
auflösen (sich)
Stretchhose, die, -n
bügeln

Wortliste

festschmelzen
Bügeleisen, das, -
Faden, der, ⸚
veilchenfarben
Satinrock, der, ⸚e
Knie, das, -
Länge, die, -n
Knielänge, die (Sg.)
abzeichnen (sich)
Mohairpullover, der, -
Rippenbogen, der (Sg.)
bedecken
abbilden
gedacht sein (für)
faltig
einschneiden
zeitlos
gelten als
erwarten
unpassend
umgehen
ordentlich
Kleiderkauf, der (Sg.)

Seite 86
Literatur, die (Sg.)
Naturforscher, der, -
Werk, das, -e
Komponist, der, -en
Wunderkind, das, -er
komponieren
Musikstück, das, -e
Schriftstellerin, die, -nen
Kinderbuch, das, ⸚er
Hauptfigur, die, -en
nennen
Herzog, der, ⸚e
Mord, der, -e
Opfer, das, -
Vertreter, der, -
Tod, der, -e

Seite 87
Herrenmode, die (Sg.)
gehalten sein
Weste, die, -n
Accessoire, das, -s
steif
Kragen, der, -
„Vatermörder", der (Sg.)
glatt
Bart, der, ⸚e
erobern
„Krinoline", die (Sg.)
Rosshaar, das (Sg.)
Eisen, das (Sg.)
Eisengestell, das, -e
Fischbeingestell, das, -e
stützen

Wespentaille, die (Sg.)
Rokokozeit, die (Sg.)
goldbestickt
bestickt
Kniehose, die, -n
spitzenverziert
Halbschuhe, die (Pl.)
gepudert
Mantelkragen, der, -
Halstuch, das, ⸚er
Rolllocken, die (Pl.)
Zöpfchen, das, -
ausgehend
Frauenbewegung, die (Sg.)
gekünstelt
Gleichberechtigung, die
  (Sg.)
Reformbewegung, die, -en
fordern
Korsett, das, -s

Seite 88
Absicht, die, -en
verspäten
anmelden
Erinnerung, die, -en
Wahrheit, die, -en
Frechheit, die, -en
Zeichnung, die, -en
Untersuchung, die, -en
Zorn, der (Sg.)
Eile, die (Sg.)
künstlich
mündlich
augenblicklich
menschlich
tödlich
ärgerlich
persönlich
lebendig
städtisch
automatisch
politisch

Themenkreis 12

Lektion 45:
Verkehr
  gestern – heute – morgen

Seite 90
Stoff, der, -e
Benzin, das (Sg.)
Benzinmotor, der, -en
Propeller, der, -
Flugmaschine, die, -n
Doppeldecker, der, -

Standard, der, -s
Zeppelin, der, -e
Wasserstoff, der (Sg.)
füllen
Gas, das, -e
Luftschiff, das, -e
Luftballon, der, -s
Motorkraft, die (Sg.)
sorgen (für)
Vorwärtsbewegung, die, -en
entscheidend
Windrichtung, die, -en
Windstärke, die, -en
landen
Seil, das, -e
herunterziehen
sinken
Schreckenswort, das, -e
Pferdewagen, der, -
Kutsche, die, -n
regulär
Postlinie, die, -n
Passagiertransport, der, -e
Schnellverbindung, die, -en
Eilpostkutsche, die, -n
Kilometer, der, -
Eisenbahn, die, -en
Kohle, die, -n
Strecke, die, -n
eröffnen
Geschwindigkeit, die, -en
Lebensgefahr, die, -en
jedoch
elektrisch
Tram, die, -s
belasten
Massenverkehrsmittel, das, -

Seite 91
zusammenlaufen
Kraftfahrzeug, das, -e
ausstoßen
Rauchwolke, die, -n
rasen
Raser, der, -
Hupe, die, -n
Fahne, die, -n
schwenken
hupen
Passagier, der, -e
Hochrad, das, ⸚er
Vorderrad, das, ⸚er
Hinterrad, das, ⸚er
Umleitung, die, -en
Flug, der, ⸚e
Linie, die, -n
Ausfahrt, die, -n
umsteigen
anschnallen

Seite 92
Bürgersteig, der, -e
Lastwagen, der, -
LKW, der, -s
Notarzt, der, ⸚e
Krankenwagen, der, -
Reifen, der, -
Kennzeichen, das, -
Parkhaus, das, ⸚er
Diesel, der (Sg.)
Verkehrszeichen, das, -
Feuerwehr, die, -en
Kurve, die, -n
Polizei, die (Sg.)
Tankstelle, die, -n

Seite 93
Kleinmotorrad, das, ⸚er
Steuer, die, -n
Versicherung, die, -en
Monatskarte, die, -n
Ermäßigung, die, -en
werktags
sonst
Strafe, die, -n
verpassen
normalerweise
umsonst
Stahlseil, das, -e
schwingen (sich)
Eisenrolle, die, -n
Talseite, die, -n
Hundestärke, die, -n
gleiten
Inuit
Ureinwohner, der, -
Grönland
verlassen (sich ... auf)
Husky-Gespann, das (Sg.)
Schlitten, der, -
spannen
Hundeschlitten, der, -

Seite 94
Mopedführerschein, der, -e
Führerschein, der, -e
geschehen
Boden, der (Sg.)
bremsen
Blut, das (Sg.)
Rücksicht, die, -en
Autoführerschein, der, -e
Prüfung, die, -en
ankreuzen
Pkw, der, -s
überholen
überfahren
Überholweg, der, -e
verhalten (sich)

Wortliste

Linksabbieger, der, -
stoppen
zügig
Einfahrt, die, -en
Vorfahrt, die (Sg.)
Einbahnstraße, die, -n
Engstelle, die, -n
schmal
Geschwindigkeits-
   beschränkung, die, -en
Zone, die, -n
stehen bleiben

Seite 95
künftig
Begleitung, die (Sg.)
steuern
jedoch
Hilfsfahrlehrer, der, -
während
eingreifen
vielmehr
Ratschlag, der, ⸚e
erhoffen (sich)
Fahrpraxis, die (Sg.)
Hintergrund, der, ⸚e
Unfallzahl, die, -en
Beifahrer, der, -
daneben
beweisen
Fortbewegungsmittel, das, -
anspringen
schwups!
Stiefelträger, der (Sg.)
Riesenschritt, der, -e
tanken
Eierbecher, der, -
Normalbenzin, das (Sg.)
motorgetrieben
Wasseroberfläche, die (Sg.)
Sprung, der, ⸚e
Luftsprung, der, ⸚e
neuartig
überaus
vielseitig
Knopf, der, ⸚e
Knopfdruck, der (Sg.)
Rad, das, ⸚er
versenken

Lektion 46:
Miteinander sprechen

Seite 96
miteinander
simsen
meinetwegen
abmachen (etwas)

Abgemacht.
aufladen (Akku)
Elch, der, -e
flüchten
melden
verzweifelt
Telefonscherz, der, -e
eintreffen
verziehen (sich)
angriffslustig
lauern
Retter, der, -
Textnachricht, die, -en
Bildnachricht, die, -en
empfangen
verpassen
verabreden (sich)
Treffpunkt, der, -e
Uhrzeit, die, -en
ausmachen (vereinbaren)
unvorstellbar
Befehl, der, -e
senden
Großbritannien
Silvester, das (Sg.)
Jahreswechsel, der, -
Schulbank, die, ⸚e
tippen
Taste, die, -n
Loch, das, ⸚er
Schulden, die (Pl.)
Falle, die, -n
Schuldenfalle, die, -n
Gebühr, die, -en
herunterladen
Extrem-Tipper, der, -
Sparmöglichkeit, die, -en
lauten
schrumpfen
Guthaben, das, -
Notfall, der, ⸚e
einsatzbereit

Seite 97
einleuchten
annehmen
vorprogrammieren
geraten
selbstverantwortlich
Argument, das, -e
aus sein
Notsituation, die, -en
Grund, der, ⸚e
vorbringen
Handykauf, der, ⸚e
nützlich
Bescheid, der, -e
Bescheid sagen
verschicken

Seite 98
Könner, der, -
Code, der, -s
Akronym, das, -e
Kommunikation, die (Sg.)
Auskunft, die, ⸚e
Telefonbuch, das, ⸚er
Anrufbeantworter, der, -
Fax, das, -e
Anschluss, der, ⸚e
Telefonzelle, die, -n
Vorwahl, die (Sg.)
Telefonkarte, die, -n
Netz, das, -e
Leitung, die, -en
Empfang, der (Sg.)
kostenlos
Anlage, die, -n
verbinden
vorführen
Übertragung, die, -en
übertragen
erfinden
Multifunktionstelefon, das,
  -e
hinterlassen
Schreibtelegraph, der, -en
Morse-Alphabet, das (Sg.)
Alphabet, das, -e
Strich, der, -e
Übertragungssystem, das, -e

Seite 99
einzeln
Festnetzanschluss, der, ⸚e
stundenlang
blockieren
Frust, der (Sg.)
fernmündlich
Dauertalk, der (Sg.)
Termin, der, -e
erreichbar sein
Couch, die, -s

Seite 100
schriftlich
Absender, der, -
dringend
Schalter, der, -
aufgeben
Postleitzahl, die, -en
USA
Luftpost, die (Sg.)
Einschreiben, das, -

Lektion 47: Massenmedien

Seite 102
Massenmedien, die (Pl.)
Tagesgeschehen, das (Sg.)
Beitrag, der, ⸚e
beschäftigen (sich ... mit)
an sein
vorlesen
Schlagzeile, die, -n
bloß
Jugendzeitschrift, die, -en
Zeitungsartikel, der, -
kompliziert sein
wegen
trotz
gering

Seite 103
Reporterin, die, -nen
Anlass, der, ⸚e
genügen
mitten
übermitteln
Aufwand, der (Sg.)
betreiben
berichten
Hörspiel, das, -e
Rundfunk, der (Sg.)
Funkhaus, das, ⸚er
exakt
formulieren
missverstehen
Zuwachs, der, ⸚e
heimisch
Internetnutzer, der, -
weltgrößter/s/e
Informationsdatenbank, die
  (Sg.)
einloggen
World Wide Web (www), das
  (Sg.)
unzählig
Videosequenz, die, -en
Radiohörer, der, -
Fernsehzuschauer, der, -
Notiz, die, -en
Villa, die, Villen
Dieb, der, -e
Hausbesitzer, der, -
Täter, der, -
festhalten
rufen
Tat, die, -en

Seite 104
Presse, die (Sg.)
Beschäftigung, die, -en
Zeitvertreib, der (Sg.)

Wortliste

ausstrahlen
ereignen (sich)
offenbar
betrunken
Autofahrer, der, -
einbiegen
Seitenstraße, die, -n
schleudern
bluten
Zeuge, der, -n
Notruf, der, -e
verständigen
verdanken
umgehend
Notaufnahme, die, -n
unter Schock stehen
bekennen (sich)
schuldig
Alkohol, der (Sg.)
Ursache, die, -n
Unfallursache, die, -n
vermindern
Reaktion, die, -en
Sekunde, die, -n
Unglück, das, -e
Verkehrsteilnehmer, der, -
Straßenverkehr, der (Sg.)
zusammenpassen
demokratisch
Unabhängigkeit, die (Sg.)
mittelamerikanisch
Inselstaat, der, -en
konservativ
regieren
Ministerpräsident, der, -en
liberal
Reform, die, -en
Politiker, der, -
Reformpolitiker, der, -
staatlich
Macht, die (Sg.)
Demokratie, die, -n
Öffentlichkeit, die (Sg.)
Einfluss, der, ⸗e
karibisch
Staat, der, -en
Reporterteam, das, -s
offiziell
Wahlergebnis, das, -se
bekannt geben
gestrig-
Viertelfinalspiel, das, -e
UEFA-Pokal, der (Sg.)
ausreichen
Rückspiel, das, -e
weiterkommen
Runde, die, -n
ausgerechnet
Torschützenkönig, der, -e

Foul, das, -s
Spielfeld, das, -er
vorzeitig
rumänisch
Verteidiger, der, -
wogegen
protestieren
Ergebnis, das, -se
Anmerkung, die, -en
heutig-
ungewöhnlich
Streik, der, -s
Erzieherin, die, -nen
privat
Gänseblümchen, das, -
niederlegen
kündigen
Eigentum, das (Sg.)
abreißen
Leiterin, die, -nen
mitteilen
erfahren
Kündigung, die, -en
Bürgermeister, der, -
streiken
Bürgerinitiative, die, -n
Wirtschaft, die (Sg.)
Feuilleton, das, -s
Lokale, das (Sg.)
Vermischte, das (Sg.)
Schuld, die (Sg.)
veröffentlichen
beschweren (sich)
bestrafen
Mitteilung, die, -en
Bürger, der, -
Spezial-

Seite 105
Wichtigkeit, die (Sg.)

Lektion 48: Computer & C0

Seite 106
Jugendtreff, der, -s
integrativ
Jugendcafé, das, -s
körperlich
Behinderung, die, -en
Fahrdienst, der, -e
behindert
Öffnungszeit, die, -en
Cafébetrieb, der (Sg.)
Chatroom, der (Sg.)
chatten
Newsgroup, die, -s
mailen
Grafik-Software, die (Sg.)

Clipart, die, -s
Jugendserver, der, -
Verabredung, die, -en
Gebrauchsanweisung, die,
  -en
Bedienung, die, -en
installieren
drücken
Power-Taste, die, -n
einschalten
ertönen
Erkennungsmelodie, die, -n
Start-Menü, das (Sg.)
informativ
Daten, die (Pl.)
liefern
markieren
kopieren
Datei, die, -en
klicken
bearbeiten
vergrößern
anmachen
drucken
Kopie, die, -n

Seite 107
Tastatur, die, -en
Lautsprecher, der, -
CD-ROM, die, -
Drucker, der, -
Monitor, der, -en
Maus, die, ⸗e
CD-ROM-Laufwerk, das, -e
Taste, die, -n
Winzling, der, -e
Mikrochip, der, -s
Rechenmaschine, die, -n
zutrauen
Alleskönner, der, -
Tonne, die, -n
Koloss, der, -e
Elektroröhre, die, -n
zehnstellig
Millisekunde, die, -n
multiplizieren
wesentlich
leistungsstark
Mikroprozessortechnik, die
  (Sg.)
Aktenkoffer, der, -
anschließend
Videogerät, das, -e
digital
abspielen
Urlaubserinnerung, die, -en
Videokamera, die, -s
PC, der, -s
unterlegen

erzeugen
Melodie, die, -n

Seite 108
Forum, das, Foren
Münze, die, -n
Rand, der, ⸗er
liefern
Gemüsehändler, der, -
irren (sich)
niemals
Futter, das (Sg.)
befriedigend
alltäglich
Studie, die, -n
zugreifen
beinahe
Befragte, der/die, -n
angeben
weder ... noch
nutzen
lediglich
Zugriff, der, -e
Datennetz, das (Sg.)
versperren
nahezu
Anteil, der, -e
Informationssuche, die (Sg.)
Audiodatei, die, -en
Videodatei, die, -en
Bedeutung, die, -en

Seite 109
Onlinespiel, das, -e
Musikdatei, die, -en
E-Card, die, -s

Seite 110
Chat, der, -s
innerhalb
Konferenz, die, -en
Computerkonferenz, die,
  -en
Chatsucht, die (Sg.)
begünstigen
gegenüber
ausgeben (sich ... als)
Facharzt, der, ⸗e
Psychologie, die (Sg.)
Psychiatrie, die (Sg.)
austauschen
demnächst
herausbringen
nebeneinander
online
ansprechen
zusammenzucken
Skaten, das (Sg.)
trennen (sich)

Wortliste

virtuell
Avatar, der, -s
vermeintlich
Körperfehler, der, -
retuschieren
manipulieren
Schönheitswettbewerb, der,
  -e
Cyber-Model, das, -s
antreten (gegeneinander)
Cyber-Catwalk, der, -s
Show, die, -s
moderieren
Cyber-Mann, der, ⸚er
beziehungsweise
Programmierer, der, -
Computersimulation, die,
  -en
Realität, die (Sg.)
dreidimensional
Datenhelm, der, -e
verändern (sich)
berühren
Datenhandschuh, der, -e
Unterhaltung, die (Sg.)
einsetzen
angehend
ausstatten
Cockpit, das, -s
täuschend
Tropfen, der, -
Sprit, der (Sg.)
verbrauchen
Nachbildung, die, -en
Prognose, die, -n
Zukunftsmusik, die (Sg.)
veraltet
ausbreiten (sich)
denkfähig
kommunizieren
Brotbeutel, der, -
herauskommen
Strahl, der, -en
absondern
Technologie, die, -n
Zum Schluss

Seite 113

besorgen (etwas)
Regenjacke, die, -en
Wandschirm, der, -e
Kreditkarte, die, -n
Medienstation, die, -en
Zeigefinger, der, -
Sensor, der, -en
Summton, der, ⸚e
akzeptieren
Fernbedienung, die (Sg.)

Themenübersicht, die (Sg.)
Feld, das, -er
Monitorbrille, die, -n
Gang, der, ⸚e
Ladenpassage, die, -n
Kleidergeschäft, das, -e
schwerelos
schweben
aufgereiht sein
Lieferzeit, die, -en
Ausstattung, die, -en
Kleidungsstück, das, -e
einblenden
Angabe, die, -n
Bestellschein, der, -e
eintragen
bestätigen
Abbuchung, die, -en
Kaufpreis, der, -e
Bankkonto, das, -konten
Katalog, der, -e
Urlaubskatalog, der, -e
blättern
Ferienmotiv, das, -e
Strandmotiv, das, -e
Reiseangebot, das, -e
Videoclip, der, -s
Ferienanlage, die, -n
seufzen
Beschreibung, die, -en
Urlaubsort, der, -
Einkaufsliste, die, -n
Posten, der, -
nachbestellen
reinschauen
vorbeifahren
in letzter Zeit

Seite 114

Einstieg, der, -e
Journalismus, der (Sg.)
Vergleich, der, -e
audiovisuell
abschneiden
angeboren sein
Zeitungslektüre, die (Sg.)
heranführen
Zusammenarbeit, die (Sg.)
Tageszeitung, die, -en
Freiexemplar, das, -e
Anleitung, die, -en
Säule, die, -n
Unterrichtsmaterial, das, -
Langzeitarbeit, die, -en
recherchieren
besprechen
durchsuchen
aufbereiten
Recherche, die, -n

verfassen
präsentieren
Modenschau, die (Sg.)
Fransenrock, der, ⸚e
Cocktailkleid, das, -er
Abendrobe, die, -n
Inhalt, der, -e
zuletzt
buchstäblich
allerletzt-
Nachfrage, die, -n
benachrichtigen
Siegerehrung, die, -en
Geldpreis, der, -e
Gesamtsieger, der, -

Seite 115

kreuzen
Krötenwanderung, die, -en
Kamel, das, -e
Vieh, das (Sg.)
Viehtrieb, der (Sg.)
Internet-Anschluss, der, ⸚e

Seite 116

Schrift, die, -en
Anschrift, die, -en
aufschreiben
verschreiben
abfliegen
abtrocknen
abmelden
aussprechen
ausstellen
auspacken
ausziehen

Themenkreis 13

Lektion 49: Freundschaft

Seite 118

Freundschaft, die, -en
stets
ganz
drauf sein
geheim
weitererzählen
Missverständnis, das, -se
vermeiden
Verdacht, der (Sg.)
verzeihen
Humor, der (Sg.)
Fröhlichkeit, die (Sg.)
zuverlässig
einander
vertrauen

lügen
Trost, der (Sg.)

Seite 119

einfallen (etwas)
still
Kinobesuch, der, -e
Spruch, der, ⸚e
Sprichwort, das, ⸚er
zusammenhalten
belügen
sich lustig machen (über
  jemanden)
respektlos
Taschenuhr, die, -en
klauen
Beweis, der, -e
richtig gehen
verdächtigen
Zweifel, der, -
Misstrauen, das (Sg.)
fair
Sitz, der, -e
rutschen
hinterher
Fundbüro, das, -s
vorig-
vorder-

Seite 120

Urlaub, der, -e
Gegenstand, der, ⸚e
mitnehmen
Feuerzeug, das, -e
Schachtel, die, -n
Streichholz, das, ⸚er
Glocke, die, -n
Kompass, der, -e
Bestimmung, die, -en
Himmelsrichtung, die, -en
Kissen, das, -
Klimaanlage, die, -en
Kriminalroman, der, -e
Taschenbuch, das, ⸚er
Werkzeugkasten, der, ⸚en
Hammer, der, ⸚
Nagel, der, ⸚
Haken, der, -
Nähzeug, das (Sg.)
nähen
Puppe, die, -n
Sonnencreme, die, -s
Creme, die, -s
Fernrohr, das, -e
Stern, der, -e
Himmel, der (Sg.)
Waschmittel, das, -
Reiseapotheke, die (Sg.)
Salbe, die, -n

einhundertzweiundfünfzig

Wortliste

Pflaster, das, -
Tropfen, der, -
Fernsehgerät, das, -e
Griechin, die, -nen
aufwachsen
Türke, der, -n
Grieche, der, -n
hingezogen fühlen (sich)
gastfreundlich
ehrlicherweise
warmherzig
Bestätigung, die, -en
Schwieger-
Neffe, der, -n
Nichte, die, -n

Seite 121
Reihenfolge, die (Sg.)
kritisieren
Charme, der (Sg.)
ersparen
vertun (sich)
peinlich
davonlaufen
Zuhörer, der, -
Zuhörerin, die, -nen
unheimlich
schweigen
Zwischenfrage, die, -n
Kopfnicken, das (Sg.)
statt
Story, die, -s
loben
erkennen
stehen (dazu)
Gott, der, ⁓er
gucken

**Lektion 50:
Schülerbegegnungen**

Seite 122
holländisch
Schüleraustausch, der (Sg.)
Austausch, der (Sg.)
genial
drücken (sich)
Befürchtung, die, -en
einschlafen
Bowlingbahn, die, -en
niederländisch

Seite 123
Landesmeister, der, -
Atmosphäre, die (Sg.)
siegen
Träne, die, -n
aggressiv

befürchten
Fach, das, ⁓er
negativ

Seite 124
Schulpartnerschaft, die, -en
Afghanistan
Sachsen
Gastgeber, der, -
Afghane, der, -n
Zugfahrt, die, -en
Frauenfußball, der (Sg.)
Kohlensäure, die (Sg.)
schwärmen
muslimisch
Glaube, der (Sg.)
Schweinefleisch, das (Sg.)
Kopftuch, das, ⁓er
Gastschüler, der, -
beten
Respekt, der (Sg.)
Wunder, das, -
Mittelschule, die, -n
Beziehung, die, -en
Volk, das, ⁓er
Grundlage, die, -n
Offenheit, die (Sg.)
Toleranz, die (Sg.)
trennen
trocken
Islam, der (Sg.)
Christentum, das (Sg.)
Judentum, das (Sg.)
Hinduismus, der (Sg.)

Seite 125
Sprachenwettbewerb, der, -e
insgesamt
ausschreiben
Preisträger, der, -
unterbringen
belegen
Gastgeschwister, die (Pl.)
beeindruckend
System, das, -e
Schulsystem, das, -e
Betreuer, der, -
hilfsbereit
unvergesslich
Erdteil, der, -e
Aufbaustudium, das (Sg.)
dankbar
Deutschkenntnisse, die (Pl.)
Mentalität, die, -en
begrüßen
Gastfreundschaft, die (Sg.)

Seite 126
abtrocknen

katholisch
evangelisch
Tag der Deutschen Einheit,
  der (Sg.)
Kernenergie, die (Sg.)
Zusammenleben, das (Sg.)
Deutsche, der/die, -n
Österreicher, der, -
Österreicherin, die, -nen
österreichisch
Schweizer, der, -
Schweizerin, die, -nen
schweizerisch
Chinese, der, -n
Chinesin, die, -nen
chinesisch
Mexiko
Mexikaner, der, -
Mexikanerin, die, -nen
mexikanisch
Brasilien
Brasilianer, der, -
Brasilianerin, die, -nen
brasilianisch
Polen
Pole, der, -n
Polin, die, -nen
polnisch
italienisch
Inder, der, -
Inderin, die, -nen
indisch
Spanien
Spanier, der, -
Spanierin, die, -nen
spanisch
Europäer, der, -
Europäerin, die, -nen
Lederhose, die, -n
Gartenzwerg, der, -e
ordnungsliebend
Cowboyhut, der, ⁓e
Flamenco, der (Sg.)

Lektion 51: Flirten

Seite 128
Engel, der, -
Fleck, der, -en
angrinsen
sonst
nebenan
schüchtern
verknallt sein
Parallelklasse, die, -n
zufällig
Blumenstrauß, der, ⁓e
Korb, der, ⁓e

Herz, das, -en
schlagen
stumm
prusten
Schwan, der, ⁓e
Tretboot, das, -e
Kreise ziehen
Jungschwan, der, ⁓e
beschützen
hinweisen (auf)
tief
Zuneigung, die (Sg.)
aufbauen
Verhaltensbiologe, der, -n

Seite 129
deswegen
Staub, der (Sg.)
aufwirbeln
wunderschön
verhandeln
klarmachen
voll
rüberschauen
knallrot
schämen (sich)
oberflächlich
Gerede, das (Sg.)
Egoist, der, -en
neidisch
Busbekanntschaft, die, -en
vergeblich
Missverständnis, das, -se
*Sprachschwierigkeit, die,
  -en*
doppelt
bitter
Enttäuschung, die, -en

Seite 130
*Schnulzen-Hitparade, die,
  -n*
Date, das, -s
besorgen (sich etwas)
Drogerie, die, -n
Lokal, das, -e
Urteil, das, -e

Seite 131
Traumpartner, der, -
eifersüchtig
treu
großzügig
Beschützer, der, -
auslachen
gefallen lassen (sich etwas)

Wortliste

Lektion 52:
Schön war's bei euch!

Seite 132
locken
Krise, die, -n
Sprachenschule, die, -n
Unterkunft, die, ⸚e
Familienmitglied, das, -er
Mitglied, das, -er
gratis
Kinderbetreuung, die (Sg.)
vermitteln
Au-pair-Stelle, die, -n
gebrauchen
original
schwedisch
beschädigen
haltbar
realistisch
Barockmusik, die (Sg.)
Unterbringung, die (Sg.)
Pension, die, -en
Führung, die, -en
Einzelheit, die, -en
passiv
Vergangenheit, die (Sg.)
Sportcamp, das, -s
Kytesurfen, das (Sg.)
Teamgeist, der (Sg.)
Team, das, -s
hindern
Griff, der, -e
Gegenwart, die (Sg.)
Fortschritt, der, -e
Gewinn, der, -e
ausgewählt
Nichtraucher, der, -
geehrt
im Voraus

Seite 133
diesmal
Wettervorhersage, die (Sg.)
niedrig
Celsius
Skandinavien
Norwegen
Schweden
Finnland
Thermometer, das, -
Null, die, -en
Garantie, die, -n
aussprechen (etwas)
statt
innerhalb
Vorsatz, der, ⸚e
Sprachführer, der, -
Aufschrift, die, -en

außerhalb
Zeltplatz, der, ⸚e
klagen
eingebaut
Mikrofon, das, -e
Meeresrauschen, das (Sg.)
dortig-
Kost, die (Sg.)
Speise, die, -n

Seite 134
schaukeln
sodass
Sinn, der, -e
Zweck, der, -e
sobald
solange
Westküste
mittlerer/s/e
vorziehen
je ... desto
gleichmäßig
außen
College, das, -s
innen
einzeln
Ausdruck, der, ⸚e
korrigieren
Plan, der, ⸚e
nennen
zelten
jahrelang
kennzeichnen
Bergdorf, das, ⸚er
je ... umso
Kiosk, der, -e
Kaugummi, der, -s
Dorfkneipe, die, -n
Klang, der, ⸚e
beibringen (jemandem etwas)

Seite 135
umziehen (Wohnung)
Stelle, die, -n (Arbeitsplatz)
umgeben (von)
Frühjahr, das, -e
blühen
Duft, der, ⸚e
anbauen
Ernte, die, -n
Erntezeit, die, -en
apropos
Paella, die, -s
Reisgericht, das, -e
Orangenholz, das (Sg.)
anzünden
zubereiten
ab und zu

Wochenendausflug, der, ⸚e
samstags
freitags
Küste, die, -n
Surfer, der, -
zuschauen
quer
Kälte, die (Sg.)
Surfanzug, der, ⸚e
schieben
stundenlang
Brett, das, -er
zurückkehren

Zum Schluss

Seite 137
Tschechien
Heimat, die (Sg.)
nähern (sich)
winken
gespannt sein
fort sein
Entfernung, die, -en
betragen
daher
entgegen
dort
duften
tschechisch
durcheinander
Stufe, die, -n
Müdigkeit, die (Sg.)
überfallen
Heim, das, -e
ungewohnt

Seite 138
jener/s/e
Nachbarland, das, ⸚er
Mitteleuropa
ertrinken
Heimweh, das (Sg.)
vermissen
Kleinigkeit, die, -en
genießen
zufrieden
dankbar (für etwas)
Abschied, der, -e
Halbzeit, die (Sg.)

Seite 139
Herein!
Prost!
Zum Wohl!
klopfen
Rezeption, die, -en
buchen

Hotel, das, -s
Service, der (Sg.)
reservieren
nachschlagen
übersetzen
Konsulat, das, -e
Visum, das, Visa
Formular, das, -e
beantragen
ausstellen
verlängern
WC, das, -s
Aufzug, der, ⸚e
Ofen, der, ⸚
Hocker, der, -
Nebenkosten, die (Pl.)
Vermieter, der, -
Quadratmeter, der, -
Vorhang, der, ⸚e
Wohnblock, der, ⸚e
Lage, die, -n
einziehen
heizen
renovieren
vermieten
möbliert
netto
Krankenkasse, die, -n
Krankenschein, der, -e
Pille, die, -n
Spritze, die, -n
operieren
versichern
messen

Seite 140
Au-pair-Mädchen, das, -
Matura, die (Sg.)
eignen (sich)

Quellenverzeichnis

Seite 5: Foto oben links: © ADAC; Mitte: Photodisc/MHV; rechts: MEV/MHV; Mitte links und rechts: EyeWire/MHV; unten: irisblende.de/MHV

Seite 6/7: Foto 1: picture-alliance/akg-images; Foto 2, 4, 5, 9, 10, 11: picture-alliance/dpa; Foto 3: picture-alliance/ZB; Foto 8: picture-alliance/obs; Foto 6/7: © DaimlerChrysler Konzernarchiv; Foto 12: © Interfoto

Seite 8: Polizist: © Polizei München; Verkäuferin: Alexander Keller (MHV-Archiv); Bäuerin: © Interfoto; Pilot: © Ingrid Friedl/Lufthansa

Seite 10: Alle Fotos: © Karl Holzhauser; Texte 1-4: Roland Kunz

Seite 12: Foto: © Kalle Waldinger/Ronsdorfer Rockprojekt

Seite 14: König der Löwen (Hafentheater Produktionsgesellschaft mbH), Mama Mia! (Musical Betriebsgesellschaft Operettenhaus GmbH), Tanz der Vampire (Theater neue Flora Produktionsgesellschaft mbH) © mit freundlicher Genehmigung der Stage Entertainment, Hamburg; Fotos und Text: Hamburg Tourismus GmbH

Seite 15: Text oben aus: Stern 21/05 (Sternchen); Foto: Siegfried Büttner mit freundlicher Genehmigung von Hannah Walter; Foto unten: Andreas Krebs, Düsseldorf

Seite 16: Foto 4: Gonzalez/laif; 1:Ball/, 2: age/, 3: Widler/, 5: photononstop/ mauritius-images

Seite 18: Text nach JUMA, www.juma.de; Fotos oben: © ADAC; Fotos unten: © picture-alliance/ASA

Seite 20: Text und Foto von Kathrin Kommerell aus: SZ vom 20.09.2000 © DIZ München

Seite 21: Hörtext (Keine Angst vor dem Rechner) von Petra Kroll aus: JUMA 1/2000; Foto: Stephan/MHV

Seite 22: Text (gekürzt) von Petra Kroll aus: JUMA 4/2003; Foto oben: Michael Schneider, Foto unten: ullstein-dpa

Seite 23: Text (gekürzt) ohne Copyright-Angabe

Seite 25: Text A nach Prinz 4/2005; B aus: Peter Süß/Gabriele Kosack: Daily Soaps. Macher, Fans & Stars. © 2000 Deutscher Taschenbuch Verlag, München; C nach: www.sat1.de

Seite 26: Text 1 aus: Peter Süß/Gabiele Kosack: (siehe oben Seite 25); 2 und 5 von Harald Fette aus: JUMA 3/2003; 3 nach: Mädchen 6/2000; 4 von Petra Kroll aus: JUMA 2/2000

Seite 29: Text aus: Peter Süß/Gabriele Kosack: (siehe oben Seite 25); Foto: Hacky Hagemeyer (JUMA 2/2003)

Seite 30: Text links aus: JUMA 3/2002, Foto: Martin Menke; Text /Foto rechts und rechts unten aus: Stiftung Jugend forscht e.V.; Text und Abbildung links unten aus: Bundeswettbewerb Jugend musiziert

Seite 31: Globus Infografik, Hamburg

Seite 33: Foto links oben: Gabriele Kopp; links unten: Cartomedia, Karlsruhe; Mitte: MEV/MHV-Archiv; rechts oben: Peter Kallert, Weyarn/Neukirchen; rechts unten: panthermedia/Spargel

Seite 37: Text 4 nach: Nestflüchter aus: Jahrbuch der Naturschutzjugend 2004; Text 6 nach: Trinkwasser, das Gold des 21. Jahrhunderts aus: Internetseite "Umwelt & Gesundheit"; Fotos 1 unten: © John Cunningham/Greenpeace, oben: © Isabelle Rouvillois/Greenpeace; 2: panthermedia.net/Cletus80; 3: panthermedia.net/frank-reich

Seite 39: Text "Eine Chance für die Kids" aus: JUMA 3/2004 © Greenpeace; Foto: © Paul Langrock/Zenit, Greenpeace, Hamburg

Seite 40: Foto 1: © Staatliche Porzellan-Manufaktur, Meissen; 2 (Dresden Elbufer): Dresden-Werbung und Tourismus/C. Münch; 3 (Saurierpark): © Tourist-Information Bautzen; 4 (Elbsandsteingebirge): © Tourismusverband e.V. Sächsische Schweiz, Pirna; Karte: © Cartomedia, Karlsruhe

Seite 41: Foto 1 (Zwinger), 5 (Semperoper), 6 (Frauenkirche): © Dresden-Werbung und Tourismus/C. Münch; 3 (Taschenbergpalais): © Hotel Taschenbergpalais Kempinski, Dresden; 9 (Brühlsche Terrasse): © Dresden-Werbung und Tourismus/Dittrich

Seite 42: Text/Karte aus: DuMont aktiv, Wandern in der Sächsischen Schweiz © MairDumont, Ostfildern

Seite 44: Text "Landeier aus der Großstadt" aus: JUMA 2/2005 © Dirk Engelhardt; Foto 1: MEV/MHV-Archiv; 2: Gerd Pfeiffer, München

Seite 46: Foto (Kellner): © irisblende.de; (Briefträgerin): © Deutsche Post AG; alle anderen: MEV/MHV-Archiv; Texte "Praktikumsberichte" : Schüler der Hauptschule am Winthirplatz, München

Seite 47: Fotos und Texte: Schüler der Hauptschule am Winthirplatz, München

Seite 48: Grafik: © 2006 Globus Infografik GmbH, Hamburg

Seite 49: Hinweisschilder: © BRADY GmbH, SETON Division, Langen

Seite 50: Foto Eisbär © Daniel Beltra, Bär © Gerhard Schulz, Pinguin © Steve Morgan: Greenpeace, Hamburg; Tiger, Elefant, Hirsch, Orang Utan, Löwe, Känguru: MEV/MHV-Archiv; Giraffe: © bildunion.de; Nashorn (© Spargel), Lama (© Sonne), Krokodil (© mave): panthermedia.net; Text A nach: Der Spiegel v. 01.08.05, S.126; B nach: Internet-Seite www.zoo-koeln.de"Tigerkampagne"

Quellenverzeichnis

Seite 51: Foto C: © Spargel/panthermedia.net; E: © dreamwolf/panthermedia.de; F: © bildunion.de; Text C nach: WWF-Magazin 3/2005, S.6; D nach: Naturschutzblätter Heft 3/2005, S.15; E nach: Lisa Nr. 25 v. 05.06.2004, S.79; F nach: Internet-Seite www.zoo-koeln.de"Luambe-Nationalpark"

Seite 52: Text "Zoo heute" aus: Welt am Sonntag Nr. 40 v. 03.10.2004 © Christoph Wenzel, Eichstätt

Seite 53: Zookarte: mit freundlicher Genehmigung von Uli Reindl, München

Seite 54: Pinguine: © Wolfgang S. Roos, Hamburg; die beiden anderen: © Juniors Bildarchiv, Ruhpolding

Seite 55: Text "Orang-Utans, Die scheuen Schlauberger" aus: Young Panda © WWF Deutschland (www.wwf.de); Text "Rettung des Orang-Utans in Sumatra" nach: www.zoo-munich.de; Fotos: MEV/MHV-Archiv

Seite 57: Text von SINA aus der Homepage des Instituts für Erziehungswissenschaften (www.educat.hu-berlin.de)

Seite 58: Fotos: © Gabriele Kopp, München; Text nach: Schüler der Hauptschule am Winthirplatz, München

Seite 61: Foto Mann mit Hut, Frau mit Gürtel: Gerd Pfeiffer, München; alle anderen: MEV/MHV-Archiv

Seite 62: Foto A: © Sony; B: © dpa Report/picture-alliance/dpa/dpaweb; C, E, F, J: Chr. Stephan/MHV-Archiv; D: © Sommerleder.de; G: Peugeot Deutschland; H: © Nokia;

Seite 63: Grafik: © 2002 Globus Infografik GmbH, Hamburg

Seite 65: Text "Nur die Marke zählt" von Janina Zenker, Nina Laumer, Svea Schneider aus: SZ v. 03.05.2005 © DIZ München; Text "Mittendrin per Tastendruck" nach: Geolino Nr. 4, April 2004, S. 22-24 © Gruner + Jahr, Hamburg; Handy: Nokia

Seite 66: Foto A, B, D: Gerd Pfeiffer, München; C: © Ch. Stephan/MHV-Archiv

Seite 67: Text "Großverdiener im Kaufrausch" von Anja Lehmgrübner aus: Kölner Stadtanzeiger vom 09./10.07.2005 © Kölner Stadt-Anzeiger

Seite 68: Foto A, B, D: Gerd Pfeiffer, München; C: © Interfoto/JAS2; Text "Kleider machen Leute" aus: © Brigitte Beil/Cornelia von Schelling, Das starke Buch für Jungs, erschienen 1998 im Mosaik Verlag München, einem Unternehmen der Verlagsgruppe Random House GmbH

Seite 69: Fotos: Gerd Pfeiffer, München

Seite 72: Simone-Cartoon: © Renate Alf, Freiburg

Seite 74: Foto A: © Interfoto/Moore; B, E: © Gerd Pfeiffer, München; C: © Interfoto/Zill; D: © dpa/picture-alliance; F: © Interfoto/A. Fredorenko; Text "Körperschmuck gab es schon immer" Text A nach: Tätowierungen - Kringel fürs Leben aus: Geolino Nr. 2, Februar 2004, S. 50f; Text B nach: Marcel Feige, Tattoo und Piercing richtig gemacht, © Schwarzkopf & Schwarzkopf 2002, Berlin

Seite 75: Foto 1 (Maori): © picture-alliance/Bildagentur Huber; 2 (Samoaner): Gabriele Kopp, München; 3 (Japaner): © Gideon Mendel/CORBIS; Text "Körperschmuck" nach: Tätowierungen (siehe oben, Seite 74)

Seite 76: Foto Arzt: © irisblende.de; Jana: © Ch. Stephan/MHV-Archiv; Frau Ott: MEV/MHV-Archiv; Felix: © Gerd Pfeiffer, München; Frau Fuchs: © Bildagentur Waldhäusl/fobe; Abbildungen und Text "Body Tattoos" aus: Bravo Girl, Nr. 18 v. 13.08.2003, S. 31 © Heinrich Bauer Verlag Smaragd KG, München

Seite 77: Text "Fitness-Junkies - Die neue Sucht" aus: Patricia Bröhm, Maßlos schön © 1998 by Verlag Carl Ueberreuter, Wien

Seite 78: Test aus: PUR Magazin tivi (Mehr Wissen zur tivi-Sendung) - Sonderheft von Familie & Co. © Family Media GmbH, Freiburg

Seite 79: Text "Was essen wir heute?" und "Hamburger" aus: Christine Wolfrum/Hans-Otto Wiebus, Das Buch vom Essen © Christine Wolfrum, München

Seite 80: Foto: Ch. Stephan/ MHV-Archiv; Text "Eine Diät beginnt im Kopf, nicht im Mund" aus: © 2000 Linda Ojeda , Slim and Healthy, in der deutschen Übersetzung von Renate Weinberger, erschienen im Goldmann Verlag, München, einem Unternehmen der Verlagsgruppe Random House GmbH

Seite 81: Text "Leser diskutieren über den Schlankheitswahn" aus: Yam! 19/2005 © AS Young Mediahouse GmbH, München; Fotos: Gerd Pfeiffer, München

Seite 83: Ernährungspyramide: © actiond , Public Health Schweiz, Bern

Seite 85: Text aus: Milena Moser, Mein Vater und andere Betrüger © 1996 by Rowohlt Verlag GmbH, Reinbek bei Hamburg

Seite 86: Foto 1, 2, 4: © akg-images; 3: © dpa-Bildarchiv/picture-alliance/dpa; 5: SV-Bilderdienst

Seite 87: Text "Modebeschreibungen" nach: Domnick Tinnemeier, Stilkunde Frisurenkunde, Verlag Handwerk und Technik, Hamburg, 13. neubearbeitete Auflage; Foto links: © picture-alliance/dpa, rechts: © Gerd Pfeiffer, München

Quellenverzeichnis

Seite 89: Foto oben links/unten links: MEV/MHV-Archiv; links Mitte: © akg-images; rechts oben: Ch. Stephan/MHV-Archiv; unten Mitte: © Werner Bönzli, Reichertshausen

Seite 90: Abbildung A, B, G: © akg-images; C, H: © Interfoto; D: © Archiv der Luftschiffbau Zeppelin GmbH; E: © DaimlerChrysler; F: © BMW (Media Pressclub); Text 1 nach: "Fliegen" der deutschsprachigen Ausgabe by Dorling Kindersley 2003, Starnberg; Text 2 nach: "Abenteuer Zeppelin von S. Aust/S. Lemke, Otto Maier Verlag 1988 Ravensburg; Text 3 nach: "Rund um die Eisenbahn" von Hans Müller, Kinderbuchverlag 1984, Berlin; Texte 4 und 5 nach: "Auf Straßen und Schienen" von Meyers Jugendbibliothek, Meyers Lexikon-Verlag, Bibliographisches Institut & F.A. Brockhaus AG, 1996, Mannheim, S. 41

Seite 91: Text 6 nach: "Autos. Die Geschichte der Automobile von der Motorkutsche bis zum modernen Formel 1 Rennwagen" von Richard Sutton aus dem Englischen übersetzt von Christoph Cisch, Gerstenberg Verlag, 1991, Hildesheim

Seite 92: Foto Nummernschild/Haltestelle: C. Kursuner/MHV-Archiv; "Ankunft-Tafel Flughafen": Werner Bönzli, Reichertshausen; "Anzeigetafel U-Bahn": Berliner Verkehrsbetriebe, Unternehmensbereich U-Bahn

Seite 93: Foto links: © Schultze/Zeitenspiegel/Visum; rechts: © Kristjan Fridriksson/Nordic Photos/Getty Images; Bildunterschriften aus: FOCUS Schule 01/2006

Seite 94: VVR-Testbogen: © WR-Verlag, Remagen; Verkehrszeichen: BRADY GmbH, SETON Division, Langen

Seite 95: Text "Führerschein für 17-jährige" von Katja Auer aus: SZ v. 14.05.2005 © DIZ München; Foto 1: © INNE-SPACE (www.innespace.com), Shasta Lake/USA; 2: © AP/Adam Buttler; 3: © dpa-Fotoreport/picture-alliance/dpa; Text A nach: Geolino Nr. 6/Juni 2003; B nach: Geolino Nr. 2/Februar 2005; C nach: Geolino Nr. 2/Februar 2004 © Gruner + Jahr, Hamburg

Seite 96: Foto: © ullstein-bild-Ex-press/Würtenb; S. 96/97: Text (gekürzt) aus: Geolino Nr. 4, April 2004, S. 23f © Gruner + Jahr, Hamburg

Seite 98: Foto A: © irisblende.de; B, D: © Deutsche Telecom AG (T-com); C: © akg; E: © Siemens Corporate Archives; F: © picture-alliance/KPA/Andres

Seite 99: Handy: © Nokia

Seite 102: Abbildungen und Fotomontage: Ch. Stephan/MHV-Archiv

Seite 103: Text "Das schnellste Medium der Welt" aus: Schmid/Feldhaus, Das Medienbuch © 1998 by Ravensburger Buchverlag Otto Maier GmbH, Ravensburg; Text "Die Welt im Wohnzimmer" aus: Sehen-Staunen-Wissen: Medien und Kommunikation. Aus dem Englischen von Margot Wilhelmi © 1999 Dorling Kindersley Ltd., London. Deutsche Ausgabe © 2000 Gerstenberg Verlag, Hildesheim

Seite 104: Text 1 "Bloß nichts verpassen! Handys - mittendrin per Tastendruck" aus: Geolino Nr. 4 - April 2004 © Gruner + Jahr, Hamburg

Seite 106: Abbildungen: Cihan Kursuner/MHV; Anzeige: MOP Jugendtreff (Modellprojekt 27 e.V.), München

Seite 107: Abbildungen: MHV-Archiv; Text "Mikrochip" aus: Schmid/Feldhaus, Das Medienbuch, S.30/31. © 1998 by Ravensburger Buchverlag Otto Maier GmbH, Ravensburg

Seite 108: Text "Computer sind alltäglich" aus: Heise Online www.heise.de © Heise Verlag Redaktion CíT, Hannover

Seite 109: Statistik: © mpfs, Stuttgart, KIM Studie 2005

Seite 110: Bezeichnung "Chat"/Text "der Spaß am Chatten..." aus: www.wikipedia.org; Text "In unserer Computer-AG..."/Text "Seit Volkers Vater..." aus: Verena Carl, Herzklopfen im Cyberspace, Seite 150, 153. © 1999 Deutscher Taschenbuch Verlag, München

Seite 111: Texte "Avatare - digitale Menschen" aus: Andrea Hauner/Elke Reichart, Bodytalk, Seite 175. © 2004 Deutscher Taschenbuch Verlag, München; Text "Computersimulation" aus: Sehen-Staunen-Wissen: Medien und Kommunikation (siehe oben S. 103); Text "Prognosen" aus: Verena Carl, Herzklopfen im Cyberspace, Seite 180. © Deutscher Taschenbuch Verlag, München

Seite 113: Text "Einkaufen mit dem Fernseher" aus: Schmid/Feldhaus, Das Medienbuch, S.18 © 1998 by Ravensburger Buchverlag Otto Maier GmbH, Ravensburg

Seite 114: Foto: © SZ-Bilderdienst/Andreas Heddergott, DIZ München; Text "Einstieg in den Journalismus" von Stefan Hofer aus: SZ Nr. 94 v. 25.04.05 © DIZ München; Text "Was man aus Zeitungen machen kann" aus: JUMA 4/2001; Text "Das Letzte zuletzt" aus: Schülerzeitungswettbewerb 2004/2005, SPIEGEL ONLINE - 31. Januar 2003

Seite 115: Verkehrsschild 1: © Ralf Niemzig/VISUM; 2: S. Länge/MHV; 3: © Theissen/Bildagentur-online; 4: © Gaby Wojciech/VISUM; 5: © Forkel/Bildagentur-online; 6: TIPS/Bildagentur-online; Roboter-Collage: MHV-Archiv

Quellenverzeichnis

Seite 117: Flugzeug: © irisblende.de; junge Frau (links)/junge Frau am Bahnhof (rechts): © irisblende.de; Junge Leute unten:© BananaStock; alle anderen: MEV/MHV-Archiv

Seite 118: Foto 1: © Mrspicture/pantermedia.net, 2: © Siegfried Kuttig, Lueneburg, 3: © irisblende.de, 4: © Kai Köhler/superjuli

Seite 120: Text "Meine besten Freundinnen" aus: Katrin Panier: Sex gehört dazu, 2004 by Schwarzkopf & Schwarzkopf Verlag GmbH, Berlin

Seite 121: Foto: irisblende.de; Test "Wie werde ich beliebt?" aus: Mädchen Ausgabe 26 - 1999 © MÄDCHEN/Axel Springer Mediahouse München GmbH

Seite 122/f.: Foto A, B: Gerd Pfeiffer, München; C: © imago/Fishing 4; Auszüge aus Sophies Tagebuch: © Sophie Heijkoop aus: Fremdsprache Deutsch Heft 29/2003, S.22/23, Ernst Klett Sprachen/Klett Edition Deutsch

Seite 124: Text "Besuch aus Afghanistan" aus: JUMA 1/2005/Jörg-Manfred Unger,www.juma.de

Seite125: Foto links: © Köln Tourismus, rechts: © BananaStock; "Sprachenwettbewerb" aus: Akzent Deutsch – Zeitschrift für Deutschlehrer in Griechenland, Februar 2006 © Redaktion Goethe-Institut Athen

Seite 126: Foto links:© Luka Tomaszewski, Ismaning, rechts: © irisblende.de

Seite 128: Text 1 Gedicht aus: Hans Manz, Die Welt der Wörter © 1991 Beltz & Gelberg in der Verlagsgruppe Beltz, Weinheim & Basel; Text 2 aus: Katrin Panier, Sex gehört dazu, © 2004 by Schwarzkopf & Schwarzkopf Verlag GmbH, Berlin; Text 4: © dpa-Meldung vom 29.05.2006

Seite 129: Text 5/6 aus: Katrin Panier, Sex gehört dazu © 2004 by Schwarzkopf & Schwarzkopf Verlag GmbH, Berlin

Seite 130: Fotos: MEV/MHV-Archiv

Seite 131: Foto: irisblende.de; Partnerschaftstest aus: Naturbewusst 9 © Bildungshaus Schulbuchverlage Westermann Schroedel Diesterweg Schöningh Winkler GmbH, Braunschweig, www.westermann.de

Seite 134: Foto links: Brigitte Micheler, München; rechts: irisblende.de

Seite 135: Foto: Siegfried Büttner, Kleve

Seite 137: Foto: irisblende.de; Text aus: ausgetauscht.de und AFS Interkulturelle Begegnungen e.V.

Fotos: Barbara Slowik, München: (S. 34, 43, 52, 53 unten, 57, 62 (Geldbörse), 98 (Handy), 100 (Handy), 115 (Plakat); Hintergrundfotos: S. 5, 6, 10, 16, 32, 33, 37, 39, 58, 61, 62, 68, 74, 77, 78, 79, 86, 88, 89, 90, 102, 103, 107, 117, 122, 123, 137)

Digital Composing: Barbara Slowik, München: S. 5, 32, 33, 61, 62, 69, 87, 89, 102, 107, 111, 117

CD 1 Hörtexte und Hörübungen Lektion 33 – 41

Track		Lektion 33	
1	→ L33/1	Übung 2	Hörtext
2	→ L33/2	Übung 3	Kontrolltext
3	→ L33/3	Übung 4	Hörtext
4	→ L33/4	Übung 5	Hörtext
5	→ L33/5	Übung 9	Hörtext

Track		Lektion 34	
6	→ L34/1	Übung 1 c	Hörtext
7	→ L34/2	Übung 4	Lied
8	→ L34/3		Playback
9	→ L34/4	Übung 5	Hörtext
10	→ L34/5	Übung 10 b	Hörtext
11	→ L34/6	Übung 11	Hörübung
12	→ L34/7	Übung 12	Hörübung

Track		Lektion 35	
13	→ L35/1	Übung 3 b	Kontrolltext
14	→ L35/2	Übung 5	Hörtext

Track		Lektion 36	
15	→ L36/1	Übung 1	Hörtexte
16	→ L36/2	Übung 3	Kontrolltext
17	→ L36/3	Übung 4	Hörtext

Track		Lektion 37	
18	→ L37/1	Übung 2	Hörtext
19	→ L37/2	Übung 5 a	Hörtext
20	→ L37/3	Übung 5 c	Kontrolltext
21	→ L37/4	Übung 6 b	Kontrolltext
22	→ L37/5	Übung 8	Hörtext
23	→ L37/6	Übung 10 b	Kontrolltext

Track		Lektion 38	
24	→ L38/1	Übung 1	Hörtext
25	→ L38/2	Übung 4	Hörtext
26	→ L38/3	Übung 7 b	Kontrolltext
27	→ L38/4	Übung 11	Hörtext

Track		Lektion 39	
28	→ L39/1	Übung 1	Hörtext
29	→ L39/2	Übung 8	Hörtext

Track		Lektion 40	
30	→ L40/1	Übung 1	Hörtext
31	→ L40/2	Übung 10	Hörtext

Track		Lektion 41	
32	→ L41/1	Übung 1	Hörtext
33	→ L41/2	Übung 2	Hörtext
34	→ L41/3	Übung 3	Lied
35	→ L41/4		Playback
36	→ L41/5	Übung 7 a	Hörübung
37	→ L41/6	Übung 7 b	Hörübung
38	→ L41/7	Übung 7 c	Hörübung
39	→ L41/8	Übung 9 c	Kontrolltext
40	→ L41/9	Übung 10 b	Kontrolltext

CD 2   Hörtexte und Hörübungen Lektion 42 – 52
Hörtexte Arbeitsbuch

Track · · · Lektion 42

| 1 | → | L42/1 | Übung 4 | Hörtext |
| 2 | → | L42/2 | Übung 9 | Hörtext |

Track · · · Lektion 43

| 3 | → | L43/1 | Übung 7 | Hörtext |

Track · · · Lektion 44

| 4 | → | L44/1 | Übung 4 | Hörtext |
| 5 | → | L44/2 | Übung 9 b | Hörtext |

Track · · · Lektion 45

6	→	L45/1	Übung 2	Hörtext
7	→	L45/2	Übung 4 b	Übungstext
8	→	L45/3	Übung 8	Hörtext

Track · · · Lektion 46

| 9 | → | L46/1 | Übung 5 | Hörtext |
| 10 | → | L46/2 | Übung 9 b | Kontrolltext |

Track · · · Lektion 47

| 11 | → | L47/1 | Übung 1 | Hörtext |
| 12 | → | L47/2 | Übung 7 c | Kontrolltext |

Track · · · Lektion 48

| 13 | → | L48/1 | Übung 1 b | Hörtext |

Track · · · Lektion 49

14	→	L49/1	Übung 1	Lied
15	→	L49/2		Playback
16	→	L49/3	Übung 2 c	Hörtext
17	→	L49/4	Übung 4 a	Übungstext
18	→	L49/5	Übung 4 b	Kontrolltext
19	→	L49/6	Übung 5	Hörtext

Track · · · Lektion 50

20	→	L50/1	Übung 1 a	Hörtext
21	→	L50/2	Übung 1 e	Hörtext
22	→	L50/3	Übung 6	Hörtext

Track · · · Lektion 51

| 23 | → | L51/1 | Übung 3 | Hörtext |

Track · · · Lektion 52

| 24 | → | L52/1 | Übung 4 | Hörtext |

Hörtexte Arbeitsbuch

Track · · ·

25	→	Prüfungsteil Hörverstehen Teil 1
26	→	Prüfungsteil Hörverstehen Teil 2
27	→	Prüfungsteil Hörverstehen Teil 3